5.18
푸른 눈의 증인

5.18 푸른 눈의 증인

1판 1쇄 발행 2020년 5월 1일
개정판 1쇄 발행 2021년 5월 1일

글   폴 코트라이트
사진   로빈 모이어, 폴 코트라이트
번역   최용주

펴낸이   임상백
편집   함민지
디자인   김지은
제작   이호철
독자감동   이명천, 장재혁, 김태운
경영지원   남재연

ISBN 978-89-7094-076-2 03300

펴낸 곳 한림출판사 | 주소 (03190) 서울특별시 종로구 종로12길 15
등록 1963년 1월 18일 제 300-1963-1호 | 전화 02-735-7551~4 | 전송 02-730-5149
전자우편 hollym@hollym.co.kr | 홈페이지 www.hollym.co.kr

5.18
푸른 눈의 증인

폴 코트라이트 회고록

한림출판사

이 책을 광주와 전라남도 그리고 한국 사람들에게 바칩니다.

저자의 말

—

이 책에 묘사된 사건들은 거의 사십 년 전인 **1980**년에 일어났다. 사건을 재구성할 수 있었던 것은 이 책에서 다룬 십삼 일 동안과 그 직후에 내가 꼼꼼히 기록한 현장 노트와 서신 덕분이다. 노트를 꺼내 읽을 때마다 당시의 대화, 감정, 이미지들로 구성된 기억들이 밀물처럼 밀려왔다. 사람의 기억은 완벽하지 않고 나 또한 다를 바가 없으므로 책 곳곳에서 의도하지 않은 실수가 발견될 수도 있다. 관찰자로서 최대한 객관적인 태도를 유지하려 노력했으나, 내가 목격한 일련의 사건들이 그 객관성에 아무런 영향을 미치지 않았다고는 자신할 수 없다. 특히 당시의 대화를 재현하기가 힘들었는데, 예순네 살이 된 지금 스물다섯 살의 말을 그대로 옮기자니 더 그랬다. 따라서 동료들과 친구들이 "나는 그런 말을 한 기억이 없다."라고 할 수도 있다. 그 친구의 말이 맞을 것이다.

회고록의 초고를 끝낸 후 나는 기억 속의 이미지와 실제 장소들을 연결하기 위해 광주, 남평, 호혜원 등을 방문했다. 힘든 여정이었다. 한국은 지난 사십 년 동안 엄청난 변화를 겪었다. 광주는 믿기 어려울 정도로 규모가 커졌으며 남평은 더 이상 '벽촌'이 아니었다. 호혜원은 대부분 버려지거나 주변 공장 지대로 흡수되어 사실상 존재하지 않았다. 그럼에도 불구하고 2019년 5월의 현지답사는 당시의 광경, 소리, 냄새를 반추하는 데 큰 도움이 되었다. 남평에서 호혜원으로 가기 위해 친구와 잡아탄 택시의 기사는 나와 동년배였는데 방치되어 위치도 애매한 호혜원을 내가 알고 있다는 사실에 놀라워했다. 대화를 나누다 택시 기사의 동생이 5.18(광주항쟁을 이렇게 부른다.) 때 사망했음을 알게 되었다. 광주와 남평 사이 도로에서 군인들이 동생이 탄 차에 사격을 가했던 것이다. 당시에 나도 그 도로에 있었다.

2019년 5월 서울에 도착했을 때 5.18과 관련된 수많은 진실들이 아직 제대로 밝혀지지 않았으며, 심지어 5.18이 실제로 일어났는지 의문을 품는 사람들이 있다는 것을 알고 충격을 받았다. 광주항쟁은 실제로 있었다. 어떤 사람들은 5.18이 북한의 사주를 받은 공산주의자의 반란이라고 주장한다. 아니다. 그렇지 않다. 누구는 문제 학생들에 의한 폭동이라 주장한다. 아니다. 그렇지 않다. 나는 한국의 신문과 TV, 블로그 등의 매체와 인터뷰를 해달라는 친구 및 동료들의 요청을 차마 거절할 수 없었다.

개인적으로 5.18에 대해서 말하는 건 내가 젊은 시절에 경험한 정신적 충격을 극복하는 작업의 일환이기도 하다. 당시 거기에 살았던 외국인인 나의 이야기가 광주와 그 인근에 살았던 분들에게도 치유의 효과가 있기를 기원한다. 마지막으로 서구인들이 한국의 현대사와 한미 관계에 매우 중요한 의미를 갖는 이 사건을 보다 잘 이해할 수 있기를 바란다. 한국과 미국의 역사는 서로 밀접하게 얽혀 있으며, 서로에 대해서 더 잘 알아 갈수록 보다 더 나은 미래를 열어 갈 수 있다고 믿는다.

2019년 7월

폴 코트라이트

목차

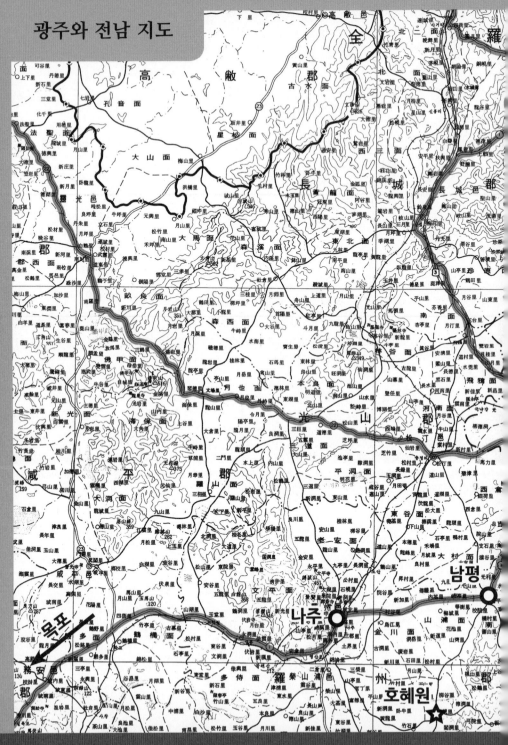

광주와 전남 지도

대한민국 지도

18일(다섯째 날): 호혜원과 광주 사이 **19일**(여섯째 날): 광주 → 순천 → 광주 **20일**(일곱째 날): 광주 → 남평 → 호혜원
24일(열한째 날): 광주 **25일**(열둘째 날): 광주 → 남평 → 호혜원 **26일**(열셋째 날): 호혜원 → 남평 → 나주 → 전주 → 서울

프롤로그

—

5월의 아침 태양이 나를 포근하게 감쌌다. 나는 이 킬로미터 정도 떨어진 광주 우체국까지 걸어가고 있는 중이었다. 한 달 전 한국으로 다시 돌아왔는데, 미국 아이다호주 보이시에 계시는 부모님께 쓴 편지를 부치러 가는 길이었다. 아버지는 지난 3월 식도암 판정을 받았다. 짧게는 육 개월, 길게는 오 년 정도 살 수 있을 것이라는 진단에 앞날을 예측할 수 없었고 그 사실이 나를 두렵게 만들었다. 한국으로 돌아온 것이 과연 옳은 결정이었을까?

그러나 나의 불확실함과 두려움은 그날 아침 한국인의 얼굴에서 읽었던 그것에 비하면 아주 사소한 것이었다. 그들의 얼굴에는 두려움과 분노가 교차하고 있었는데, 거기에는 충분히 그럴 만한 이유가 있었다. 불에 타 검게 그을린 택시와 버스, 깨진 보도블록 등이 도로 여기저기에 나뒹굴고 있었다. 나는 도로 한쪽을 점령하고 있는 군인들이 나를 '동그란 눈'의 외국인임을 바로 알아볼 수 있도록 머리를 꼿꼿이 세우고 빠른 걸음으로 걸었다. 지난밤에 군인들은 젊은이들을 체포하기 위해 건물과 주택 등을 수색했다. 나도 젊었지만 체포 대상은 아니었다. 나는 미국인이었다. 그러나 마음속에서 군인은 이미 나의 적이었다.

우체국은 안전했다. 우표를 사서 봉투에 붙이고 우체통에 밀어 넣었다. 우체국의 평화로운 분위기가 잔뜩 긴장하고 있는 내 신경을 다독여 주었다. 하지만 갑자기 우체국 유리창을 깨고 최루탄이 날아들면서 내가 즐기던 평온은 일순간에 깨져 버렸다. 우체국 직원들은(대부분 미혼으로 이십 대 초반이었다.) 놀라서 정문으로 도망쳤다. 지난 며칠간의 사태로 최루 가스 냄새에 익숙해진 나는 그들과 함께 정문으로 빠져나갔다.

오래된 붉은 벽돌로 지어진 우체국 계단을 내려오려다 멈칫했다. 그 아래 도로에 잔뜩 성난 사람들이 몰려들기 시작했기 때문이었다. 그들은 도로를 막고 있는 군인들을 향하여 고함치기 시작했다. 미국인들이 주로 외치는 '부끄러운 줄 알아라. Shame on you!'와 비슷한 구호들이 도로 양편에 늘어선 낮은 건물들 사이로 메아리치고 있었다.

내가 서 있던 아래쪽에는 사람들이 경찰 한 명을 둘러싸고 거세게 항의하고 있었다. 하지만 사람들의 분노는 그가 아니라 다른 쪽을 향한 것이었다. 사람들은 흥분했으나 품위를 지키면서 그 경찰을 대하고 있었다. '왜 군인들이 우리를 이렇게 대하는 것이냐? 왜 우리 아들과 딸들을 죽이는 것이냐?' 그 경찰은 항의하는 한 노인에게 자신도 너무나 혼란스럽다고 공손하게 말했다. 그도 군인들이 왜 사람들을 그렇게 난폭하게 다루는지 정말 모르고 있는 것처럼 보였다. 그는 최대한 큰 목소리로 젊은이들이 밖으로 돌아다니지 않도록 보호하라고 주변 사람들에게 당부했다.

많은 가게가 늘어선 작은 도로를 살펴보았다. 아직 영업을 하고 있었고 필요한 물건을 살 수도 있었다. 우체국으로 들어서기 전까지는 적막한 긴장감이 흐르고 있었으나 이제 상황은 거의 폭발 직전 상태였다. 이곳을 벗어나 광주에서 멀지 않은 작은 마을 호혜원의 내 집으로 돌아가야 할 때였다.

우체국 계단을 내려와서 길로 접어들었는데, 분홍색과 푸른색이 어우러진 한복을 입은 할머니 한 분이 내 팔을 덥석 잡았다. 가슴이 두근거리고 있던 터라 깜짝 놀랐다. 최루 가스가 아직 가시지는 않았지만 참을 만했다. 할머니를 부축해서 가까운 가게까지 모시고 가려고 했는데, 할머니가 원한 것은 그게 아니었다. 할머니는 내 팔을 꽉 잡더니 나를 뚫어지게 쳐다봤다.

"지금 우리에겐 목소리가 없어. 우리의 목소리가 되어 바깥세상 사람들에게 우리에게 무슨 일이 일어나고 있는지 알려 주게."

할머니는 주변을 한 번 둘러보고는 다시 단호한 표정으로 나를 응시했다. 나는 그 자리에 굳어 버렸다. 나는 여기에 '목격하기 위해' 있었다. 할머니가 내게 분명한 임무를 준 것이다. 나는 할머니와의 약속을 지키지 못했다. 사십 년이 지난 이제야 그 책임을 마주할 수 있게 되었다. 내가 너무 늦지 않았기를 바랄 뿐이다.

증인이 된다는 것은 어떤 의미일까? 일종의 책임 의식을 가져야 하는 행위로 사건에 대한 솔직한 목소리를 내는 것도 포함될 것이다. 문제는 당시 내가 목격했던 사건의 시작과 끝을 정확히 규정할 수 없다는 데 있다. 수많은 사건들과 수많은 사람들이 관련되어 있는 그 역사를 내가 어떻게 전부 증언할 수 있을까? 결코 그럴 수 없다는 것을 알고 있다. 내가 할 수 있는 것은 오직 내가 직접 보고, 듣고, 느꼈던 것만을 말하는 것이다. 사십 년 전 내가 목격한 것은 마치 오늘 일인 것처럼 아직도 생생하다.

첫째 날

5월 14일 수요일: 서울의 데모

—

1980년 5월 중순, 내가 평화봉사단원으로 한국에서 근무한 지 두 해째 들어서고 있었다. 나는 당시 광주에서 삼십 분 정도 떨어진 나주의 한센병 환자 정착촌인 호혜원에서 일하고 있었다. 몇 달 전 나주 시내에서 호혜원으로 숙소를 옮겨 한센병 환자들의 피부 궤양 치료, 약물 처치 및 면역 반응 관리, 기본적인 안과 치료를 해 왔다. 내가 한국에서 첫 육 개월을 보냈던 나주 보건소의 직원들은 내가 호혜원으로 옮기는 걸 좋아하지 않았다. 그들은 아마도 괴짜 '동그란 눈'과 같이 지내는 걸 좋아했던 것 같은데, 생활 여건이 열악한 나환자촌으로 가는 걸 미친 짓으로 여기고 말리려 했다. 호혜원의 생활 환경은 나주보다 훨씬 불편한 것이 사실이었지만 견딜 만한 수준이었고, 한국어 구사 능력도

초급 수준을 넘어선 상태여서 큰 어려움은 없었다. 하지만 그 안정적인 생활도 막 뒤집히려 하고 있었다.

비무장지대와 가까운 강원도의 작은 산골마을에서 열린 평화봉사단 건강교육이 끝났다. 서울로 돌아가는 버스는 만원이었지만 교육을 마친 기쁨과 전날 제법 마신 소주 기운이 기분 좋을 만큼 남아 있어 별로 힘들지 않았다. 교육 참가자 중 저 멀리 한반도 남쪽 벽촌에서 일하는 사람은 내가 유일했다. 서울로 돌아오는 구불구불한 산길을 지나면서 다른 동료들은 이미 근무처인 보건소에 도착해서 느긋하게 늦잠을 즐기고 있겠구나 생각했다.

나는 정연하지만 늘 사람들로 붐비는 서울 버스 터미널에 내렸다. 터미널에는 학생, 부모, 회사원들의 우려 섞인 목소리가 떠돌고 있었다. 서울의 대학생들이 학교 밖으로 나와 거리에서 데모를 시작한 것이다. 사람들 사이를 지나자니 여기저기서 '학생들이 도대체 왜 저러는 거야?', '군대와 경찰은 시위대에게 어떤 대응을 할까?', '학생들이 공부나 해야지 뭐 하는 거야.', '데모대가 학교 밖으로 나오면 안 돼.' 등등의 걱정스러운 말이 들렸다.

칠 개월 전 장기 집권하던 군부독재자(내가 아는 한국인들은 그를 이렇게 불렀다.) 박정희가 암살되고, 국무총리 최규하가 정권을 이어받았다. 최규하는 한국이 이제 민주주의를 받아들일 준비가 되었다고 판단하고 많은 반정부 지도자들을 풀어 주었으며, 대통령 선거 일정을 발표했다. 그러나 이런 정치 발전 계획은 수포로 돌아갔다. 두 달도 채 지나지 않아 전두환이 군사 쿠데타를 감행한 것이다. 그는 많은 한국인들의 생각과 달리 한국이 아직 민주주의를 받아들일 준비가 되지 않았다고 판단했다. 모든 게 불투명해졌다. 대통령 선거는 과연 열릴 수 있을까? 한국이 어렵게 이룬 경제 발전은 유지될 수 있을까? 국민들은 또다시 도래할 수도 있는 독재를 순순히 받아들일까?

낡은 시골 버스에서 신식 시내버스로 옮겨 타고 버스 통로 중앙에 서서 가죽 손잡이를 꽉 잡았다. 버스는 서울의 허름한 곳을 지나 부촌을 돌아 시내로 접어들었다. 내일은 일 년에 한 번 있는 건강검진 날이었다. 여러 번 미루어 이제는 더 이상 미룰 수 없는 처지였다. 강원도에서 열린 건강교육 때문에 호혜원을 거의 두 주를 비웠는데, 건강검진 때문에 서울에서 또 이틀을 보내야 하는 것이 마음에 걸렸다.

아이다호 시골 출신인 나는 대도시 서울을 좋아할 수가 없었다. 서울은 공해가 심하고 복잡한 도시였다. 오늘의 서울도 크게 다르지 않았다. 서울 하늘은 칙칙했다. 그러나 도심에서 몇 블록 떨어진 곳에서 버스를 내리자 칙칙함과는 거리가 먼 풍경이 펼쳐졌다. 평화봉사단 건물 근처에서 작은 무리의 구경꾼들과 섞여 함께 그 광경을 바라보았다. 평상시 같으면 자동차로 가득했을 육 차선 도로를 학생들이 차지하고 있었다. 학생들은 도로 중앙에 앉아서 한목소리로 노래를 부르고 구호를 외치고 있었다. 어떻게 저렇게 일사불란하게 노래를 부를 수 있지? 곧 그 대답을 찾을 수 있었다. 도로 앞에서 네다섯 명의 학생 지도자들이 확성기와 호루라기를 들고 시위대를 지휘하고 있었다. 학생들은 잘 조직된 상태였다. 각자 역할이 분명했고 행동은 명확했다. 학생들은 과연 자신들의 요구가 관철될 것이라고 생각하고 있을까?

한국에 온 후 나는 단 한 번도 위험을 느껴 본 적이 없었다. 한국은 사실상 강력 범죄가 없는 나라였다. 지금 내 앞에서 벌어지고 있는 이 장면도 안전을 위협하지 않았다. 오히려 기분 좋게 했다. 자신들이 옳다고 믿는 신념을 관철시키기 위해 잔인한 군부독재에 맞서는 용기 있는 사람들이었다.

칙칙하지만 반듯하게 조성된 사무실 밀집 지역의 현대식 건물에서 사람들이 하루 일을 끝내고 몰려나왔고 구경꾼 숫자는 크게 늘어났다. 학생들의 데모는 질서 정연하게 계속되었다. 행진을 하다가 연좌 농성을 했고, 연좌 농성은 노래로 이어졌다. 노래가 끝나면 일어서서 다시 행진하고 구호를 외쳤다. 학생들의 조직적인 데모와 열정은 나를 감동시켰다. 그러나 구경꾼들은 별로 좋은 인상을 받은 것 같지 않았다. 그들은 학생들의 데모를 사회질서를 해치는 행위로 여기는 듯했다. '학생들은 공부를 하고, 국민들은 일을 해야지. 경제 발전을 이루려면 우리가 지금 이럴 때가 아니야.'라고.

시위 장면을 좀 더 잘 보기 위해 늘어나는 군중들 사이를 헤치고 앞으로 나갔다. 이렇게 잘 조직된 시위는 본 적이 없었다. 여기에 비하면 미국의 베트남 반전 데모는 혼란스러웠다. 한국 학생들의 시위는 달랐다. 절제와 품위가 있었다. 애국가에 이어서 들리는 시위 노래들은 격정적이고도 매혹적이었다. 나라에 대한 자부심이 얼마나 대단한가. 그 많은 사람들이 한목소리로 노래를 할 수 있다니. 미국에서는 잘 알려진 노래라고 해도 한목소리로 이토록 자부심 넘치게 노래하는 것은 불가능한 일이다.

선두에 있는 학생 지도자들을 지나 다음 블록의 끝자락까지 내려다보다가 매우 낯선 장면과 마주쳤다. 마치 〈스타워즈〉의 '스톰트루퍼'처럼 차려입은 경찰들이 학생들의 행렬을 막고 서 있었는데, 경찰들도 학생들만큼이나 잘 조직되고 훈련되어 있었다. 경찰들 뒤로 매우 위협적으로 보이는 시커먼 색의 경찰 트럭이 죽 늘어서 있었는데, 그 장면을 보자 순간 움찔했다. 겁을 먹기에 충분한 장면이었다. 그럼에도 불구하고 학생들은 남녀 할 것 없이 침착했다. 나를 포함한 구경꾼들은 이 두 집단의 대치를 유심히 지켜봤다. 나는 본능적으로 학생 편이었다.

나는 백칠십육 센티미터로 별로 큰 키는 아니지만 보통의 한국 여자들보다는 컸기 때문에 앞에서 무슨 일이 일어나고 있는지 잘 볼 수 있었다. 나는 외국인이기 때문에 당연히 눈에 잘 띄었다. 비록 시간이 좀 걸렸지만 결국 내가 다르다는 것을 받아들이는 법을 배웠다. 한국에서 보낸 대부분의 시간 동안 나는 수 킬로미터 내에 사는 유일한 외국인이었다. 사람들 특히 어린아이들은 신기한 듯 다가와 빤히 쳐다보았는데 이제 그런 것쯤은 귀엽게 받아줄 수 있었다. 하지만 할머니들이 가끔 셔츠 밖으로 삐져나온 가슴털을 뽑으려고 하는 것에는 익숙해지기 어려웠다. 그러나 이날 내 주변의 할머니들은 나보다는 거리에서 펼쳐지는 흥미로운 장면에 더 관심이 많았다.

십여 년 전쯤 심어졌을 은행나무 묘목은 벽돌로 깔아 놓은 보도 위에서 공간을 차지하기 위해 애쓰고 있었다. 은행나무는 이른 봄에 이미

잎을 떨어뜨리며 건물과 도로 사이의 삭막한 공간을 부드럽게 만들어
주었다. 지금은 나무들이 시야를 가릴 만큼 크지 않아 모두 기뻐하는
것처럼 보였다.

시위대로 꽉 찬 거리에 많은 시내버스가 뿜어내는 매캐한 디젤가스
냄새는 사라지고 대신 인근 식당의 숯불 냄새부터 타고 남은 연탄재 냄
새까지 인간이 사는 도시의 냄새가 그 자리를 메웠다. 사랑할 수밖에
없는 바로 한국의 냄새였다.

거리를 돌아보니 경찰들이 학생 지도자들과 시위대 앞줄에 있는 학생
들의 모습을 촬영하고 있었다. 나는 경찰들이 학생들의 집 대문을 두드
리는 장면을 상상했다. 경찰의 설명은 부모들을 당황하게 만들 것이고,
자식들을 데모 대신 공부에 전념하도록 만들겠다는 약속을 받아 낼 것
이다. 부모들은 경찰의 말을 순순히 듣겠지만, 속으로는 자식들을 자랑
스럽게 여길 거라는 생각도 들었다.

한국 사회에서 학생 저항의 오랜 전통은 경제적 평등과 정치 발전뿐
만 아니라 수백 년에 걸친 유교적 문화와 경직된 사회를 바꾸는 데 크게
기여했다. 학생들은 1910년부터 1945년까지 삼십오 년간에 걸친 일본
의 식민 지배에 대항했던 주된 세력이었으며, 1960년에는 부패한 대통
령인 이승만을 끌어내리는 데 결정적인 역할을 했다. 한국에서 교육은
존중받는 가치였다. 그러나 여전히 나이가 더 중요한 사회이기도 했다.
자식을 교육시키기 위해서 자신을 희생해야 하는 부모의 심정을 생각

하면 안타깝기도 했다.

그 사이 구경꾼들은 정장 차림의 직장인, 한복 차림의 할머니, 펑펑한 바지 차림의 상점 아줌마, 그리고 나 같은 다양한 사람들로 늘어났다. 모든 사람들이 시위에 관심을 갖고 있는 것은 아니었다. 다른 사람들은 빨리 집으로 돌아가기 위해 지하철역으로 향하고 있었다. 그들은 학생과 경찰이 대치하고 있는 사이의 좁은 공간을 가로질렀다. 사람들은 은행나무 아래에서 서로 밀치거나, 도로 쪽으로 가로질러 가다가 서로 물러설 기세가 없는 학생과 경찰 사이에 끼어서 우왕좌왕하는 처지가 되어 버렸다. 구경꾼들은 별말이 없었으나 호기심은 가득해 보였다.

"데모를 하려거든 학교에서 하지, 왜 서울 한복판에서 이 난리야?"

내 뒤에서 신문과 담배를 파는 아줌마가 말했다.

"학생들이 원하는 게 뭐지?"

"전두환은 물러나지 않을 겁니다."

가까운 곳에 서 있던 정장 차림의 중년 남자가 불길하게 대답했다. 나는 잠자코 있기가 힘들었다. 평화봉사단원은 한국인과 정치적 문제로 토론을 하거나 정치 상황과 관련된 행동에 대해 언급하는 것이 금지되어 있었다. 나는 입을 다물고 듣기만 했다. 인도에 올라서서 가방에 늘 넣고 다니는 한영사전을 찾았다. 모서리가 잔뜩 접히고 너덜너덜해진 사전은 깊숙한 곳에 있어 쉽게 잡히지 않았다. 겨우 꺼내서 몇 개 단어를 찾아보고 다시 넣는 순간 날카로운 호각 소리가 허공을 갈랐다. 주변의 모든 사람들이 뛰기 시작했다.

앞줄의 경찰들이 전방으로 돌진해 오는 순간 후방의 경찰들은 공중에 최루탄을 발사했다. 군무하듯이 질서 정연한 대오를 이루고 있던 시위대는 일순간 엉망이 되었고 학생들과 구경하던 사람들은 뿔뿔이 흩어졌다. 최루탄으로 무장한 경찰들은 대오를 형성하며 전진해 왔다. 나는 독한 최루 가스 냄새를 피해서 학생들과 구경꾼 사이에 섞여 옆길로 대피했다.

시위 장면은 충분히 봤다. 이제 작은 여관을 잡아서 하룻밤을 보낼 시간이었다. 여관 문을 열었더니 벨 소리를 듣고 아주머니가 나왔다. 아주머니는 매우 언짢은 표정이었다.

"도대체 학생들은 무슨 생각을 하는 거야? 공부나 할 일이지 무슨 데모질이야. 어휴, 이 지독한 냄새!"

아주머니는 내 옷에서 최루 가스가 떨어지자 연신 기침을 했고 입과 코를 틀어막았다.

"죄송합니다. 집에 가면 옷부터 빨아야겠어요."

집을 떠난 지 너무 오래되어 내 옷 대부분은 세탁을 해야 했다.

"밥은 먹었어요?"

아주머니는 밖을 내다보더니 현관을 잠그고 물었다.

"네."

아주머니는 재차 물었는데 다시 둘러댔다. 배낭에는 저녁으로 먹을 크래커가 남아 있었다. 한국에서 주인과 손님은 항상 사이가 좋았다. 한국 사람들은 믿을 수 없을 정도로 친절했다. '밥 먹었어요?'는 일상적인 인사말이었다. 나는 '괜찮습니다.'라는 대답을 한 번이 아니라 두 번 또는 세 번까지 반복해야 한다는 것을 일찍 터득했다. 호의를 받아들이

고자 할 때도 상대방이 세 번 물을 때까지 기다려야 했다. 이런 한국의 일상적 상호작용을 이해하는 과정은 재미있었지만 힘들 때도 있었다.

아주머니가 건네준 열쇠로 문을 열고 한두 평 남짓한 좁은 방에 들어섰다. 맨바닥에 요를 깔고 자는 한국식 잠자리에는 이미 익숙해졌지만, 주로 등겨가 들어 있는 딱딱한 한국식 베개는 여전히 힘들었다. 냄새나는 옷 몇 벌을 깨끗한 셔츠로 말아서 베개로 사용했다. 아주머니에게 증거를 남기지 않기 위해 조심하면서 와삭와삭 크래커를 먹었다. 거리의 시위는 끝이 났는지 궁금했다.

둘째 날

5월 15일 목요일: 승자 없는 데모

—

금격하게 팽창하는 인구 칠백만 도시인 서울도 일상적인 북적거림을 제외하면 아침은 조용했고 공기도 상쾌했다. 여관 현관 앞에 펼쳐진 바깥 풍경은 언제 데모가 있었나 할 정도였다. 최루탄 흔적도 없이 모든 것이 제자리였다. 데모는 이제 다 끝났을까? 평상시처럼 버스를 비롯한 차들이 도로를 꽉 메우고 있었다. 한국전쟁 이후 계속된 자정 이후 통행금지 때문에 서울은 밤 열 시가 되면 길에는 거의 사람들이 다니지 않았다. 아마도 통행금지 시간을 이용해서 도로가 말끔히 정비된 것 같았다. 근처 가게에서 주인 아주머니가 끓여 준 라면과 김치로 아침을 먹었다.

"오늘도 학생들이 데모를 한다고 하던데? 오늘은 오후에 한대요."

"가게 문을 닫기 전에 데모가 시작될까요?"

내가 젓가락 사이로 빠져나가는 면발을 보며 물었다.

"그럼요. 우리 가게는 아홉 시에 문을 닫아요. 그 시간에는 주로 담배나 소주, 맥주 등을 팔아요."

아주머니는 한숨을 쉬며 말했다. 평화봉사단에서 지급하는 비용으로 식당에서 밥을 먹는 것은 거의 불가능했다. 서울에 오면 주로 값싼 라면을 먹었다. 지난 12월의 쿠데타 이후 경기 침체가 계속되었고, 평화봉사단 생활비로는 오르는 물가를 감당할 수 없었다. 나는 빈 그릇과 젓가락을 아주머니에게 건네며 물었다.

"얼마죠?"

"이백 원이에요."

주머니를 뒤져 동전을 찾아 계산을 하고 버스 정류장 쪽으로 내려갔다. 버스는 몇 분 간격으로 왔기 때문에 오래 기다리지 않았다. 52번 버스를 탔는데, 기사가 차도로 들어가려고 핸들을 틀었기 때문에 불안정한 자세로 통로 중간에 섰다. 자리에 앉아 있는 어떤 남자가 흔들리는 버스에 몸을 맡기고 서 있는 젊은이와 대화를 나누고 있었다. 나는 이들과 부딪치지 않도록 한쪽 다리를 기둥에 감은 다음, 사전을 뒤졌다. 나이 든 남자가 하는 말 중에서 '애국'이라는 단어를 찾았다. 순간 내가 바보처럼 느껴졌다. 이 한국말은 사랑을 뜻하는 '애'와 나라를 뜻하는 '국'의 두 글자가 합쳐진 단어인데 둘 다 잘 알고 있었기 때문이다. 남자는 아직 흰머리는 없었으나, 얼굴의 주름으로 봐서 제법 나이가 있는 것으로 보였다. 깨끗하게 다린 회색 한복을 입고 있는 그의 옷차림이 눈길을 끌었다. 서울에서 전통 의상을 입고 다니는 남자는 거의 없었다. 그는 대학생처럼 보이는 젊은이에게 말했다. 그 젊은이는 공손하게 머리를 숙여 인사했다.

"학생들이 오늘 정오까지 계엄령을 해제하라고 요구한다는데, 사실인가?"

"네."

젊은이는 정중하게 대답했다. 그의 대답은 차분했지만 앞으로 더 많은 어려움이 있을 것 같은 느낌이 묻어 났다. 나이 든 남자는 젊은이를 격려하는 눈빛으로 쳐다봤다. 이 남자도 젊었을 때 이런 시위에 참여했을까? 그 젊은이는 다음 정류장에서 내렸고 이 대화를 듣고 있던 승객들은 말없이 조용했다. 이 사람들도 앞으로 닥칠 일에 대해서 나와 같은 생각을 하고 있는 것일까?

몇 시간 뒤에 나는 병원을 나왔다. 피를 뽑고, 소변 검사를 하고, 건강과 관련된 많은 질문에 답했다. 지난해 초 한국에 도착한 이후로 몸무게가 사 킬로그램 정도 빠졌다. 나주에서의 첫 석 달 동안 아침, 점심, 저녁을 쌀밥과 김치, 김만으로 연명했다. 가끔씩 아침 밥상에 달걀, 소금에 절인 생선, 돼지고기, 닭고기 등이 함께 나오는 것으로 봐서 식사를 챙겨 주던 할머니도 내 몸무게가 빠지는 것을 걱정했던 것 같다. 당시에 달걀이나 생선, 돼지고기는 그 할머니뿐 아니라 다른 한국인에게도 특별식이었다. 통상 우리가 먹는 음식은 주로 쌀밥과 몇 가지 종류의 김치가 대부분이었기 때문이다.

　나주에서 호혜원으로 이사하면서 제한된 몇 가지로 요리하는 방법을 터득해야만 했다. 내 식단은 여전히 이웃이 주는 쌀밥과 채소류가 대부분이었다. 아무리 노력해도 제대로 된 밥을 하기는 틀린 사람이라는 이웃의 평판을 바꿀 수 없었다. 호혜원의 주 수입원이 양계 사업이었기 때문에 달걀은 내 식단의 주재료였다. 그러나 그 양계 사업 때문에 늘 닭똥 냄새가 진동했다. 한 달 전쯤에는 친절한 나환자 한 분이 고구마를 한아름 주어서 오랜만에 비타민을 보충할 수 있었다. 최근에는 광주에서 참치 캔을 파는 작은 가게를 발견했다. 그 가게는 치즈, 시리얼, 딸기, 참치 캔 등 내게 익숙하고 그리운 식료품들을 팔고 있었다. 내 곤궁한 식생활은 다른 평화봉사단원들과 크게 다르지 않았다. 그래서 딱히 불평할 수도 없는 일이었다.

　당시 한국에는 백여 개의 나환자 정착촌이 있었는데, 적게는 스물다섯 명에서 많게는 사백 명 정도의 나환자가 생활하는 곳도 있었다. 호혜원은 제법 큰 규모에 속했다. 한국 정부는 십오 년쯤 전부터 경제 활동이 가능한 나환자들을 위해 정착촌을 조성했다. 나병은 일종의 낙인이 찍히는 질병으로 많은 환자들, 특히 기형을 가진 환자들은 고향에서조차 받아들여지지 않았고 사회에서도 배척당했다. 정부가 설립한 정착촌은 대부분 인구 밀집 지역에서 멀리 떨어진 오지에 자리 잡고 있었다. 나환자들은 손과 발에 감각이 없기 때문에 농사일은 위험해서 권장되지 않았다. 양계 사업은 농사일보다는 위험성이 낮았기 때문에 수입원으로 제법 널리 보급되어 있었다. 내가 호혜원에 처음 왔을 때 이미 양계 사업은 크게 활성화되어 있었다. 닭똥 냄새는 싫었지만, 나환자 정착촌의 양계 사업은 매우 인상적이었다.

병원 앞 정류장으로 52번 버스가 들어왔다. 일 년에 한 번 있는 건강 검진을 마쳐서 기뻤다. 버스는 아침과 달리 승객이 별로 많지 않아 자리를 잡고 앉았다. 버스가 완공 목표를 일 년 앞둔 지하철 공사 구간에 임시로 덮어 놓은 철판 위를 지나며 이러저리 덜컹거렸다. 흔들리는 버스 안에서 나는 내일 아침 일찍 광주로 출발해서, 참치 캔과 몇 가지 음식 재료를 산 다음, 남평으로 가서 정류장 근처에 세워 놓은 자전거를 타고 사 킬로미터를 달려 호혜원의 내 '집'인 작은 방으로 달려갈 계획을 짜고 있었다. 서울에서 집까지 온전히 하루가 걸리는 여행이다. 아침 일찍 이 소란스러운 도시를 빠져나가야만 했다. 그러나 버스의 급브레이크 소리가 이런 생각들을 흩어 놓았다.

"모두 내리세요. 도로가 봉쇄되었어요!"

버스 기사가 소리쳤다. 버스 앞쪽에 경찰용 철제 바리케이드가 도로를 가로질러 설치되어 있었다. 오후 세 시밖에 되지 않았는데 사람들이 회사를 나서고 있었다. 건물은 폐쇄되고 사람들은 일찍 집으로 향했다. 모두들 덤덤한 표정으로 매우 질서 정연하게 지하철역이나 근처의 버스 정류장을 향해 걸었다. 경찰들의 표정은 위압적이었으나 대항하는 사람이 없는 한 안전해 보였다.

버스에서 내려 시내 한복판의 특색 없는 건물 팔 층에 위치한 평화봉사단 사무실로 향했다. 평화봉사단 사무실은 유익한 정보와 최신 뉴스를 얻을 수 있는 곳이었다. 혼자 시간을 보낼 때 꼭 필요한 책을 챙기기 위해서도 정기적인 방문은 필수였다.

사무실로 들어서니 창문을 내다보던 평화봉사단원 카린이 말했다.

"와, 오늘 경찰이 늘어선 모습 봤어?"

"응, 경찰들이 여기서부터 기차역까지 모든 도로를 차단했어. 사람들은 일찍 퇴근하고 있고. 오늘은 더 큰 시위가 있을 거라는 소문이 있어."

집에 가지고 갈 책을 고르기 위해서 작은 도서실 서고를 뒤지면서 대답했다. 아침에 버스에서 들은 대화를 생각했다. 오늘은 어제보다 더 큰 시위가 벌어질까? 책을 몇 권 골라 가방에 넣고 창문 옆에 있는 카린 쪽으로 갔다. 거리를 내려다보니 동원된 경찰이 어제보다 더 많았다. 경찰의 수로 오늘 있을 데모의 규모를 어느 정도 짐작할 수 있었다.

잠시 후 교차로 한쪽 지하철 입구에서 여러 무리의 대학생들이 나오는 게 보였다. 학생들이 계속해서 대로로 모여들고 있었다. 학생들 숫자는 순식간에 수백 명에서 수천 명으로 불어났고, 평화봉사단 직원들은 이를 구경하기 위해 열린 창 쪽으로 몰려들었다. 아래에서 구호가 시작되었다.

"전두환 물러가라! 계엄령 해제하라!"

"와! 살벌하군."

사무실에 있던 누군가가 말했다. 길거리에 시위를 구경하는 사람들은 거의 없었다. 오늘은 사람들이 시위에 별 관심이 없는 듯했다. 서둘러 자기 길을 가거나 곧 터질지 모르는 최루 가스를 피할 곳을 찾아 우왕좌왕하고 있었다. 학생들은 계속해서 사방에서 몰려들었다. 건물 바로 밑에서 학생들이 무리를 지어 행진하기 시작했다. 저 멀리에서도 비슷한 규모의 학생들이 행진하고 있었다. 경찰들은 밀집대형을 형성하여 바깥을 둘러싸고 학생 쪽으로 압박해 들어오고 있었다. 갑자기 날카로운 호각 소리가 들리더니 최루탄이 포물선을 그리며 날아가기 시작했다.

"빨리 창문 닫아!"

사무실 직원이 외쳤다. 재빨리 창문을 닫았지만 때는 이미 늦었다. 최루 가스가 사무실 안으로 스며들어 왔다.

"자, 다들 집으로 갑시다."

한 직원이 가방을 집어 들며 말했다.

"여기에 갇혀서 밤을 보낼 수는 없지."

창문을 내다보던 카린이 말했다. 가방을 챙긴 우리는 각각 엘리베이터와 계단으로 향했다. 계단을 내려가는데 사무실 문이 잠기는 소리가 들렸고, 오 분도 지나지 않아 모두 건물을 빠져나와 인도에 섰다. 길에서 보는 시위 광경은 팔 층에서 내려다보던 비교적 차분한 군무와는 전혀 달랐다. 우리가 도로로 나왔을 때는 안무가가 지휘를 포기한 것처럼 보였다. 경찰은 계속 최루탄을 쏘아 댔고 학생들은 보도블록을 깨서 던지며 경찰을 밀어붙였다. 우리는 사방으로 흩어졌고 나는 어젯밤 묵었던 여관이 있는 시청 뒤쪽을 향해 달리기 시작했다. 달리다 보니 나 혼자였다. 대체 이게 무슨 난리지?

길모퉁이를 돌자 최루 가스가 훅하고 얼굴을 덮쳤다. 도로 위에는 깨진 벽돌과 최루탄 잔해 등이 어지럽게 널브러져 있었다. 고개를 들어

보니 〈스타워즈〉 경찰차 한 대가 불타고 있었다. '오, 이런!' 격렬하게 뛴 상태에 두려움이 더해져서 심장이 미친 듯이 쿵쾅거리기 시작했다.

나는 멈춰 섰다. 사태를 정확하게 파악할 필요가 있었다. 이것은 결코 늘 봐오던 일상적인 시위가 아니었다. 여관으로 가기 위해서는 불타고 있는 경찰차를 피해서 지하도를 이용해야 했다. 지하도의 넓은 계단을 내려가면서 아래쪽에는 깨진 벽돌이나 최루탄은 없을 것이라고 생각했지만 그건 착각이었다. 최루 가스가 온통 지하도 안으로 가라앉아 있었다. 뿌연 안개 같은 가스가 얼굴을 덮쳤고, 나와 주변 사람들은 연신 기침을 하고 눈물을 흘리며 최대한 빨리 지하도 반대편으로 빠져나가기 위해 달렸다. 나는 출구를 찾아 힘겹게 계단을 올랐다. 꼴이 말이 아니었다. 하필이면 이런 날 콘택트렌즈를 끼고 나왔을까 후회가 막심했다.

이쪽도 돌과 깨진 벽돌이 널브러져 있었다. 내가 서 있는 곳에서 남쪽으로 학생들이 여기저기 모여 있었는데, 어떻게 해야 할지 모르는 표정들이었다. 간간히 구호가 들렸으며 하늘 높이 치켜든 주먹이 많이 보였지만 방향을 못 잡는 듯했다. 북쪽으로는 생각보다 가까운 곳에 헬멧과 방패로 무장한 경찰들이 밀집해 있었다. 호각 소리가 울리고 경찰이 전진하기 시작했다. 나는 그야말로 시위대와 경찰 사이에 끼어 있었다.

최루 가스 덕분에 눈물을 줄줄 흘리며 거의 무의식적으로 숨을 멈추고 안전한 곳을 찾았다. 어떻게 해서든지 급박하게 전개되는 이 위기 상황에서 벗어나야만 했다. 우여곡절 끝에 겨우 여관을 찾을 수 있었다. 아주머니가 문을 열어 주면서 최루 가스 냄새를 견디지 못하고 코와 입을 막으며 한마디했다.

"이놈의 데모 때문에 장사 다 망치는군!"

여관 안으로 뛰어들어 가 숙박비를 낸 다음에서야 비로소 안도의 숨을 돌렸다. 방으로 들어가서 요를 깔고 누웠다. 아직 이른 시간이었으나 그냥 눕고만 싶었다. 천장에 매달린 전구를 보면서 마음을 진정시키고 생각을 가다듬었다.

저녁 여덟 시쯤 되니 바깥이 조용해졌다. 나는 여관 문밖으로 머리를 내밀고 주변을 살펴봤다. 전투 경찰들이 거리를 깨끗하게 정리한 것 같았다. 몇몇 가게와 식당이 영업을 하고 있었다. 배가 몹시 고팠다. 아주머니가 어깨를 으쓱이며 내가 나갈 수 있도록 문을 열어 주면서 매일 하는 같은 말을 했다.

"여관 문은 밤 열 시에 닫으니까 그 전까지 들어오세요."

아침을 먹었던 가게로 갔다. 가게에는 TV가 켜져 있었는데 나는 그 앞의 작은 탁자에 앉아 경찰차가 불타는 장면이 나오는 뉴스를 봤다. 화면에 젊은 경찰관의 사진이 나오면서 진행자가 '경찰 강윤석이 오늘 이른 시간에 사망했다.'는 소식을 전했다.

'오! 이런.'

아주머니를 쳐다보며 안타까운 일이라고 말하고 싶었다. 그러나 아주머니의 애처로워하는 표정과 적절한 말을 찾느라 머뭇거리는 나의 난처한 상태가 겹치면서 정적이 흘렀다. 이것은 내가 접한 시위 중 첫 사망 소식이었고, 아주머니의 심각한 표정으로 봐서 한국에서도 흔히 있는 일이 아닌 것 같았다.

가게 아주머니는 늦은 오후부터 올 손님들을 위해 아침 일찍 밥을 해 놓은 듯했는데, 오늘 장사는 망친 것 같았다. 뉴스 탓에 흥분이 되어서 그런지 더 허기가 지는 듯했다. 아주머니는 놋쇠 그릇에 담은 뜨거운 밥과 내가 제일 좋아하는 오이김치, 그리고 밥 위에 올려 먹으면 그야 말로 꿀맛인 달걀프라이를 내주었다. 능숙한 젓가락질로 밥을 먹었다. 나는 이미 한국인들처럼 젓가락을 사용할 수 있었다. 맛있게 먹는 나를 보면서 아주머니가 빙그레 웃었다. 그럴 만한 여유는 없었지만 시원한 맥주도 한 잔 마셨는데 그날 식사는 아주 오랜만에 맛본 최고의 만찬이 었다. 나는 집으로 돌아갈 준비가 되어 있었다.

셋째 날

5월 16일 금요일: 집으로 가는 길

—

몽골에서 날아오는 먼지와 매연으로 가득 찬 서울의 아침 공기 속에 눈을 떴다. 어두워지기 전에 집에 도착할 계획으로 일찍 서둘러 고속버스 터미널로 향했다. 버스 터미널은 크게 붐비지는 않았다. 광주는 한국 남서쪽의 교통 요충지이기 때문에 버스가 자주 있는 편이었다. 승차권을 사고 버스에 올라 뒤편 창가에 앉았다. 버스는 삼십 분도 채 지나지 않아 무채색의 거대 도시를 빠져나가 한국의 5월이 선사하는 녹색의 싱그러움 속으로 들어갔다. 어제의 시위와는 전혀 다른 광경이었다.

시원하게 뚫린 고속도로를 따라 펼쳐지는 논에는 벼가 자라고 있고 이제 막 심은 어린 소나무가 야산을 덮고 있었다. 경사가 급한 산등성이까지 소나무가 가지런히 늘어서 있었다. 소나무는 위가 평평하게 자랐고 키도 이십 미터가 넘지 않았다. 아름다운 한국 소나무에 대한 나의 사랑은 아이다호의 폰데로사 소나무에 대한 사랑과 비슷했다. 소나무는 각각 독특한 줄기가 있는데 서로 뒤얽혀서 뻗어 나가다가 줄기의 맨 끝에서 자라는 바늘을 뭉쳐 놓은 것 같은 잎으로 사람들의 눈을 사로잡는다. 한국의 소나무에는 다 자란 폰데로사 소나무의 깊게 파인 검붉은 줄기는 없었으나, 그 유연한 선은 아주 매력적이었다. 창밖으로 지나가는 아름다운 경치를 보면서 왜 아이다호에서처럼 이 나무들 이름을 외우려고 하지 않았을까 생각했다. 이제부터라도 익혀야지.

버스는 계속 남쪽으로 달렸고 논두렁길은 나에게 손짓하며 와서 걸으며 구경하라고 유혹했다. 나는 여기저기 돌아다니며 이것저것 구경하는 것을 좋아했다. 한국은 어디나 보물로 가득했다. 산등성이에 깔끔하게 손질된 묘지, 작은 사당, 큰 절, 매혹적으로 지어진 오래된 집과 초가지붕 등 아름다운 풍광들이 나를 부르고 있었다.

특히 절은 내 마음을 완전히 사로잡았다. 대부분의 절들은 산 중턱에 자리 잡고 있었다. 외지고 깊은 산골에 있었기 때문에 주변은 평화롭고 한적했다. 대부분의 절 입구에는 절을 지키는 사천왕이 그려져 있는데, 부리부리한 눈으로 들어오는 사람들을 내려다보고 있었다. 모든 절은 고유한 특징이 있고 디자인도 다양해 흥미로웠다. 절은 휴식을 취하면서 나의 과거와 현재, 미래를 생각해 볼 수 있는 최적의 장소였다. 평화봉사단원으로서 마을에서 바쁘게 지내는 동안은 자신을 돌아볼 여유가 별로 없어서 시간이 날 때마다 외지고 잘 알려지지 않은 절들을 계속 찾아다녔다.

시간이 흐르면서 한국과 한국인을 더 잘 이해할 수 있게 되었다. 한국 문화의 어떤 면은 나를 당황스럽게 했지만, 어떤 면은 존경과 경외심을 자아내기에 충분했다. 여기는 한국인들의 나라이지 내 나라는 아니었다. 나는 여전히 손님으로서 적응하는 법을 배워야 했으나 그렇다고 마냥 외국인처럼 행동하고 싶지는 않았다. 한국 특유의 '우리'라는 개념은 미국식 개인주의와는 많은 차이가 있었다. 한국인들은 '내 생각', '내 나라'가 아닌 '우리 생각', '우리 나라' 등으로 표현했다. 빳빳하게 다린 교복을 입은 학생에서부터 허리가 굽은 할머니까지 모든 한국인은 지금 한국은 경제성장 과정에 있으며 모든 국민이 합심해서 열심히 일을 해야 한다고 생각하고 있었다. 서울에서 학생들의 데모를 보면서, 나는 일부 한국인들이 이제 경제 발전을 넘어 정치 발전을 원하고 있다고 생각했다.

한국 문화를 배우면서 미국 문화 또한 더 잘 이해하게 되었다. 한국의 어떤 면이 나를 힘들게 하는지, 어떤 모습을 존경하는지, 한국인의 삶과 문화 중 어떤 것들을 배우고 나의 것으로 만들어야 할지 생각했다. 집에 들어가기 전에 신발 벗는 연습을 계속해야 하는 것만은 명확했다. 그리고 또 뭐가 있을까?

호혜원에 돌아가서 해야 할 일이 불쑥 떠올랐다. 논과 절을 돌아다닐 궁리는 나중에 해도 된다. 다가오는 주는 매우 바쁠 것이었다. 손과 발에 피부궤양이 생긴 나환자들을 방문해야 했다. 궤양 환자들은 지속적인 관리를 통해서 상처를 늘 깨끗하게 소독해야만 했다. 교육과 건강검진을 위해 호혜원을 떠나오기 전에 한 환자가 면역 반응에서 좋지 않은 결과를 보였다. 고통스러워하던 그가 걱정되었다. 그는 전라남도에서 운영하는 한센병 병원에서 전문적인 치료를 받아야 했는데, 그가 병원에 갔는지 궁금했다. 그의 건강 상태는 좋지 않았다.

내가 돌보던 환자, 특히 외모가 일그러진 환자들은 호혜원 밖으로 나가는 걸 꺼렸다. 한국 사회에서 나병은 일종의 낙인이 찍히는 병이었다. 나환자들은 어떻게 해서든지 자신과 가족을 사람들의 시선과 소외로부터 지키려고 했다. 나는 월요일에 안과 치료가 필요한 환자 세 명을 순천에 있는 병원으로 데려갈 계획이었다. 병원에 가려면 버스를 여러 번 갈아타야 하는데, 사람들이 환자들 대신에 차라리 외국인인 나에게 관심을 돌리면 좋겠다고 생각했다.

지난 몇 달 동안 내가 호혜원에서 한 일은 처음 생각했던 것보다 훨씬 많았다. 수작업으로 환자 기록 사본을 만드는 단순하고 지루한 일을 하면서 지난 육칠 년 동안 호혜원 환자들이 충분한 치료를 받지 못했다는 사실을 알게 되었다. 같이 일을 하는 최 씨는 환자를 거의 방문하지 않았으며, 도에서 운영하는 이동 의료팀도 호혜원보다는 주로 나주의 보건소를 방문했다. 많은 환자들이 궤양을 앓고 안과 치료를 거의 받지 못하는 것은 어쩌면 당연한 일이었다.

퇴직을 앞두고 있던 최 씨는 늘 얼굴을 찡그리고 있었다. 일 년 전 내가 나주에 도착하던 날, 그는 나를 보고 대뜸 이렇게 물었다.

"다른 봉사자는 어디에 있어요? 평화봉사단에서 보낸 편지에 '고성철'과 '폴 코트라이트'라는 두 명의 봉사자가 온다고 되어 있는데, 당신은 누구죠?"

지난 석 달 동안 배운 한국어 실력으로는 고 씨와 폴 씨가 동일 인물이라는 사실을 설명하기가 어려웠다. 최 씨는 나를 상대할 시간이 없었다. 그는 비서들 중 한 명인 미스 김을 나와 함께 일하고 의사소통하도록 '임명'했다. 그녀는 맡은 일을 아주 잘했고 나의 실수와 어설픈 발음을 듣고 낄낄거리곤 했다. 그녀는 영어를 할 줄 몰랐지만 사실 배울 이유도 없었다. 그녀는 신랑감을 찾기 전까지 보건소에서 일하고 있었는데, 영어는 필요하지 않았다. 지금 생각하면 그녀는 내가 한국어 때문에 바보가 되는 횟수를 줄이기 위해서 열심히 도와줬고 그저 고마울 뿐이다.

환자 기록을 수기로 정리하면서 한국어 쓰기 실력은 눈에 띄게 늘었다. 이 기록을 들고 돌아다니며 환자의 이름과 얼굴을 익히고 개인별로 치료 기록을 재정비했다. 일은 즐거웠지만, 사회 생활은 말이 아니었다. 마을 어디를 둘러봐도 내 또래는 없었다. 다들 마흔이 넘었거나 아니면 열 살 미만의 아이들뿐이었다. 아이들은 중학생이 되면 부모가 나환자라는 사실을 아무도 알지 못하는 곳으로 보내졌다. 대학생들은 광주에 살았다. 자녀들만큼은 병에 구속받지 않고 사회적 질시를 받지 않도록 하려는 환자들의 의지와 결단력은 감동적이었다.

버스가 전라남도로 들어섰고, 광주까지는 사십오 분 정도가 남아 있었다. 내가 세운 계획에 만족했고, 배낭에 혼자 있는 시간을 달래 줄 책이 꽉 차 있다는 것도 나를 행복하게 했다. 나는 창밖의 풍경을 계속 바라봤다. 논, 소나무 숲, 그리고 작은 마을들이 계속 지나갔다. 모든 것이 좋았다.

광주에 내려 참치 캔을 비롯한 먹을거리를 사기 위해 가게로 향했다. 좁은 통로, 작은 선반들, 어디나 비슷한 담배 진열대가 있는 작은 가게로 들어갔다. 참치 캔은 하나도 없었다.

"아주머니, 참치 캔이 없네요. 몇 주 전에는 있었는데요."

"지난주에 어떤 외국인이 와서 전부 사 갔어요. 왜 그렇게 많이 사 갔는지 모르겠네요."

아주머니가 오히려 궁금하다는 듯이 대답했다. 이런! 이건 내가 기대한 게 아니잖아. 나는 어깨를 축 늘어뜨리면서 웃었다.

"그 외국인들이 아마 참치 샌드위치가 먹고 싶었나 봐요."

크게 기대하지는 않았지만 참치 캔을 언제 더 가져다 놓을지 물었다.

"선생님네 아주머니는 시장에서 생선을 사지 않나요?"

가게 아주머니는 신선한 참치가 훨씬 좋은데 왜 참치 통조림을 사려고 하는지 모르겠다는 듯이 오히려 내게 물었다.

"저는 작은 마을에 살고 있는데 근처에 시장이 없어요."

내 거짓말이 탄로나지 않아서 흐뭇했다. 한국에서는 남자들이 요리를 거의 하지 않는데, 나는 직접 요리를 해야 하고 신선한 참치를 요리하기는 힘들다는 걸 굳이 밝히고 싶지 않았다.

"참치 캔은 외국인들만 먹는데, 여기 광주에는 외국인들이 많지 않아요. 더 주문할 수는 있는데, 대신에 반드시 사 가야 해요."

하지만 가게에 다시 들르겠다는 약속을 할 수는 없었다. 참치 캔 가격이 사치품 가격만큼이나 비쌌지만 오늘만큼은 먹을 수 있기를 기대하고 있었다. 갑자기 참치 캔을 몽땅 사 간 외국인이 과연 누구일까 궁금해졌다. 그 사람 집에 당장이라도 달려가서 대문을 두드리며 내 참치를 내놓으라고 따지고 싶은 생각까지 들었다. 광주에는 모두 세 사람의 평화봉사단원이 있었는데, 그들도 나처럼 경제 형편이 넉넉하지 않았기 때문에 그들이 샀을 리는 없었다. 그렇다면 선교사 가족들일 텐데 그 사람들 집 대문을 두드릴 수는 없는 일이었다. 실망스런 마음으로 가게를 나왔다. 도로로 막 나서는데 학생 한 명이 나를 붙잡았다. 그 다음에 무슨 일이 생길지는 뻔했다.

"헬로, 마이 네임 이즈 김대문. 왓 이즈 유어 네임?"

그 학생이 먼저 시작했다. 나는 이제 일일 영어교사가 되어야만 한다. 심술궂은 마음에 그 학생의 머리를 한 대 때려 주고 싶었다. 그러나 꾹 참고 대답했다.

"My name is Paul. What school do you attend?"

– 내 이름은 폴이야. 어느 학교에 다니니?

영어 수업이 시작됐다.

"Gwangju Middle School. Where are you from?"

– 광주중학교에 다녀요. 어디에서 오셨어요?

모든 학생들이 나 같은 '동그란 눈'에게 늘 묻는 스무고개 질문이 이어졌다.

"미국에서 왔어."

"직업이 뭐예요?"

세 번째 질문이다. 흠, 나환자촌에서 일하고 있다고 솔직히 말해 버릴까? 대화를 바로 끝낼 수 있을 텐데 말이야.

"나는 평화봉사단원이야."

"취미가 뭐예요?"

네 번째 질문이다. 학생들은 질문 순서도 왜 이렇게 다 똑같지?

"나는 하이킹을 좋아해. 독서도 좋아하고. 그리고 친구들과 많은 시간을 보내지."

복잡하고 신중한 구문을 구사할 기분이 아니어서 기계적으로 대답했다. 그러면서 속으로 웃었다. 이 학생은 내가 무슨 답을 하는지 이해하기보단 다음 질문을 준비하는 데 여념이 없었다.

"형제 자매들은 있어요?"

"형이 있는데 지금 미국에서 부모님을 돕고 있어."

맞다. 나는 동생으로서 항상 형보다 더 많은 자유를 누렸다. 형은 연로한 부모를 돌봐야만 했다. 이건 한국도 마찬가지였다. 물론 아이다호에 가족 명의의 농장이 있었다면 형은 부모를 모신 대가로 집과 농장을 물려받았을 것이다.

"몇 살이에요?"

나이를 묻는 질문 뒤에는 늘 한 뭉치의 질문이 따라왔다. 어른들이 나이를 묻게 되면 그 뒤에 이어지는 질문은 거의 같았다. '결혼은 했나?', '왜 결혼을 하지 않았나?', '담배는 피우나?', '왜 안 피우나?' 다행스럽게도 학생들은 이런 질문을 하지 않았다. 그래서 나는 웃으면서 대답했다.

"스물여섯 살이야. 너는 몇 살이니?"

"열네 살요."

더 어릴 것으로 생각했는데 의외였다. 한국 사람의 나이를 추측하기란 매우 힘들었다.

"결혼했어요?"

학생 눈이 반짝거렸다. 귀여운 녀석 같으니라고. 나는 웃었다.

"아니, 하지 않았어."

길모퉁이를 돌자 앞에 버스 정류장이 있었다. 이제 대화를 마무리 지을 시간이었다.

"김대문 군, 만나서 반가웠어. 나는 남평으로 가는 버스를 타야 하거든. 학교 잘 다니고. 안녕."

"안녕히 가세요, 미스터 폴."

학생이 내 이름의 'L'자를 혀를 최대한 굴리며 말했다. 그는 아주 좋은 영어 공부 기회를 얻었다. 광주에는 외국인이 별로 없었기 때문에 영어를 연습할 수 있는 원어민을 만난다는 건 일종의 행운이었다. 그 학생 덕분에 내 기분도 많이 풀렸다.

남평은 옹기종기 모인 단층짜리 작은 가게들과 보건소, 파출소를 빼면 특별한 게 없는 곳이었다. 승객이 있어야 버스가 정차하는 곳이었기 때문에 버스 기사에게 미리 남평에서 내려 달라고 당부를 해야만 했다. 그렇지 않으면 '아차' 하는 순간에 지나쳐 버린다. 남평은 광주와 나주를 잇는 남북으로 난 주도로와 동서로 흐르는 강에 둘러싸여 있었다. 강을 따라서 비포장도로가 이어져 있고, 이 아름다운 길을 따라가면 호혜원이 있었다. 나는 계절마다 바뀌는 이 풍경이 좋았다. 강은 늘 잔잔했고 놀랍도록 깨끗했다. 버스에서 내려 포장도로와 비포장도로가 만나는 곳까지 걸었다. 알고 지내는 기게 주인이 나를 향해 손을 흔들며 인사했다.

"고 선생님, 안녕하세요?"

나를 알고 함께 일하는 한국인들은 모두 내 미국 이름을 몰랐다. 한국에 오면서 내 정체성이 바뀐 것처럼 생각될 때가 있었다. 평화봉사단원들은 한국식 이름을 쓰게 되는데, '고성철'이라는 내 이름은 내가 한국에 오기도 전에 이미 만들어져 있었다. '고'는 한자로 '높다'는 뜻인데 사실 나보다 키가 훨씬 큰 봉사자들이 많았다. 뜻보다는 '코트라이트'라는 발음에 가장 유사해서 정해진 것으로 그래도 나름의 논리가 있었다.

"네, 박 선생님. 선생님 가족들도 안녕하시지요?"

"네, 잘 지내고 있습니다."

우리는 그의 가게와 집 사이에 보관해 둔 자전거를 찾으러 함께 걸었다. 남평에서 버스를 탈 일이 있으면 그는 늘 내 자전거를 맡아 주었다. 그의 마당은 넓지는 않았지만 우물이 있었고 빨랫줄에는 방금 빤 깨끗한 옷들이 널려 있었다. 작은 채소밭도 딸려 있었다.

"자전거 보관해 주셔서 고맙습니다. 서울 데모 소식 들으셨어요?"

주변에 사람들이 없는 것을 확인하고 그에게 물었다.

"우리는 데모할 틈이 없는데, 그 학생들이 문제만 일으키는 거죠. 학생들이 데모를 멈추고 학교로 돌아갔다는 소식을 듣기는 했어요."

경찰이 죽었다는 뉴스가 나왔기 때문에 아마 박 씨도 그 사실을 알고 있을 것이었다. 직접 말하지는 않았으나 경찰 사망 소식이 데모에 대한 그의 평가에 영향을 주었을 것이다. 박 씨의 가게에서 몇 가지 먹을거리와 물건을 샀다. 아직 제철이 아닌데 수박이 있길래 너무 반가워서 수박도 샀다.

등에는 책이며 물건이 가득 든 가방을 메고 핸들에는 식료품 봉지를 매달고 울퉁불퉁한 흙길을 자전거를 타고 가려니 집중하지 않으면 균형 잡기가 힘들었다. 피곤이 몰려왔다. 서울에서 겪은 일 때문에 힘들었고, 길 위를 오가느라 힘들었고, 호혜원을 떠나 있는 것도 힘들었다. 이제 나는 내가 해야 할 '진짜 일'이 있는 곳으로 돌아가야 했다.

최근 들어 나는 죄의식으로부터 벗어날 수 없었다. 아버지의 식도암 판정과 이어서 아버지가 받은 수술은 내 마음을 무겁게 짓눌렀다. 나는 아버지의 수술 후 몇 주 만에 한국으로 돌아왔다. 부모님은 한국의 철물점과 비슷한 다양한 도구를 대여하는 가게를 운영하고 계셨는데, 내가 한국으로 돌아간다고 했을 때 실망하는 표정을 애써 감추셨다. 남아서 가게를 맡아 주기 원하는 부모님의 속마음을 모를 리 없었다.

이런저런 생각에 빠져 길가의 도랑으로 곤두박질칠 뻔했다. 다시 정신을 차렸다. 호혜원에서 내가 해야 할 일이 산더미처럼 쌓여 있었다. 특히 내 환자의 상당수가 당장 치료가 필요한 안과 질환을 앓고 있었다. 나병과 관련된 안과 질환을 대처하는 방법은 배웠지만 의사가 아니기 때문에 직접 치료할 수는 없었다. 환자들은 수술이나 전문 치료를 위해 안과 전문의의 진단이 필요했다. 환자가 치료를 받을 수 있도록 하는 것이 내가 할 일이었다. 하지만 병원은 마을에서 너무 멀리 떨어져 있었다.

호혜원으로 돌아왔다. 변한 건 없었다. 천주교 성당과 개신교 교회의 첨탑이 납작 엎드린 함석지붕 건물들 위로 우뚝 솟아 있었다. 이 교회들은 호혜원보다 훨씬 큰 마을에서나 어울릴 정도로 규모가 컸다. 한국에서 나환자를 돌보는 일은 주로 선교사들이 맡아서 해 왔고 교회를 짓는 것도 그들의 일 중 하나였다. 불교 신자인 나환자는 만나 본 적이 없었다.

이제는 거의 보기 힘든 진흙 벽의 초가집 옆을 지났다. 진흙과 볏짚으로 지어진 초가집은 겨울에는 일반 현대식 집보다 더 따뜻하지만, 이제는 구식 주거 형태로 거의 사라져 가고 있었다. 살고 있는 사람들의 숫자에 비교하면 마을 규모는 제법 컸다. 닭을 키우는 계사가 집보다 훨씬 더 많았는데, 주민 한 사람당 최소 백 마리의 닭을 키우고 있었다. 나는 숙소 앞에 자전거를 세우고 안도의 숨을 쉬었다. 문을 열고 신발을 벗어서 문밖에 가지런히 놓아두고 방으로 들어갔다. 드디어 집으로 돌아왔다.

넷째 날

5월 17일 토요일: 일상으로 돌아가기

—

아침 일찍부터 닭들이 소란을 떨기 시작했고, 닭장의 악취가 방으로 스며들었다. 노크 소리에 벌떡 일어났다. 비몽사몽간에 문을 열었더니 마을 이장이 편지를 내밀었다.

"고 선생, 편지가 왔어요."

"김 선생님, 감사합니다. 조금 있다가 순천 가는 일로 상의할 게 있어서 잠시 들를게요."

그는 알았다고 고개를 끄덕이더니 성큼성큼 사라졌다. 오십 대 중반의 키가 작고 단정한 그는 내가 만난 한국인 중에서 가장 절제된 사람이었다. 언제나 짧게 핵심만 이야기했고, 감정을 거의 드러내지 않았다. 그 앞에 서면 왠지 기가 죽는 느낌이었다.

'편지를 먼저 읽을까, 아침밥을 먼저 차릴까?'

편지를 택했다. 우표가 붙은 이 작은 봉투가 미국 아이다호 시골의 작은 우체국을 떠나 호혜원의 내 방까지 오다니 정말 놀라운 일이었다. 이제 내가 여기서 편지를 보내면 같은 길을 거꾸로 밟아서 아이다호로 갈 것이다. 전에 내가 보낸 편지들도 모두 잘 도착했다.

방바닥에 양반다리를 하고 앉아서 편지를 뜯었다. 아이다호 친구들의 생활은 예전이나 그때나 여전했으나 나는 그사이 큰 변화를 겪었다. 사실 내가 미국 산림청 소속 직원으로서 아이다호 중부의 산림지대에서 했던 일이나 지금 여기 나환자촌에서 하는 일이나 큰 차이는 없을지도 모른다. 내가 한국으로 가겠다고 했을 때 친구들은 매우 놀라워했다. 왜 그런 결정을 했는지 친구들에게 설명하기가 힘들었다. 약간 두려운 마음으로 어머니에게서 온 편지를 뜯었다. 삼 주 전에 보낸 편지였다. 아버지는 괜찮다는 소식이었다. 죄책감을 조금 더 억누를 수 있었다. 간단히 요기를 하고 환자를 보기 위해 일어섰다.

선모모 씨는 오늘 방문하기로 한 첫 환자였다. 모모는 그녀의 실제 이름이 아니었다. 그녀는 젊은 나이에 나병에 걸려서 집을 떠났는데 질병의 낙인으로부터 가족을 보호하기 위해 수십 년 전 이름을 바꿨다. 그녀는 작은 슬레이트 가옥에서 딸의 가족과 함께 살고 있었다. 집에는 나무로 만든 작은 마루가 딸려 있었고, 그 밑에 신발을 보관했다. 나는 신발을 벗어서 마루 밑에 나란히 두고 허리를 숙여 방으로 들어갔다. 그녀와 딸 그리고 여섯 살 난 손녀를 마주 보고 앉았다. 모모 씨는 육십 세 정도였는데, 골다공증 증세가 심해서 일흔을 넘긴 것처럼 보였다.

그녀는 눈꺼풀 근육에 이상이 생겨서 잠을 잘 때 눈이 제대로 감기지 않는 토끼눈증에 시달리고 있었다. 수술을 받지 않으면 실명할 수도 있는 상태였다. 그녀는 수술을 받겠다고 동의하긴 했지만 병원에 가기 위해서 마을 밖으로 나가는 것은 두려워했다.

"지난 십 년 동안 호혜원 밖으로 나가 본 적이 없어요. 아마 길을 잃어버릴 거예요."

"제가 순천까지 모셔다 드릴게요. 수술은 화요일로 잡혔고, 박성문 씨와 정고선 씨도 같이 갈 거예요. 아마 수요일이나 목요일이면 집으로 돌아올 수 있을 거예요."

"그래요? 고 선생도 우리와 같이 있을 건가요?"

그녀가 아주 작은 목소리로 물었다.

"아니요. 나는 월요일 오후에 돌아와야 해요."

나는 수술이 다 끝날 때까지 병원에서 기다려야 하는 게 싫었다. 그 병원이 하는 일을 존경했으나 기독교로 개종하라는 병원 측의 전도가 늘 불편했기 때문이었다. 선한 일을 하는 건 좋은데 그걸 꼭 종교로 포장해야 하는 걸까?

"나는 고 선생님이 데리러 올 때까지 기다릴래요."

모모 씨는 고개를 숙이며 말했다. 내가 걱정했던 반응이었다. 그녀는 가장 심각한 상태인 토끼눈증 이외에도 사십 년간 앓아 온 나병 때문에 손가락을 전부 잃은 상태였다. 신경계도 손상되어서 감각이 거의 없었고 수년 동안 제대로 치료를 받지 못했기 때문에 그녀의 외모는 기형적인 모습을 하고 있었다. 자신의 이런 모습을 사람들에게 보이고 싶어

하지 않는 그녀를 뭐라 할 수는 없었다.

"알았습니다. 모셔 올 날을 다시 잡아 볼게요."

나는 수술이 끝날 때까지 순천에서 다른 할 일을 찾아야 했다. 모모 씨 외에도 순천까지 여행하기가 불편한 환자들이 제법 있었다.

"의사가 우리 쪽으로 와서 수술을 할 수 있는지도 알아볼게요. 안 되면 나주에라도요."

대답은 그렇게 했지만 의사를 호혜원으로 데려오는 것은 쉬운 일이 아니었다. 그렇게 하기는 힘들 것이라는 걸 알고 있었다. 사실 내가 하는 일의 대부분은 환자의 보호자 역할과 운송 담당이라고 할 수 있다. 환자를 모아 병원으로 데려가고 데려오고, 치료를 위한 물품을 보급하고, 보건소에서 마을로 약품을 가져오는 등의 일 말이다.

작은 마루로 나와 신발을 다시 신고 마을 반대편의 성당 근처로 갔다. 박 씨와 정 씨가 몇몇 사람들과 함께 달걀을 판에 담고 있었다. 그 옆에서 대화를 나눴는데 둘 다 수술받을 준비가 되었다고 했다. 이 두 사람의 토끼눈증은 선모모 씨보다는 심각하지 않고 다른 장애도 별로 없는 상태였다. 전날 밤 힘들게 작성한 주의 사항이 적힌 종이를 건넸다. 직접 말을 하는 것보다 글로 써서 주는 게 편할 때가 있었다. 상대방이 강한 전라도 사투리로 말할 때는 특히 그랬다.

"갈 때는 제가 함께 가지만, 마을로 올 때는 각자 오셔야 해요."

"차비는 누가 내요?"

박 씨가 물었다.

"순천까지 차비는 제가 낼게요. 돌아오는 차비는 별도로 드릴 겁니다. 갈아입을 옷 챙기는 거 잊지 마세요."

이 두 사람은 이전에도 바깥 출입을 자주 했기 때문에 크게 걱정할 필요는 없었다.

"두 분의 눈 수술은 순천에서 일하는 노르웨이 출신 의사가 할 거예요. 몇 달 전에 여기 오신 적이 있는데, 기억하시죠?"

"네, 그 여의사 기억합니다."

정 씨가 바로 대답했다. 의사가 호혜원을 방문했을 때 나는 환자의 상태를 미리 설명했고, 한 번에 몇 명씩 순천의 병원으로 데려가서 수술을 하기로 일정을 짜 놓은 상태였다. 내가 호혜원에 온 최초의 외국인이었고, 그 여의사가 아마도 두 번째였을 것이다.

"좋습니다. 월요일 아침 일곱 시에 사무실에서 만납시다. 일곱 시 십오 분에 남평 가는 버스를 타고, 남평에서 광주로 갑니다."

박 씨의 발을 내려다봤더니 오른발 양말이 부풀어 있는 모양이 궤양을 붕대로 감고 있는 것 같았다.

"박 선생님, 발이 왜 그래요?"

"네?"

그도 내가 가리키는 자기 발을 내려다보더니 약간 당황스러운 표정으로 양말에 끼워 놓은 담뱃갑을 꺼냈다. 웃음이 나왔다. 개신교 선교사들은 술과 담배는 기독교 정신에 어긋난다고 교육시켰다. 박 씨의 발에는 궤양보다 나은, 작은 죄 하나가 숨어 있었다. 그는 나를 보고 웃었고, 나는 악수를 한 후 다른 환자를 만나러 갔다. 나는 습관처럼 나환자와 악수를 하고 다녔다. 특히 그 질병이 없는 사람들 사이에 있을 때는 더 그랬다. 악수하는 게 의학적으로는 아무런 효과를 주지는 못하겠지만, 그들이 겪는 오해를 벗기는 데는 분명 도움을 줄 수 있었다.

다음 환자는 나병 초기 증상을 보이고 있는 젊은이였다. 그는 마을 가운데 있는 작은 초가집에서 살고 있었다. 최근 나병 진단을 받았는데 아내는 떠났고 갈 곳이 없는 상태였다. 그는 내가 보이시로 떠나기 직전 호혜원으로 왔다. 팔다리 전체가 부풀어 오르고 열이 나고 있어서 그의 상태를 이미 도의 나병 당국에 보고해 놓았었다. 그러나 그의 상태 기록을 마무리하지 못했기 때문에 다시 찾아갔다. 방문을 두드리면서 그를 부르자 그가 대답했다. 힘은 없으나 반가운 목소리였다. 문을 열고 문턱에 앉아 벗은 신발을 진흙 벽에 비스듬히 기대어 놓았다. 높이가 이 미터 남짓한 천장에는 작은 백열전구가 하나 달려 있었는데 먼지가 잔뜩 끼어 있어서 불빛이 흐릿했다.

"몸은 어때요?"

내 눈은 희미한 빛에 적응하느라 애쓰고 있었고 그는 벽에 기대어 앉아 있었는데 잘 보이지 않았다. 그가 앞으로 다가왔다. 나는 안도의 숨을 쉬었다. 그의 반응은 훨씬 자연스러웠고 팔다리의 부종도 많이 빠진 상태였다. 그의 팔과 다리를 만져 봤더니 더 이상 뜨겁지 않았다.

"광주 병원에 가서 약을 타 왔어요. 지금도 통증이 있지만 많이 좋아졌어요."

그는 신문지로 둘둘 말린 약 봉지를 내게 내밀었다. 그의 얼굴에 퍼진 엷은 웃음은 좋은 징조였다. 그의 손과 발을 자세히 살펴봤는데 아직 궤양으로 발전하지 않은 것 같아 안심했다. 일을 끝내고 물러앉았다.

"고맙습니다."

나는 어리둥절했다. 왜 고맙다고 하는지 의아했다. 내가 한 일은 병원에 가 보라고 독려한 게 전부였다.

"당신은 미국인인데 여기까지 와서 나를 도우려고 하다니, 용감하신 분이에요."

"별말씀을요."

나는 무슨 말을 이어야 할지 몰라 더듬거렸다. 잠시 후 작별 인사를 하고 서둘러 신발을 신고 나왔다. 젊은 환자들이 가장 걱정되었는데, 그들은 가족도 없고, 마을에서도 잘 어울리지 못했다. 사회로부터 철저히 고립되어 있기 때문에 험난한 앞길만이 그들을 기다리고 있었다.

마지막으로 들른 곳은 마을에서 십 분 정도 떨어져 있는 외딴집이었다. 그 집에 살고 있는 최 씨는 잘 걷지 못했다. 손을 잘 사용하지 못할 뿐더러 앞도 보지 못했다. 그중 가장 치명적인 증상은 나병과는 관계없이 그의 얼굴에 번진 심한 피부암이었다. 그는 항상 친절했고 별 도움이 안 되는 나를 항상 반갑게 맞아 주었다. 그의 암 증세를 살펴보기 위해 마을에서 세 시간 떨어진 병원에 예약을 했고 다음 달에 그를 데려갈 계획이었다. 그를 병원으로 데려갈 일도 만만치 않았다.

그의 아내는 만날 때마다 나에게 음식을 주고 싶어 했다. 그들은 매우 가난했으며, 다 쓰러져 가는 초가집에 살고 있었다. 여기에 비하면 나의 생활 여건과 건강, 경제 형편은 거의 경이로운 수준이었다. 나는 항상 그녀의 호의를 정중하게 거절했지만, 잠깐 방심하면 집에 돌아와 가방에서 고구마 몇 개를 발견하곤 했다. 최 씨에게 한국어로 정중하게 말했다.

"그간 못 들러서 죄송합니다."

"고 선생, 그게 무슨 말씀이세요. 아버님은 어떠세요?"

내 얼굴의 그늘을 먼저 읽은 그의 아내가 내가 대답하기 전에 먼저 거들었다.

"고 선생의 형님이 아버님을 잘 돌보고 있잖아요. 다행이에요."

이 부부는 늘 우리 가족에 대해서 관심이 많았는데 그동안 나눈 대화를 통해서 우리 집 사정을 잘 알고 있었다.

"네, 형이 부모님 곁에 있습니다."

우리는 곧 있을 병원 방문에 대해 이야기를 나누었다. 최 씨 발의 궤양을 소독하고 붕대로 다시 감쌌다. 그리고 새 붕대로 감기 전에 발을 소독물에 한참 동안 담그고 있어야 한다고 당부했다. 오후 다섯 시가 되자 하루 종일 서툰 한국어를 하고 다니느라 녹초가 되어 버렸다. 최 씨 집을 나와 느린 걸음으로 집으로 돌아왔다. 호혜원에서 하는 일이 힘은 들었지만 항상 나를 기분 좋게 했다. 일종의 강한 사명감을 심어 준다는 점에서 특히 그랬다.

집으로 돌아와 환자 일지를 정리해 꽂아 두고 음악을 틀었다. 노크 소리와 문 씨 아주머니의 부드러운 목소리에 아침에 빨랫감 내놓는 것을 잊었다는 것을 깨달았다. 빨랫감을 주섬주섬 모아서 문을 열었더니 문 씨 아주머니가 따뜻한 밥이 담긴 밥그릇을 들고 서 있었다.

"고 선생님, 오랜만이에요."

"아이고, 고맙습니다. 저도 다시 돌아와서 기쁩니다."

빨랫감을 얼른 내려놓고 밥을 받았다. 그리고 다시 빨랫감들을 주섬주섬 챙겨서 어색한 표정으로 건네주었다. 문 씨 아주머니는 내 옷에 여전히 남아 있는 역겨운 냄새에 코를 찡그렸다.

"서울에서 데모가 있었는데 최루 가스 냄새가 아주 독했어요."

나는 재빨리 덧붙였다. 아주머니는 냄새나는 옷 뭉치를 얼른 바구니에 담았다. 나는 뚜껑 덮인 밥공기를 수건으로 둘둘 쌌다. 식은 밥보다는 따뜻한 밥이 훨씬 좋다. 구수한 밥 냄새 때문에 갑자기 배가 고파졌다. 고구마를 하나 꺼내 기름에 튀겼다. 따뜻한 밥과 땅콩, 고구마 튀김까지 모든 게 완벽했다. 여기가 다름 아닌 천국이었다.

요리를 하고 밥을 먹는 동안 카세트 플레이어에서 잭슨 브라운의 노래가 흘러나왔다. 잭슨 브라운과 함께하는 그 순간의 삶이 완벽하게 느껴졌다. 나의 모든 것이 진열되어 있는 방을 둘러보았다. 한쪽에는 책이, 다른 쪽에는 옷이 쌓여 있고, 창문 아래 낮은 책상 위에는 요리를 위한 버너가 놓여 있었으며 벽 쪽에는 이불이 접혀 있었다. 이런 작은 공간에서 옷 몇 벌과 음악 테이프 몇 개로 살아가고 있다니 놀라운 일이었다. 나는 만족했고 마음이 편안해졌다.

다섯째 날

5월 18일 일요일: 무성한 소문들

—

와! 오늘은 하루를 통째로 쉬는 날이다. 사실 이렇게 온종일 제대로 쉰 지 꽤 오래되었다. 달걀프라이와 토스트로 멋진 아침 식사를 하고 싶은데 하나뿐인 버너로는 곤란했다. 토스트 굽는 일과 프라이를 동시에 할 수는 없었다. 오늘 같은 날을 얼마나 기다렸는지 모른다. 등산도 하고, 편지도 쓰고, 독서도 하고, 방도 깨끗하게 정리하고 싶었다. 일단 청소를 먼저 했는데 내 작은 방을 치우는 데는 이십 분도 채 걸리지 않았다.

점심으로 먹을 샌드위치를 싸고, 물통에 물을 채우고, 등산화와 카메라, 배낭을 챙긴 다음 상쾌한 아침 공기를 맞으며 밖으로 나왔다. 오늘 계획은 호혜원과 광주 경계에 있는 산등성이를 탐험하는 것이다. 길을 나서서 논두렁 사이를 걷는데 마을의 교회와 성당에서 서로 경쟁 하듯이 종을 울렸다. 마을 주민들은 예배에 참석하지 않는 나를 섭섭하게 생각했다. 영어 연습을 하겠다고 나에게 말을 걸어오는 대부분의 사람들이 묻는 '스무고개' 질문에는 반드시 종교를 묻는 항목이 들어 있었다. 사람들을 실망시키지 않고 대답하기가 참 어려운 질문이었다. 한국인에게 종교는 정체성의 한 형태였으나 적어도 나에게는 아무런 의미가 없었다. 교회 종소리가 그치고 나면 마을을 빠져나올 계획이었다. 그 시간에는 마을의 어린이들이 전부 교회에 있기 때문이었다. 우르르 몰려와서 어디 가냐고 묻는 사람 없이 나 혼자만의 호젓한 시간을 즐기고 싶었다. 한국어에는 영어의 '프라이버시'에 해당하는 단어가 없는 것 같았다. 왜 혼자 등산을 즐기는지를 제대로 설명하기가 무척 힘들었다.

논두렁을 따라 가볍게 달려 볼까 하다가 생각을 접었다. 논두렁을 따라 조깅을 하면 발목을 다치거나 축축한 논바닥에 얼굴을 처박을 공산이 컸기 때문이었다. 대신 약간 빠른 속도로 걸었다. 이십 분 정도 지나서 강에 도착했고 일제시대에 건설된 것으로 보이는 다리를 건넜다. 실용적이고 단단하게 지어진 다리였다. 다리를 건너서 산등성이로 오를 수 있는 최적의 경로를 찾기 위해 주변을 살펴보았다. 광주와 경계를 이루는 능선은 소나무로 덮여 있었는데, 나이로 치면 막 스물다섯 살이 된 소나무였다. 눈을 가늘게 뜨고 자세히 봤더니, 나무들이 가지런하게 줄을 맞추어 심겨 있었다. 한국전쟁으로 피폐해진 국토를 복구하기 위해 국가에서 실시한 조림 사업의 결과가 아닐까 싶었다. 오래된 절 주변의 나무들을 제외하면 한국전쟁 이전부터 자란 오래된 나무들은 찾

아보기 힘들었다. 쌍안경을 가져와서 자세히 살펴볼 걸 하는 아쉬움이
남았다.

오늘 하이킹은 초행길이었다. 좁았지만 그런대로 걸을 만한 언덕길
을 따라서 오르기 시작했다. 이 길이 산등성이 꼭대기로 이어지는지는
확신할 수 없었다. 일단 내가 생각한 방향으로 올라가는 길이니까 그것
으로 충분했다. 삼십 분쯤 후 무덤 하나를 발견했다. 가지런히 자란 잔
디가 봉분을 덮고 있었다. 작은 나비들이 따뜻한 햇살을 받으며 날아다
니고 매미가 정적을 깨며 울었다. 이제 막 줄기 끝에서 바늘 같은 초록
솔잎이 나오기 시작하는 기품 있는 소나무가 주변을 둘러싸고 있었고,
갈색의 진흙 항아리 두 개가 묘지로 조성된 공간의 끝 쪽에 놓여 있었
다. 이 항아리에 친척 유골의 재가 담겨 있지 않을까 생각했다. 누가 묻
혔는지 확인할 수 있는 표석은 없었으나, 잘 관리된 잔디 상태로 봐서
굳이 표석을 만들 이유는 없어 보였다. 수백 년 전에 묻혔을지도 모르
는 무덤 주인을 방해하지 않기 위해 가장자리로 돌아서 지나갔다.

숲속으로 난 작은 길을 따라 계속해서 올라갔다. 한 시간쯤 후에 또
다른 묘지를 발견했다. 이 묘지는 관리가 잘 안된 상태였다. 묘지 근처
공터에 햇볕이 잘 드는 자리를 발견해 그곳에 앉아 샌드위치를 즐겼다.
하늘에는 구름 한 점 없었고 새소리와 매미 울음소리만 들렸다.

산등성이 꼭대기까지 가려면 앞으로 한 시간은 족히 더 걸릴 것 같
았다. 시간은 넉넉했다. 경사가 심해지고 숲이 무성해지자 걸음은 점점
느려졌다. 빽빽한 숲 때문에 앞이 잘 안 보이기까지 했다. 편안한 마음
으로 하지만 과신하지는 않고 대략 방향을 잡아 계속해서 올라갔다. 올

라가다 보면 광주와 나주를 한꺼번에 조망할 수 있는 산등성이에 도착할 것 같았다.

마침내 꼭대기에 도착했다. 하지만 울창한 나무들 외에는 아무것도 볼 수 없었다. 광주도, 나주도, 마을도 보이지 않았다. 숲이 너무 울창해서 시야를 완전히 가려 버린 것이다. 낭패였다. 아무것도 보이지 않는 곳에 오래 있을 이유가 없었다. 왔던 길을 따라 내려오면서 샌드위치를 먹었던 묘지 근처에 다시 자리 잡았다. 거기에 누워 잠깐 낮잠을 잤다. 5월의 따사로운 햇살이 내게 쏟아졌다. 내가 무엇을 하고 있든 세상은 돌아가니까 걱정하지 말라고 속삭이는 것 같았다. 새와 벌레들이 함께해 주었다. 소리는 달랐지만 똑같이 위로가 되었다.

늦은 오후, 그날의 평온함에 감사하며 집으로 돌아왔다. 피곤하긴 했으나 즐거웠던 등산에 만족하며 느릿느릿 숙소로 향했다. 김 씨가 문밖에서 나를 기다리고 있었다. 일요일 오후에 김 씨가 왔다는 사실에 깜짝 놀랐다. 그는 평소보다 긴장한 듯했고, 얼굴은 어두웠다. 그는 약간 거친 면이 있었기 때문에 나 역시 조금 긴장했다. 내가 인사를 건네기도 전에 그가 말했다.

"고 선생님, 뉴스 들었어요? 광주에서 데모가 있었대요."

"아뇨. 못 들었어요. 오늘 하루 종일 등산을 했거든요."

영문을 잘 몰라서 고개를 갸우뚱하며 대답했다.

"오늘 광주에 심각한 일이 생긴 것 같아요. 광주에 가는 건 위험할 것 같아요."

그는 굳은 자세로 서서 이마를 찡그렸다. 그리고 걱정스러운 표정으로 내 쪽으로 자세를 기울였다. 나는 때때로 그의 행동을 '이해'하는 데 어려움이 있기는 했으나, 지금은 도전적이라기보다 뭔가 큰 걱정이 있는 것이 분명했다. 그가 이런 감정을 보이기는 처음이었다.

"박 씨와 정 씨, 선 씨 아주머니와 함께 순천으로 가시지요?"

"네, 내일 아침에 갑니다. 박 씨와 정 씨만 모시고요. 선 씨 아주머니는 안 가겠다고 합니다. 오전에 광주에서 순천 가는 버스를 탈 거예요."

그는 순천으로 가려면 광주를 경유해야 한다는 걸 잘 알고 있었다. 그는 여전히 걱정스러운 표정이었다.

"좋아요. 조심하세요. 데모가 크게 일어났는데, 사람들이 죽기도 했답니다. 계엄령이 선포되었고요."

그는 몸의 중심을 다른 발로 옮기더니 광주 쪽을 쳐다보며 말했다. 계엄령이라는 말에 가슴이 쿵쾅거리며 뛰기 시작했다.

이런! 이러면 안 되는데! 순천 가는 계획을 취소해야 하나? 데모는 대학 근처나 시내 중심가에서 있을 테니까 버스 터미널은 안전하지 않을까? 잠시 혼란스러웠지만 취소하지 않기로 하고 최대한 자신있게 그를 쳐다보며 말했다.

"네, 조심할게요. 저는 내일 저녁에 돌아오고 박 씨와 정 씨는 수요일이나 목요일쯤 돌아올 겁니다."

김 씨는 나와 의견이 다를 때가 많았지만, 호혜원 주민들에 대한 애정은 매우 깊은 사람이었다. 그는 내가 그들을 안전하게 지켜 줄 것이라 믿었다. 잠시 후 그는 내 눈을 똑바로 쳐다보더니 고개를 끄덕여 인사 한 후 떠났다. 나는 불안했다.

나는 '눈을 읽는다' 정도로 번역될 수 있는 '눈치'를 이해하고 있었지만, 이 개념을 김 씨에게 적용하는 것은 특히 어려웠다. 한국말은 말하는 사람의 실제 의도를 감추는 경우가 자주 있었다. 그래서 복잡하고 미묘한 상황에 부딪치면 나는 상대방의 의도를 눈치로 파악하려고 노력했다. 많은 경우, 상대방의 눈을 읽으면 '네'라는 대답이 실제로는 '아니요'라는 뜻이라는 걸 알게 되었다. 눈치를 이해하면 복잡한 상황이 쉽게 풀리기도 했다. 이것이 한국에서 선글라스를 쓰고 있으면 무례하게 여기는 이유이기도 했다. 그래서 나는 한국인들과 대화할 때는 반드시 선글라스를 벗었다.

방에 앉아 친구에게 편지를 쓰면서 생각을 정리하려고 했지만 혼란스러웠다. 김 씨와의 대화는 짧았지만 마음에 걸렸다. 친구에게 쓴 편지를 다시 읽어 봤다. 아이다호 산림청의 친구는 내 등산 이야기를 좋아할 것이다. 주제를 바꿔 서울의 데모와 광주에 대해 들은 내용을 썼다. 편지에는 완전히 다른 두 개의 한국이 적혀 있었다. 아이다호 친구들에게 한국은 미국의 TV 드라마 〈매시M*A*S*H〉에 표현된 이미지 정도였다. 전통적 가치에 기반을 두고 있으면서도, 수많은 모순들이 서로 충돌하고 있는 이 역동적인 나라의 참모습을 친구들에게 설명하는 것은 정말 어려웠다.

누군가가 조용하게 문을 두드렸다. 문을 열었더니 문 씨 아주머니가 깨끗하게 세탁한 옷을 건네주었다. 오늘 내리쬔 따뜻한 햇볕을 머금고 바짝 말라 있었다. 빨래 값을 치른 다음 다시 편지를 쓰기 시작했다. 편지를 받기 위해서는 일단 편지를 써야 했으므로 편지 쓰는 일은 중요한 일과 중 하나였다.

저녁을 먹고 나서 내일 아침 순천으로 떠날 준비를 했다. 앞으로 있을 지출에 대비한 돈도 충분히. 챙겼다. 책과 사전, 갈아입을 옷과 칫솔 등을 배낭에 미리 넣어 놓았다. 김 씨와 나누었던 대화를 다시 상기했다. 그가 데모가 있었다고 말했는데 무슨 데모를 이야기하는지 불분명했지만 '위험하다'는 말이 마음에 걸렸다.

광주에 대한 나의 인상은 그 도시를 알게 될수록 점점 바뀌었다. 광주에는 두 명의 평화봉사단 친구가 있었다. 그중 나보다 일 년 먼저 한국에 온 팀은 호혜원에 와서 내가 의사소통이 안 되어 발생한 몇 가지 문제를 해결해 준 적이 있었다. 팀의 한국어 실력은 나보다 몇 광년은 앞서 있었다. 팀은 사 개월 전에 마지막으로 이 마을에 와서 나와 함께 궤양 치료가 필요한 몇몇 환자들을 돌보았다. 그때는 엄청 춥고 눈이 많이 오던 1월이었다. 얼마나 추웠는지 우리가 평화봉사단원으로 한국에서 얼어 죽기보다는 열대 우림이나 사막의 작은 마을에서 더위로 죽는 게 더 낫겠다며 키득거리기도 했다.

광주에 갈 일이 있으면 팀의 집에 머물면서 그의 하숙집 주인인 한국인 가족들과 자주 어울렸다. 그는 한국인 친구들이 정말 많았는데, 대부분 대학생들이었다. 나는 팀과 그의 친구들과 어울리는 게 좋았고 광주를 또 다른 내 집으로 여겼다. 호혜원 마을에는 목욕 시설이 없었기 때문에 광주 버스 터미널 근처의 목욕탕을 자주 이용했다. 무엇보다도 광주의 음식은 환상적이었다. 참치 캔은 여전히 구하기 힘들었지만. 오래 전부터 광주는 맛있는 음식으로 유명한 곳이었다. 광주 사람들의 기질은 다소 거칠다는 생각이 들었지만, 음식만큼은 한국 최고라고 해도 과언이 아니었다.

여섯째 날

5월 19일 월요일: 무슨 일이 일어났을까

—

우리가 탄 버스가 광주 버스 터미널로 들어섰다. 한복을 입은 박 씨와 정 씨가 내렸고 내가 뒤따랐다. 터미널 출발선에는 스무 대 정도의 버스가 나란히 주차되어 있었다. 버스의 최종 목적지가 앞 유리에 큰 글씨로 붙어 있었고 승차 위치가 표시되어 있었다. 어디선가 구운 마늘 냄새가 났다. 아직 이른 시간이었기 때문에 날씨는 약간 쌀쌀했다.

우리는 순천행 승차권을 사기 위해 이 층 건물로 들어가서 매표구 앞에 줄을 섰다. 대기 줄이 길었다. 건물 내부에는 평소에 느낄 수 없던 팽팽한 긴장감이 감돌았다. 사방에 군인들이 쫙 깔려 있었다. 군인들 모습은 틀로 찍어 낸 마네킹처럼 전부 똑같았다. 위장 군복, 헬멧, 선글라스를 착용하고 있었으며 얼굴을 전혀 구분할 수 없었다. 그들은 이 모든 공간이 마치 자신들의 것인 양 행동하고 있었다. 무겁고 써늘한 공기가 온몸을 억눌렀고 이마와 목에서 땀이 흐르기 시작했다. 대체 무슨 일이 벌어지고 있는 거지?

주변의 다른 사람들을 둘러보았다. 그들의 얼굴에서는 여러 감정들이 묻어 나왔는데, 대부분은 공포였고 증오심과 혐오감 등도 섞여 있었다. 나를 포함해 그 누구도 군인들과 눈을 마주치지 않았다. 군중들 사이의 공포가 나까지 전염시키기 시작했다. 나는 승차권을 구입하기 위해 앞으로 움직였다. 여기를 빨리 빠져나가야만 했다.

승차권을 사서 박 씨와 정 씨에게 주기 위해 뒤를 돌아봤더니 두 사람은 같은 쪽을 쳐다보고 입을 벌린 채 놀란 표정을 하고 있었다. 무슨 일인가 그쪽을 돌아봤다. 위압적인 자세의 군인 둘이 버스 근처에 있는 젊은이를 심하게 다그치고 있었다. 군인들의 거친 말투와 높게 치켜든 곤봉은 고개를 푹 숙인 젊은이와 대조를 이루고 있었다. 군인이 고함을 지를 때마다 그 젊은이는 더 움츠러들었다. 군인들은 그 젊은이보다 고작 몇 살 더 많아 보였다. 군 생활도 같이 할 수 있을 정도의 터울에 지나지 않았다. 한국의 젊은 남성들은 의무적으로 군대를 가야 하는데, 최소 이 년은 복무해야 했다. 군대만 아니었다면 이들은 서로 친구로 지내면서 선술집에서 소주도 같이 마시는 사이가 되었을 수도 있다.

많은 사람들이 버스 터미널을 드나들자 군인들의 배치 간격도 더 촘촘해지기 시작했다. 정 씨와 박 씨는 두려워하는 표정이 역력했다.

"고 선생, 어서 여길 나갑시다."

우리는 순천 가는 버스로 향했다. 막 버스에 올라타려는 순간, 어디선가 쿵 하는 소리가 들리고 날카로운 여자 목소리가 허공을 갈랐다.

"군인들이 사람을 죽이네! 사람을 죽여!"

모두가 그 자리에서 얼어붙었다. 우리는 뒤를 돌아봤다. 그 젊은이가 땅에 쓰러졌고 움직이지 않았다. 머리맡에는 피가 흥건하게 고였다. 바닥에 쓰러진 그를 내려다보는 군인들 표정은 여전히 위협적이었다. 군인 하나가 고개를 들어 우리를 노려봤다. 놀란 군중들은 아무 말도 못했다. 군인이 소리쳤다.

"다들 여기서 나가. 당장!"

깜짝 놀란 나는 그 자리에 서 버렸고, 박 씨와 정 씨는 내 뒤로 몸을 숨겼다. 생각할 수도, 움직일 수도 없었다. 무슨 일인지 전혀 이해할 수 없었다. 박 씨가 내 옆구리를 가볍게 밀면서 앞으로 가라고 신호를 보냈다. 가슴이 떨리고 발걸음이 떨어지지 않았다. 우리는 겨우 정신을 차리고 버스에 올라 자리에 앉았다. 피 흘리는 젊은이의 모습과 여인의 비명 소리가 여전히 뇌리에 남아 있었다.

내 앞 좌석에 앉은 여자가 흐느껴 울었다. 건너편에 자리를 잡은 박 씨와 정 씨는 앞만 바라볼 뿐 서로 쳐다보지 않았다. 문이 닫히고 버스가 터미널을 빠져나올 때까지 아무도 입을 여는 사람이 없었다. 승객들은 모두 고개를 숙이고 있거나 창밖을 쳐다볼 뿐이었고, 충격에서 벗어나지 못한 것 같았다. 도대체 군인들이 국민을 왜 이렇게 대하는 것일까? 어제 이곳 광주에서 무슨 일이 일어났던 것일까?

우리 버스는 외곽 도로를 따라 광주를 빠져나가고 있었다. 도시는 조용하고 평화로웠다. 머릿속에는 아까 그 젊은이의 모습이 계속 맴돌았다. 고개를 숙이고 있었기 때문에 그의 얼굴은 제대로 보지 못했다. 그는 아무런 저항도 하지 못했고, 군인들의 가격으로 바닥에 쓰러진 뒤 움직이지 않았다. 죽었을까?

우리는 일단 안전하게 버스를 탔고 도시에서 점점 멀어지고 있었지만 그 장면은 잘 지워지지 않았다. 차창을 스치며 지나가는 울창한 야산, 푸른 논, 사람들이 바쁘게 지나다니고 있는 마을을 바라보면서 마음을 진정시키려고 노력했다. 가끔씩 승객들의 모습을 힐끗 봤는데, 공포로 가득 찬 눈을 마주치기가 힘들었다.

순천까지의 구십 분이 마치 하루가 걸린 것 같기도 했고, 십 분 만에 온 것 같기도 했다. 시간은 어떤 순간은 정지한 듯했고, 또 어떤 때는 꿈인 듯 지나가기를 반복했다. 나는 승객들이 내리는 것을 지켜봤다. 모두의 얼굴에 여전히 충격이 남아 있었다. 세상이 뒤집어진 것 같았다. 박 씨와 정 씨 그리고 나는 광주를 떠난 뒤부터 한마디도 나누지 않았다. 내가 쳐다볼 때마다 두 사람은 내 눈길을 피했다. 그들도 자신들이 본 장면을 머릿속에서 지우지 못한 표정이었다.

삼십 분 후 시내버스로 갈아타고 얼마 가지 않아 병원에 도착했다. 접수를 하고 정 씨와 박 씨는 대기실의 나무 의자에 앉았다. 나는 안과 쪽으로 서둘러 걸어갔다. 진료를 받는 것이 중요하기 때문에 광주 상황에 관해서는 가급적 말하지 않는 편이 좋겠다고 생각하고 일에만 집중하기로 했다. 진료실 문이 열려 있었고 아무도 없었다. 의사가 잠시 자리를 비운 것 같았다. 나는 진료실로 들어가서 검사 준비를 했다. 지난 육 개월 동안 매주 월요일 아침에는 눈 검사를 위한 장비 다루는 법을 비롯해서 어떤 것을 눈여겨봐야 하는지와 기타 필요한 처치법 등을 배울 기회가 있었다. 의사는 내가 검사용 현미경을 통해서 환자의 눈 상태를 볼 수 있도록 해 주었고, 나의 진찰 소견도 들어 주었다.

"폴, 오랜만이에요."

토플 박사가 진료실로 들어서며 인사를 했다. 미아 토플은 노르웨이에서 온 의료 선교사이자 내 스승이었다.

"안녕하세요, 토플 박사님. 눈꺼풀 수술이 필요한 환자 두 분을 모시고 왔습니다."

"좋아요. 시작할까요?"

나는 고개를 끄덕이고, 맨 위의 차트를 뽑아 진료실 밖으로 나가 첫 번째 환자를 불렀다. 나이 든 여성이 다리를 절면서 안으로 들어왔다. 환자를 기계 앞에 앉힌 후 검사를 진행했고, 토플 박사는 내가 진행한 검사 결과를 재확인하기 위해서 똑같은 검사를 다시 했다. 대기 환자를 모두 검사하는 데 거의 두 시간이 걸렸다. 토플 박사는 박 씨와 정 씨 모두 수술이 필요하다고 결정했고, 수술 날짜를 다음 날로 잡았다. 일에 전념한 탓인지 피를 흥건히 흘리며 쓰러진 광주 청년의 모습은 잠시 잊을 수 있었다.

그러나 일이 끝나자 아침의 그 기억이 다시 밀려왔다. 작별 인사를 하고 급히 병원 문을 나섰다. 병원으로 올 때의 비포장도로를 따라 평화봉사단 동료인 에릭을 만나러 갔다. 에릭은 병원 직원들 숙소 건물의 작은 방에 살고 있었다.

"여보세요, 에릭."

에릭이 문을 열었다. 그가 안으로 들어오라고 했지만 나는 그가 인사할 틈도 주지 않고 물었다.

"에릭! 광주에 무슨 일이 있는 거야? 방금 광주에서 왔는데, 영문을 모르겠어. 버스를 타려고 하는데 군인들이 내 바로 앞에서 어떤 젊은이를 진압 봉으로 내리쳤어. 죽었을지도 몰라. 도저히 믿을 수가 없어. 도대체 무슨 일이야?"

긴장하고 있던 탓에 나는 더듬거렸고 흥분해서 목소리 톤은 자꾸만 올라갔다. 잠시 진정하고 숨을 골라야 할 만큼 많은 말을 한꺼번에 쏟아 냈다. 나는 아직 문간에 서 있었고, 신발도 벗지 않았다. 쪼그리고 앉아서 신발을 벗어젖히고 안으로 들어갔다. 에릭의 방은 내 방보다 두 배 가량 컸지만 내 방과 크게 다르지 않았다. 같은 높이에 창문이 있고 왁스칠을 한 장판이 깔려 있었다. 한쪽에는 취사용 버너가 다른 한쪽에는 이불이 둘둘 말려 있었다. 에릭은 호화롭게도 작은 냉장고를 가지고 있었다. 그는 냉장고에서 몇 가지 재료를 꺼내 샌드위치를 만들었다.

"못 들었어? 어제 광주에서 큰 데모가 있었어. 학생들이 교문 밖으로 나와서 전두환 사퇴를 외치고 김대중 석방을 요구했어."

에릭이 작은 싱크대로 가서 컵을 씻으며 말했다.

"김대중이 체포됐다고? 왜?"

"일요일 밤에 계엄령이 선포되고 김대중이 체포됐어. 왜냐고? 그걸 누가 알겠어. 그리고 이 지경이 된 거야. 난 일요일에 대학 근처에서 팀과 함께 있었어."

에릭의 목소리가 점점 커지기 시작했다.

"저 많은 군인들은 뭐지? 내가 서울에 있을 때는 경찰들이 데모를 막았었는데, 광주에는 경찰들은 없고 군인뿐이야."

나는 최대한 냉정함을 유지하려고 노력하면서 말했다. 국민을 사지로 모는 군인은 도무지 상상이 안 되었다.

"전두환이 자신에게 충성도가 높은 영남 출신 군인들을 보냈다는 얘기가 있어."

에릭이 말했다. 영남은 한반도의 동남쪽 지방을 가리킨다.

"일요일에 무슨 일이 있었어?"

방바닥에 앉으면서 내가 물었다.

"팀과 내가 대학 주변에 있을 때 학생들을 비롯해서 사람들이 도로로 모이더니 도청 쪽으로 행진하기 시작했어. 그러자 경찰들과 군인들이 길을 막았어. 저지당하니까 학생들은 돌을 던지기 시작했고."

에릭은 잠시 천장을 응시하다가 말을 이었다.

"그때 군인들이 달려들었고 모두 뿔뿔이 흩어졌어. 학생들과 구경하던 사람들도 다 도망가고 정말 혼란스러웠지. 팀과 나는 가게로 들어갔는데 순식간에 가게는 학생들과 구경하던 사람들로 꽉 찼어. 그때 군인 세 명이 들어왔어. 군인들이 학생들을 붙잡더니 곤봉으로 사정없이 때리기 시작하는 거야. 팀이 학생과 군인 사이에 끼어들어서 군인들을 향해서 멈추라고 말했어. 믿을 수 없더군. 군인들이 구타를 잠시 멈추는 거야. 아마 우리 같은 외국인이 있으리라고 생각을 못한 것 같았어. 팀과 나는 부상당한 학생들을 가게 밖으로 데리고 나왔어. 그 뒤로 우리는 몇 시간 동안 부상자들을 병원으로 실어 날랐어. 죽은 학생들도 봤어! 군인들은 사람들을 마구 연행했고, 지옥이 따로 없었어."

에릭은 여전히 컵을 움켜쥐고 말을 멈추었다. 나는 놀라서 입이 반쯤 벌어졌다.

"광주 밖의 사람들도 이 사실을 알아?"

서울에서 경찰이 죽었을 때 즉각적으로 TV와 신문 등에 보도되었던 것을 생각하면서 물었다. 오늘 아침 어떤 언론에서도 광주에서 일어난 일을 보도하는 것을 보지 못했다.

"모르겠어. 내가 아는 한 이걸 보도한 신문이나 방송은 없는 것 같아. 사람들이 소식을 듣기는 한 것 같은데, 말을 잘 안 해."

에릭이 어깨를 움츠리며 말했다. 에릭은 스팸을 따서 얇게 썰고 빵에 마요네즈를 발라 샌드위치를 만들었다. 우리는 말없이 먹었다. 팀이 군인과 학생 사이에 끼어들어 말렸다는 말이 마음에 걸렸다. 나도 버스 터미널에서 팀처럼 행동해서 그 젊은이를 구해야 했나? 나는 겁쟁이였을까?

"앞으로 무슨 일이 벌어질까? 짐작은 안 되지만 네 말을 들으니까 상황이 더 나빠지면 나빠졌지 좋아질 것 같지는 않군."

우리는 샌드위치를 먹으면서 분노와 공포, 혼란이 섞인 눈으로 서로를 쳐다봤다. 나는 팔꿈치를 무릎에 대고 몸을 앞으로 기울였다.

"오늘 점심 고마워. 내일 박 씨와 정 씨를 좀 돌봐 줄래? 내가 호혜원에서 모셔 왔는데, 내일 아침에 수술이 있어."

"그래. 내가 살펴볼게. 그런데 너는 뭘 하려고?"

"모르겠어. 오늘 마을로 돌아가야 해. 그것 말고 뭘 해야 할지 나도 모르겠어."

병원에 머물러 있을 이유가 없었다. 에릭에게 작별 인사를 하고 아침에 온 길을 되돌아갔다. 가는 길 내내 오늘 아침 터미널에서 나는 어떻게 행동해야 했을까 계속 생각했지만 답을 얻지 못했다.

버스가 속도를 내며 광주로 향하고 있었고 날은 점점 어두워지고 있었다. 버스에는 스무 명 정도의 승객이 타고 있었다. 정말 긴 하루였고 너무 피곤했다. 버스 안에서 자고 싶었으나 잠은 오지 않았다. 버스가 터미널까지 오분 정도 남겨 놓았을 때 나는 눈앞의 광경에 놀라 '이런 (Shit)!' 하고 소리쳤다. 운전기사도 거의 동시에 '아이고메!'라고 소리치며 급브레이크를 밟았다.

급정거한 버스 앞에 시내버스 한 대와 두어 대의 택시가 마치 어린애 장난감처럼 서로 뒤얽혀서 불타고 있었다. 불꽃이 일어나면서 어두운 거리를 비췄고 온갖 파편들이 널브러져 뒹굴고 있는 모습이 눈에 들어왔다. 때마침 부슬비가 추적추적 내리기 시작하면서 거리의 광경은 한층 더 음산해 보였다. 저 멀리에도 불에 탄 차들이 보였다.

버스 창문이 닫혀 있었기 때문에 소리는 들리지 않았다. 마치 무성 영화를 보는 것 같았다. 승객들이 전부 일어서서 불안한 기색으로 창밖을 내다보면서 웅성거렸다. 우리 앞에 펼쳐진 도로는 그야말로 삭막했다. 움직이는 버스나 차는 한 대도 없었다. 운전기사가 버스를 갓길에 세우고 시동을 껐다. 광주 버스 터미널로부터 일 킬로미터쯤 떨어진 곳이었다.

"모두 내리세요. 더 갈 수 없습니다. 빨리 집으로 가세요."

그는 승객 쪽으로 얼굴을 돌리며 큰 소리로 외쳤다. 버스 문이 열리자마자 멀리서 총소리가 들렸다. 우리는 모두 너무 놀랐다. 사람들은 재빨리 무리를 지어서 내렸고 어둡고 축축한 도로 속으로 흩어졌다. 나와 기사가 맨 마지막이었다.

"갈 데 있어요?"

기사가 물었다.

"네, 저는 괜찮습니다."

대답은 했지만 나도 확신할 수가 없었다. 오늘 저녁에 호혜원으로 돌아가는 것은 현실적으로 불가능해 보였다. 나는 불타는 차들이 뒹굴고 있는 방향으로 걷기 시작했다. 팀의 집이 있는 곳이었다. 어둠이 깔린 도로 여기저기에 깨진 보도블록과 돌들이 나뒹굴고 있었다. 돌 더미와 파편 등에 걸려서 넘어지지 않게 조심했으나 몇 번이나 넘어졌다. 시내버스 정류장의 지붕도 다 망가져 있었다. 가게는 모두 문을 닫았고, 가로등도 전부 꺼져 있었다. 도시 전체가 공포와 파괴를 피해 집단적으로 문을 걸어 잠그고 외출을 삼간 듯 적막했다. 누가 이런 상황을 만들었을까? 팀의 집까지는 겨우 십오 분 거리였는데, 도로 위에 흩어진 돌을 밟으면서 걷고 몇 번이나 넘어지기까지 했기 때문에 숨이 목까지 차올랐다.

시간이 어떻게 흘렀는지 몰랐다. 팀의 집에 도착해 철문을 계속해서 두드렸다. 큰 소리로 부르는 게 두려웠다. 한참이 지나서 마침내 아주머니가 나왔다. 아주머니가 대문을 열더니 나를 안쪽으로 잡아당겼다.

"밖에 있으면 위험해요."

아주머니가 주위를 살피며 말했다. 나는 현관에 들어가 신발을 벗어서 가지런히 줄지어 늘어선 신발 옆에 놓았다. 세 사람만 살고 있는 집인데 신발이 가득했다. 안방에는 긴장이 감돌고 있었다. 아주머니의 아들인 옥진과 대학생 세 명, 팀, 광주에서 봉사하고 있는 또 다른 평화봉사단원인 주디가 함께 앉아 있었다. 팀은 창백하고 피곤해 보였다.

"도대체 무슨 일이야?"

가방을 내려놓고 그들을 마주 보고 앉으며 물었다.

"어제는 정말 참혹했어. 전두환이 군인들에게 데모하는 사람들을 공격하라고 했어. 젊은이, 노인 할 것 없이 말이야. 얼마나 많은 사람들이 죽었는지 몰라. 사람들 얘기로는 백 명은 넘을 거래."

팀이 한숨을 쉬며 말했다.

"맙소사! 나는 오늘 순천에 에릭과 함께 있었어. 에릭이 가게로 피신한 청년들 얘기를 해 주더라. 팀, 군인들이 너를 해치지 않아서 천만다행이야."

"군인들이 우리 같은 외국인을 보고 놀란 것 같았어. 어쩔 줄을 모르더라고."

대문이 덜컹거리는 소리가 나서 우리는 깜짝 놀랐다. 아주머니가 밖으로 나갔다. 우리는 모두 숨을 죽였고, 밖에서 나는 소리를 들으려고 귀를 쫑긋 세웠다. 우리 모두는 한꺼번에 숨을 내쉬었다. 이제 막 결혼을 해서 대학 근처에 살고 있었던 아주머니의 큰딸이 숨을 헐떡거리면서 들어온 것이다.

"군인들이 집집마다 뒤지면서 학생들을 찾고 있대요. 끌려간 사람들도 제법 있고 엄청 맞기도 하는가 봐요. 엄마, 우리도 옥진이를 숨겨야 해."

우리는 뭘 어떻게 해야 할지 몰랐다.

"부탁이 있어."

팀이 일어서면서 주디와 나를 쳐다보면서 말했다.

"뭔데?"

주디와 나는 동시에 대답을 하며 팀을 따라 일어섰다. 팀은 가방을 메더니 우리 쪽을 향해 돌아섰다.

"여기 남아서 옥진과 학생들을 지켜 줘. 나는 다른 학생 집에 가서 거기서 밤을 보낼게. 군인들이 학생들을 찾고 있다면, 아마 내가 아는 그 집도 수색 대상일 거야. 거기 학생들은 데모에 가담했거든."

"좋아."

우리 둘은 동시에 대답했다. 우리가 군인들을 상대로 싸울 수는 없었다. 그러나 우리는 동그란 눈의 외국인이라는 무기를 가지고 있었다. 팀은 다른 말 없이 옥진의 누나와 같이 나갔다. 각자 방향은 달랐으나 목적은 같았다. 집에는 여전히 긴장이 감돌았다. 몇은 고개를 숙이고 있었다. 주디, 옥진, 나는 서로 마주 보며 앉았다.

"만약 군인들이 대문으로 들어오면 폴과 내가 나갈게."

"그래."

내가 동의하자 옥진은 고개를 끄덕였다.

"어디로 숨어야 좋을까?"

"지붕으로 가는 게 가장 좋을 것 같아. 뒤에 계단이 있어."

내 말에 옥진이 대답했다. 주디와 나도 다른 뾰족한 수가 없었다. 우리는 어찌할 바를 모르고 불안하기만 했다. 침묵이 방 안에 가득했다. 옥진의 친구들은 아까부터 계속 말이 없었다. 그들의 가족은 어디에 있을까? 여기에 와 있는 걸로 봐서 집이 광주가 아니어서 딱히 피신할 곳이 없는 것 같았다. 옥진의 어머니가 작은 상에 수박을 썰어서 내왔다. 적당한 크기의 수박이 접시에 나란히 담겨 있었다. 우리 모두는 아무 말 없이 공손하게 손을 뻗어서 수박을 한 조각씩 집었다. 수박 덕에 잠시 동안이나마 한숨을 돌릴 수 있었다.

밖에서 총성과 고함 소리가 들렸고 우리는 깜짝 놀랐다. 잠시 동안의 평온이 일시에 깨졌다. 주디와 나는 대문 쪽을 바라봤다. 모두 서로를 쳐다보며 꼼짝하지 않았다. 총성은 더 이상 들리지 않았다. 고함 소리도 그쳤다. 대문 쪽에서도 아무런 인기척이 없었다.

아주머니는 여분의 이불을 내왔고 각자 잠자리를 정했다. 주디는 아주머니와 자고, 나와 옥진을 비롯한 남학생들은 옥진과 팀의 방에서 자기로 했다. 지난 일 년 동안 나는 이미 '개인 공간'이라는 관념을 버리는 데 익숙해져 있었다. 이렇게 여러 명이 좁은 곳에서 새우잠을 자는 것도 익숙해졌다. 비상시를 대비해서 방 한구석에 요강과 랜턴까지 준비했다. 우리는 옷을 벗어서 벽에 걸었다. 작은 창문 하나가 전부인 좁은 방이 많은 사람들 덕에 후끈했다.

사실 내가 집에 막 도착했을 때 옥진의 어머니가 음식을 권했는데 나는 먹고 왔다며 한국식으로 세 번이나 사양했다. 우리는 모두 각자의 역할을 알고 있었다. 그런데 지금 자려고 누우니 괜히 사양했나 싶은 마음이 들었다.

일곱째 날

5월 20일 화요일: 군인들의 행진과 마지막 버스

—

지난밤에 대문을 두드리는 군인들은 없었다. 쌀밥과 김치, 미역국으로 아침밥을 먹으려는 참에 팀이 나타났다. 그가 어젯밤을 보낸 집도 별일 없었다고 했다.

"오늘 어떡할 거야?"

팀이 내게 물었다.

"호혜원으로 돌아가야 하는데, 그 전에 우체국에도 들러야 돼."

우체국은 이 사태의 한가운데인 도심에 있었다.

"괜찮겠어? 오늘 무슨 일이 일어날지 모르는데."

팀이 주의를 주었다.

"알아. 하지만 시내를 군인들이 완전히 장악하고 있고, 사람들은 두려움에 떨고 있는데 더 이상 무슨 일이 있겠어?"

팀이 나보다 사태를 더 잘 알고 있기는 했으나, 나는 내가 외국인이기 때문에 군인들의 표적이 되지는 않을 것이라 확신하고 있었다.

"사태가 더 심각하게 바뀔 수도 있으니까 조심해."

팀이 재차 당부했다. 주디도 집으로 돌아가겠다고 했다. 우리는 집을 나서서 각자 목적지로 향했다. 팀은 자기가 일하는 병원으로 돌아갔고 나는 우체국 쪽으로 향했다. 옥진과 학생들은 집에 그대로 남았다. 옥진의 어머니가 너무 완강하게 말렸기 때문이었다.

지난밤에 내린 비 때문에 길은 여전히 축축했다. 이 습기가 주변의 소음을 흡수한 탓일까? 내가 걷는 길은 섬뜩할 정도로 조용했다. 대문 밖으로 머리를 내밀고 여기저기 살펴보고 있는 사람들의 모습이 보였다. 오늘 밖으로 일을 보러 나가도 괜찮은지, 안전한지 살펴보는 것일까? 나는 대로를 건너서 반대편으로 갔다. 대부분의 상점은 아직 닫혀 있었다. 앞을 봤더니 위압적인 모습의 탱크들이 길을 따라 줄지어 있는 게 눈에 들어왔다. 시내에는 괜히 왔나?

걸음을 재촉해서 십오 분도 채 걸리지 않아 광주 중심가에 도착했다. 길에는 행인도 별로 없었고 버스나 택시도 눈에 띄지 않았다. 가끔씩 오토바이와 자전거만이 도로 위 파편들을 피해 돌아다니고 있었다.

교차로마다 배치된 장갑차와 탱크는 그 자체로 위협을 주기에 충분했다. 밀집 대형을 이루어 이리저리 움직이고 있는 군인들의 모습은 더 공포스러웠다. 불도저 한 대가 불탄 버스와 택시의 잔해를 한쪽으로 치우고 있었다. 몇몇 상점 주인들은 점포 앞을 치우고 있었다. 길가의 작은 묘목들은 마치 못 볼 것을 본 것처럼 앙상하고 쓸쓸해 보였다.

나는 깨진 보도블록, 돌, 유리 등으로 널브러진 도로와 인도 위를 걸어갔다. 상점 주인들은 가끔씩 무슨 일이 없는지 주변을 둘러보고 있었다. 젊은 사람들은 거의 보이지 않았다. 주변의 한국인들은 최소 마흔 살 이상이었다. 평소 같으면 빳빳하게 다린 교복을 입은 학생들로 붐벼야 하는데, 학생들은 전혀 보이지 않았다. 모든 게 정상이 아니었다. 학교는 문을 닫았고, 버스는 더 이상 운행하지 않았다. 승객을 기다리는 택시 기사도 없었다. 이런 외형적인 모습보다 더 으스스하고 불길한 예감이 공기를 타고 도시 전체에 확산되고 있었다.

나는 잠깐 멈춰 서서 이 장면들을 자세히 눈에 담았다. 여기를 지배하고 있던 것은 공포일까, 분노일까? 대로에 시민들은 거의 없고 군인들 모습만 보여서 잘 알 수 없었다. 일요일과 월요일 사이 군인들의 강경 대응이 시민들의 항복을 받아 낸 것일까? 군인들과 거리를 충분히 두면서 도청 쪽으로 난 대로를 걸었다. 군인들 숫자가 너무 많고 위협적이었기 때문에 그 사이를 매우 조심스럽게 걸었다. 만약 내가 고개를 숙이면 검은 머리만 보여서 한국인 대학생으로 오해할 수도 있기 때문에 일부러 고개를 들고 내가 '동그란 눈'의 외국인임을 드러내려 애썼다.

위압적이고 거대한 무장 장갑차는 넓지 않은 도로와 전혀 어울리지 않았다. 군인들은 대부분 장갑차 주변에 모여 있었다. 아무래도 장갑차를 보호막으로 삼고 있는 것 같았다. 통행이 금지된 대로를 피해서 우체국 근처의 좁은 골목으로 들어갔다. 이 골목 안은 외부와 단절된 작은 영지처럼 느껴졌다. 골목 안의 사람들은 평소와 같은 생활을 이어가고 있는 것처럼 보였다. 상점 주인, 사무소 직원, 경찰, 우체국 직원들이 모여 있어서 사정이 좀 나은 것처럼 보였다. 사람들이 평소보다 적었고 주로 장년층들만 있었지만 여기만 본다면 광주는 아직 정상적으로 움직이고 있는 듯했다.

다음 도로는 우체국 쪽으로 이어졌고, 두 개의 작은 도로가 만나는 모퉁이에서 몇 걸음만 옮기면 우체국 정문으로 들어갈 수 있었다. 그곳은 또 분위기가 완전히 달랐다. 공포가 아니라 분노가 지배하고 있었다. 나도 덩달아 흥분되기 시작했다. 내 안전이 위협받고 있다는 생각보다는 여기 모인 사람들이 집단적으로 표출하는 분노의 감정에 동화되고 있었다. 긴장은 극도로 팽창하기 시작하면서 통제 불가능한 상태로 올라가고 있었다. 그 상황이 두려웠다.

나는 대학생들의 요구와 그 요구가 무시되면서 표출되는 분노의 정서를 잘 알고 있었다. 이제는 그 요구가 무시되는 정도가 아니라 비난을 받고, 비난을 넘어서 공격을 받고 있었다. 여기 작은 도로에서 그 요구와 분노는 학생들을 넘어서 놀랍게도 한국 사회에서 가장 강하고 근면한 집단이었던 '할머니'와 '아주머니'로 확대되고 있었다. 물론 할머니와 아주머니들은 돌이나 보도블록을 던지면서 자신들의 분노를 표출하지는 않았다. 이들은 현재의 암담한 상황을 숙명적으로 받아들이는 것 같으면서도 마주치는 군인들을 향해서 '부끄러운 줄 알라.'고 당당히 외치고 있었다. 나는 이 사람들을 감싸 안고 싶었다.

일제 강점기에 지어진 단층짜리 붉은 벽돌 건물인 우체국으로 향했다. 몇 개의 계단을 오르면 정문이 있었다. 우체국 근처에서 스무 명 정도의 사람들이 웅성거리며 모여 있었다. 그들은 단체로 야유를 퍼붓기 시작했다.

"부끄러운 줄 알아라!"

"전두환은 퇴진하라!"

"김대중을 석방하라!"

"살인자들아!"

나는 별로 두렵지 않았다. 군인들의 목표는 시위 학생들이었지 할머니와 아주머니는 아니었고 외국인은 더더욱 아니었다. 계단을 올라서 우체국으로 들어간 다음 곧장 창구로 갔다. 바깥과 달리 조용하고 차분한 실내는 마치 누에고치 안처럼 아늑한 느낌이었다. 우체국의 모든 사람들은 지금 바깥에서 일어나고 있는 일이 딴 세상 일인 듯 자기 일에 열중이었다. 창구 여직원들은 대부분 결혼 전까지 직업을 갖는 것에 만족하는 미혼의 젊은 여성들이었다.

우체국 직원이 국제 우편에 사용하는 우표를 보여 주며 고르라고 해서 봉투에 붙일 우표와 나중에 쓸 여분의 우표를 골랐다. 직원이 우표를 건네주었고 나도 돈을 건넸다. 창구에서 벗어나 우표에 침을 발라 봉투에 붙이고 우체통에 넣었다.

쾅! 그 순간 최루탄이 내 뒤쪽의 유리창을 깨고 날아왔다. 유리 파편이 사방으로 튀었다. 마치 양탄자처럼 자욱하게 퍼지는 최루 가스를 피하기 위해서 우체국 안의 모든 사람들이 뛰기 시작했고 여기저기서 비명 소리가 들렸다. 배낭을 어깨에 걸치고 정문 쪽으로 뛰어나갔다. 도대체 누가 우체국에 최루탄을 쏜 것일까? 정문을 빠져나온 사람들이 각자 사방으로 흩어졌다. 아늑했던 누에고치는 일순간에 엉망이 되었다. 최루 가스 냄새가 정문으로 스며 나오긴 했으나 대부분은 아직 안에 퍼져 있었다. 잠깐 계단에 서서 어떻게 할까 궁리했다. 가게에 들러서 참치 캔이 들어왔는지 확인하려고 했던 당초 계획은 일단 보류하는 게 좋을 것 같았다. 당장 집으로 가자!

아래쪽에 젊은 우체국 직원, 상점 주인, 아주머니 등 여러 사람들이 경찰 한 명을 둘러싸고 있었다. 무슨 일인가 하고 귀를 기울였다.

"이게 도대체 무슨 일입니까? 당신들은 우리를 보호해야 하잖아요!"

어떤 사람이 경찰관을 다그쳤다.

"저도 무슨 일인지 모르겠습니다. 저희도 군인들이 올 거라는 말을 듣지 못했습니다."

그 경찰관은 난처한 표정을 지으며 말했다.

"도대체 군인들이 우리에게 왜 이러는 거야? 왜 우리 학생들을 죽이는 거냐고!"

어느 아주머니가 손을 치켜들며 강하게 항의했다.

"군인들은 경상도에서 왔습니다. 저희도 일요일과 월요일에 일어난 일로 큰 충격을 받았어요. 군인들이 공격하기 시작했을 때 저희도 가족과 함께 집에 있었거든요."

그 경찰 역시 항의하는 사람들과 마찬가지로 화가 나고 언짢은 표정으로 같은 말을 되풀이했다.

"그럼 앞으로 우린 어떡해야 합니까?"

경찰 옆에 서 있던 노인이 물었다.

"군인들은 앞으로 더 강경하게 나올 겁니다. 집으로 가세요. 젊은이들을 집 밖으로 나오지 못하도록 단단히 단속하세요."

경찰은 노인을 향해서 정중하게 말했다. 거기에 모인 사람들은 경찰에 대해서는 적대감을 갖고 있지 않은 것 같았다. 경찰 주변에 모였던 사람들은 흩어지면서 그 경찰을 향해서 가볍게 목례와 악수를 하는 등 나름의 예절을 갖추었다. 이런 모습이 국민과 정부 사이의 정상적인 관계 아닌가?

길 아래쪽으로는 군인들이 지키고 있었고, 군인들을 향한 욕설과 조롱은 계속되었다. 우체국 안은 여전히 최루 가스로 가득했기 때문에 차라리 바깥 공기가 더 나았다. 붉은 벽돌 계단을 내려가서 머뭇거리다가 작은 도로를 가로질러 건너갔다. 중간쯤에서 한 할머니가 내 손목을 덥석 잡았다. 할머니는 약간 낡았으나 밝은 분홍색과 푸른색이 아름다운 한복을 입고 있었다. 길을 건너는 데 도움이 필요한 것이라 생각했다. 할머니는 아주 작은 키에 마르고 허리는 굽어 있었다. 그러나 손아귀 힘은 깜짝 놀랄 정도로 강했다. 할머니는 내 얼굴을 마주보고 내 눈을 똑바로 응시했다.

"자네 미국인인가?"

"네."

"무슨 일이 일어났는지 봤나?"

순간 나는 마치 온몸에 전기가 흐르는 것 같은 충격으로 더듬거리며 말했다.

"네, 너무 안됐습니다."

"그런 위로는 나중에 하고, 지금 자네는 우리의 목소리가 되어 주어야 하네."

할머니는 손가락으로 내 가슴을 가리키며 말을 이었다.

"한국 사람들은 지금 목소리를 낼 수 없네. 세상 사람들은 이 나라 군인들이 무슨 일을 저지르고 있는지 모르고 있어. 미국인인 당신이 증인이 되어 우리를 대변해 주게. 바깥세상 사람들에게 우리의 사정을 알려주게."

할머니의 말은 부탁이 아니라 명령이었다. 나는 그 자리에서 한 발짝도 움직이지 못했다. 내가 목격한 이 사태의 심각성이 나를 옭아맸다. 내 의사와 관계없이 나는 이미 이 사건에 연루되어 있었다. 나는 할머니의 눈을 제대로 쳐다보지 못했다. 내 팔을 잡은 할머니의 손과 목소리에는 더 힘이 실리기 시작했다. 나는 그제야 할머니를 쳐다봤다.

"노력하겠습니다."

나는 더듬거리며 말했고 마음속으로 이 소극적인 대답을 자책했다. 할머니의 단호한 눈빛과 꽉 잡은 손은 부탁이 아니라 의무를 지우고 있었다. 나는 이제 앞으로 이 사건들을 전부 목격해야 했으며 다른 사람들에게 그걸 알려야만 했다. 할머니는 마침내 나를 놔주었다.

"잊지 말고 우리 이야기를 널리 알려 주게."

할머니는 다시 강조했다. 나는 공손하게 할머니에게 인사를 했다. 할머니는 단호한 표정을 하고 돌아서서 굽은 허리를 살짝 펴고 근처의 가게로 들어갔다. 나는 움직일 수 없었다. 정신이 혼란스러워졌다. 잠시 눈을 감고 심호흡을 했다. 그리고 천천히 내 주변을 돌아봤다. 주변에서 흔히 볼 수 있는 평범하면서도 품위 있는 시민들이 이제는 군대를 향해서 항의와 야유를 보내고 있었다. 도청으로 향하는 도로는 차단되었고, 군인들이 시민들의 접근을 막고 있었다. 긴장은 시시각각으로 고조되었다. 작은 불씨만 있으면 일순간 불이 확 사방으로 번질 정도로 언제라도 폭발할 것 같은 분위기였다. 여기 있으면 큰일 나겠다는 생각에 서둘러 그곳을 빠져나왔다.

할머니가 사라진 쪽을 보았다. 할머니가 내 어깨에 얹어 준 책임감이 무겁게 나를 짓누르고 있었다. 다시 왼쪽으로 돌아서 버스 터미널이 있는 남쪽으로 향했다. 작은 도로들이 여러 갈래로 뻗어 있었다. 군인들은 대부분 큰길 오른편에서 무리를 지어 지키고 있었는데, 장갑차를 중심으로 밀집 대형을 이루고 있었다. 대로 쪽에서 큰 함성이 들려와서 무슨 일인가 궁금했지만 모험을 하고 싶지는 않았다.

"물러가라!"

"부끄러운 줄 알아라!"

군인들이 점령하고 있는 대로 쪽에서 함성이 메아리가 되어 들려왔다. 대로에 운집한 시민들 사이에 더 이상 누를 수 없는 변화가 생긴 듯했다. 공포는 분노가 되고, 분노는 저항으로 번지고 있는 듯했다. 나는 뒷골목의 밀집된 주택가로 접어들었다. 멀리 돌아가는 길이었지만 더 안전하다고 판단했다. 거기서는 대로에서 무슨 일이 벌어지고 있는지 볼 수 없었다. 차라리 잘된 일이었다. 시내에서 목격한 광경 때문에 나는 여전히 두려웠고 긴장하고 있었다. 꾸불꾸불한 골목길을 이리저리 헤매다가 겨우 버스 터미널 맞은편에 도착했다. 그곳에는 깨진 보도블록이나 돌멩이는 보이지 않았다. 젊은이들도 거의 눈에 띄지 않았다. 우체국에서 여기까지 오면서 군인들과 마주치지 않으려고 노력했지만, 더 이상은 불가능했다. 군인들은 버스 터미널을 에워싸고 사방에 깔려 있었다. 버스 터미널로 가기 위해서는 군인들의 대오를 통과해야 했다.

몇몇 군인들과 대치하고 있는 작은 무리의 사람들 사이를 지나갔다. 군인들의 제복 입은 몸 곳곳에서 오만함이 스며 나오는 것처럼 보였고, 본래 자신들이 지켜야 할 시민들을 짜증나는 날파리 정도로 여기는 듯 했다. 학생들을 떼어 놓는 것과 화가 난 할머니를 상대하는 것은 다른 문제였다. 길을 건너서 터미널 안으로 들어갔다. 갑자기 도로 위로 돌 멩이 떨어지는 소리가 들렸고 깜짝 놀라서 밖을 내다봤다. 무의식적으로 숨을 참았는데 총소리가 나지 않아서 안도의 숨을 내쉬었다. 군인들이 크게 구호를 외치는 사람들을 에워싸고 다른 군중들로부터 재빨리 격리시켰다. 군인들이 사람들을 위협하고 있었으나 곤봉을 휘두르지는 않았다. 순식간에 수많은 군인들이 우르르 몰려와서 사람들을 제압했고, 시위는 마무리되었다.

오후 네 시가 다 되었다. 남평으로 가는 버스는 만원이었다. 버스 뒤편의 좌석에 무거운 몸을 앉혔다. 지난 아홉 시간의 긴장과 두려움에 완전히 녹초가 되어 버렸다. 버스가 출발하기를 기다리면서 창밖을 내다봤다. 내 몸이 좌석 안으로 깊숙이 녹아내리는 느낌이었다. 모든 신경계는 작동을 멈추었고, 나는 하나의 누에고치가 되어 집으로 향했다.

여덟째 날

5월 21일 수요일: 물러서지 않는 사람들

—

아침에 눈을 뜨긴 했으나 정신을 차릴 수가 없었다. 어젯밤은 너무 시끄러웠다. 평야 지대를 따라서 펼쳐진 광주-나주 간 도로 쪽에서 들려오는 헬기의 굉음, 대형 차량의 엔진 소리, 이리저리 비추는 불빛이 조용하고 평화로운 호혜원의 밤을 밤새 괴롭혔다. 몇 년 전 정부는 북한의 침략에 대비하여 비상시 활주로로 사용하기 위해 도로의 일부를 특별히 넓게 확장했다. 간밤의 소음이 마치 꿈인 것 같아 머리를 세차게 흔들었다. 헬리콥터 소리는 꿈에서 들은 걸까? 진짜라면 무슨 일이 있었던 걸까? 두통이 몰려와서 진통제를 찾아야 했다.

작은 버너가 오늘은 세 배의 일을 했다. 커피 물을 끓이고, 달걀을 삶고, 간단하게 몸을 닦기 위한 목욕물을 데웠다. 우물과 펌프가 밖에 있었기 때문에 늘 전날 밤 양동이에 물을 길러 방 안에 놓는 습관이 있었다. 기운이 나서 오늘 일과에 필요한 물품들을 주섬주섬 챙겨 일어났다. 방문을 여니 김 씨와 마을 일을 돕는 세 사람의 직원들이 기다리고 있었다. 그들을 비추고 있는 햇살에서 여전히 따뜻한 5월이 느껴졌다.

"고 선생, 걱정 많이 했어요. 박 씨와 정 씨는 순천 병원에 잘 도착했지요?"

김 씨가 내게 인사하면서 물었다.

"네. 오늘 수술을 하고, 이번 주말 안에는 돌아올 겁니다."

우리는 평소처럼 차분히 일에 대해서 이야기했다. 김 씨가 수심이 가득한 표정을 짓더니 대화 주제를 바꿨다.

"일요일에 광주에서 많은 사람들이 죽었다고 하던데요. 정말인가요?"

"네, 맞아요. 경상도에서 온 군인들이 사람들을 많이 죽였는데, 대부분 대학생이었답니다. 광주 사람들이 엄청 흥분하고 있습니다."

내 목소리는 점점 커지기 시작했다. 감정을 조절하기가 힘들었다. 나도 모르는 사이에 주먹을 불끈 쥐고 있었다. 옆의 직원이 안절부절 못하면서 걱정스러운 표정으로 말했다. 흥분해서 그의 이름이 퍼뜩 떠오르지 않았다.

"오늘은 버스도 안 다니고 전화도 불통이에요."

마을에는 마을 사무소에 설치된 전화 한 대가 전부였다. 그 전화가 불통이라니 외부와 완전히 차단된 것이다. 그는 왼편에 있는 사람들을 가리키며 말했다.

"신 씨는 딸이 하나 있고, 남 씨의 두 아들은 전남대학교에 다니고 있는데 소식을 들을 수 없어요. 내 아들도 전남대학교에 다니는데, 여기 가족들 중에는 아이들이 광주에서 학교 다니는 사람들이 많아요. 다들 걱정이 태산이에요."

버스 터미널에 쓰러져 움직이지 않던 젊은이의 모습이 떠올랐다. 월요일에 벌어진 일이었나? 마치 몇 주 전 일 같이 아득하게 느껴졌다. 이 사람들처럼 자식이 걱정되는 부모들이 얼마나 많을까? 안타까운 마음에 고개를 숙였다.

"정말 안됐습니다."

내가 해 줄 수 있는 말이라고는 고작 그게 전부였다.

"오늘 광주로 가실 거예요?"

김 씨가 묻는 말에 고개를 확 들었다. 토요일에 마산에서 한국어 수업이 있는데, 원래는 내일 출발할 계획이었다. 그런데 오늘 미리 광주로 가면 다음 날 더 수월하게 마산으로 갈 수 있지 않을까 생각했다.

"내일 마산에 가려고 했는데, 오늘 광주에 갔다가 내일 마산으로 가면 될 것 같습니다."

그들의 얼굴에 안도감이 돌았다. 그들은 잠시 따로 대화를 나누었는데, 말이 너무 빨라서 제대로 알아듣지 못했다. 그들은 서로 고개를 끄덕이더니 나를 돌아봤다.

"광주에 있는 학생들 명단을 드리겠습니다. 광주에 가거든 꼭 전화해 봐 주세요."

딱딱한 말투였으나 그들의 얼굴에는 불안과 걱정이 역력히 드러나 있었다.

"전화가 불통인데 어떻게 연락하죠?"

광주로 통화가 불가능한 상태인데 과연 연락이 될까 걱정이 되어 물었다.

"광주 시내에서는 통화가 되지 않을까요?"

김 씨가 조심스럽게 말했다. 그럴 수도 있겠다고 생각했다. 환자들이 걱정되긴 했지만 환자들을 둘러보려던 계획을 취소했다.

"앞으로 사십오 분 후에 남평으로 출발할 건데 그사이에 학생 명단과 전화번호를 준비할 수 있을까요?"

그들은 고개를 끄덕이고 각자 흩어졌다. 방으로 다시 들어와서 정리를 했다. 이불을 개고 옷, 칫솔, 카메라 등을 배낭에 담았다. 그런 다음 잠시 앉아 생각했다. 지금 내가 뭐 하고 있는 거지? 광주로 간다고? 어젯밤에 광주에서 무슨 일이 벌어진 게 분명한데, 그 '무슨 일'이 불길한 일인 것만은 분명한데, 과연 광주로 다시 가는 게 현명한 일일까? 문 두드리는 소리에 화들짝 놀랐다. 김 씨가 학생들 주소와 전화번호를 적은 메모지를 가지고 왔다. 여섯 명의 학생 이름과 전화번호가 적혀 있었다. 메모지를 받아 들었고 우리는 말없이 서로에게 고개를 숙였다.

"한국어 수업이 끝나면 일요일에 돌아오겠습니다."

밖으로 나와서 자전거를 힐끗 보았다. 자전거를 타지 않기로 했다. 방문을 잠그고 밖으로 나와 걷기 시작했다. 비포장도로 사정은 며칠 전 자전거를 타고 왔을 때와 비교해서 크게 다르지 않았다. 비 때문에 도로에 파인 웅덩이도 여전했다. 도로 양옆으로 자란 무성한 풀은 남쪽의 논밭과 북쪽의 언덕으로 이어져 있었다. 도로의 남쪽으로 쭉 늘어선 나무들 사이에서 새들이 요란스럽게 지저귀고 있었다. 마치 바보처럼 굴지 말라고 충고하는 것처럼 들렸다.

뒤쪽에서 오토바이 소리가 들렸다. 돌아서서 손짓을 해서 오토바이를 세웠다. 태워 달라고 부탁하고 뒷자석에 올라탔다. 배낭은 무거웠지만 카메라를 챙긴 게 다행이라고 생각했다. 순천 갈 때도 챙겼으면 좋았을 것을. 아쉬움이 남았다. 오토바이가 비포장도로를 너무 빠르게 달린 탓에 하마터면 뒤로 넘어갈 뻔했다. 좌석 밑을 꽉 잡고 허벅지에 힘을 주었다.

남평은 광주에서 남쪽으로 가면 제일 처음 만나는 작은 마을이다. 초목이 무성한 푸른 구릉지대가 광주와 남평을 가르고 있었다. 남평에서 조금 더 남쪽으로 내려가면 제법 큰 도시인 나주를 만나게 된다. 남평과 나주 사이에는 논으로 개간된 넓은 평야가 있는데 이 가운데를 길고 넓은 포장도로가 지나고 있다. 아마 지난밤에 나를 괴롭힌 굉음은 여기에서 났을 것이다. 남평을 지날 때마다 적지 않은 수의 작은 여관, 허름한 식당, 자동차 정비소, 가게 그리고 특히 매춘업소 등이 들어서 있는 게 놀라웠다. 남평은 여러 가지 점에서 교통과 물류의 요충지 역할을 하고 있었으나, 관광 책자에 소개될 정도의 명소는 아니었다. 남평이 언급될 때면 '험한 곳'이라는 평가가 늘 따라다니곤 했다.

내 자전거를 보관해 두는 박 씨 가게 근처에서 내렸다. 가게는 굳게 닫혀 있었다. 박 씨 가게는 낮에 문을 닫는 법이 없었다. 나는 대로 쪽으로 향했다. 길에는 사람들이 별로 없었고, 도로 옆에 늘어선 작은 가게들도 전부 닫혀 있었다. 멀리 대로 위쪽에서 뭔가 벌어지고 있었다. 교차로에 사람들이 잔뜩 모여 있었는데 남평 인구보다 더 많아 보였다.

교차로에 도착했을 때 거기에 모인 대규모 인파를 보고 깜짝 놀랐다. 단층 건물들과 가게들이 쭉 늘어선 대로 위에는 차들이 전혀 없었다. 모든 가게들은 문을 닫았다. 한국의 가게들이 이렇게 대낮에 문을 닫는 것은 정말 보기 드문 일이었다. 평소 버스가 사람들을 태우고 내리던 길에도 차는 단 한 대도 없었다.

정말 당황스러웠다. 많은 사람들이 여기저기서 무리를 지어 대화를 나누고 있었다. 다른 때 같으면 사람들이 나를 주시했을 텐데, 신경 쓰는 사람이 한 사람도 없었다. 버스 정류장 근처에 십여 명의 사람들 틈에 끼어서 대화에 귀를 기울이면서 사전을 꺼냈다. 모두 말을 너무 빨리 하고 있었다. 게다가 대부분 감정이 격해진 상태로 사투리가 더 강해져서 알아듣기가 힘들었다. 완전 바보가 된 느낌이었다.

한참 집중했더니 사람들의 말이 조금씩 들리기 시작했다. 그들은 광주에 대해서 이야기하고 있었는데 광주뿐만 아니라 나주와 더 멀리 떨어진 목포에서 일어난 일에 대한 것도 있었다. 대화의 내용보다 말하는 태도가 더 인상적이었는데, 평소 한국인들의 전형적인 대화 형식인 유보적인 태도는 간곳없고 무언가 확신에 차 있었다. 그들의 몸짓과 단어와 분위기로 보아 뭔가 중대한 일이 일어난 것 같았다. 남녀노소 할 것 없이 모두 흥분하고 있었고 어떤 사람은 심지어 기쁨에 차 있었다. 바로 어제 사람들의 공포와 분노, 저항을 목격했었다. 그런데 채 하루가 지나지 않은 지금, 사람들의 얼굴에는 기쁨이 가득했다. 이 반전이 도무지 이해되지 않았다. 도대체 무슨 일이 일어난 거지?

　버스 소리가 들려서 깜짝 놀랐다. 광주 쪽에서 오고 있었는데 버스가 다니기는 한다는 생각이 들었다. 버스가 가까이 오자 군중들은 환호를 보내기 시작했다. 버스 전면에는 '김대중 석방'이라고 쓴 큰 현수막이 붙어 있었다. 유리창은 전부 깨진 상태였다. 버스에 탄 사람들은 대부분 젊은이였는데 창밖으로 쇠막대, 각목, 야구 방망이 등을 두드리면서 구호를 외치고 있었다. 믿을 수 없는 광경이었다.

　김대중은 호남 출신의 정치인으로 가장 잘 알려진 야당 지도자였다. 몇 년 전 그가 일본에서 망명 생활을 할 때 한국 정부는 그를 납치해 본국으로 강제로 송환하고 교도소에 수감시켰다. 그는 작년에 풀려났으나 며칠 전에 다시 수감되었다. 그의 정치 개혁 요구는 전국적으로 학생 시위 확산에 영향을 주었으며, 특히 전남에서 그의 영향력은 매우 컸다. 그의 영향력을 두려워한 군부가 그를 다시 체포한 것이다.

　버스가 도착하자 주민, 가게 주인, 노동자, 술집 작부, 아주머니 할 것 없이 열광적인 환호를 보냈다. 남녀노소를 막론하고 거리의 모든 사람들은 버스에 탄 젊은이들 못지않게 열광하고 있었다. 오래된 한복 차림의 할머니들도 같이 어울려서 춤을 추기 시작했다. 마치 강력한 전류 한줄기가 버스에 탄 젊은이들을 통해 거리에 모인 군중들에게, 그리고 마침내 나에게 전달되고 있는 것 같았다. 모두가 아찔한 희열에 도취되고 있었다. 보잘것없는 이 작은 마을이 그 순간 우주의 중심이 된 것 같은 느낌이었다.

버스는 남평에 잠깐 머물다가 도로를 따라서 나주 쪽으로 갔다. 나는 잠깐 뒤로 물러서서 주변을 둘러보며 생각을 정리했다. 뒤를 돌아보니 서울에서 본 것과 비슷한 형태의 경찰 버스 한 대가 우리 쪽으로 맹렬하게 달려오고 있었다. 모두가 소리를 지르며 환영했다. 미친 거 아닌가? 경찰이 오는데 다 재빨리 숨어야 하지 않나? 속력을 줄이자, 차 앞쪽에 붉은 페인트로 쓴 글씨가 눈에 들어왔다. 전두환과 관련된 문장 같은데 이해가 안 돼서 재빠르게 사전을 찾았다. '전두환을 찢어 죽이자'라는 문장이었다. 사람들을 체포하기 위해 무장한 군인들을 싣고 온 차가 아니라니 다행이었다.

내 옆에 있던 젊은 남자 두 명과 여자 한 명이 자신들을 소개하더니, 흥분한 목소리로 어젯밤 광주와 나주에서 벌어진 일들을 설명했다.

"우리가 해냈습니다. 그놈들을 몰아냈어요."

"네? 이제 광주에 군인들이 없어요?"

나는 돌아가는 상황과 맥락이 잘 이해가 되지 않아 그들에게 물었다.

"네, 광주 지역 대부분이 그렇습니다. 군인들은 지금 도청과 기차역을 점령하고 있으나 그 외의 모든 지역이 지금은 자유예요. 어제 늦게 나주, 목포, 화순 등에서도 군인들이 떠났다는 얘기를 들었어요."

그들 중 한 사람이 전남의 다른 지역 이름을 언급하면서 흥분된 목소리로 말했다. 그들은 군인들로부터 해방되었다는 사실이 마냥 기뻐서 어쩔 줄 모르고 있었다.

"어제 오후부터 상황이 변했어요. 사람들이 뭉치기 시작했거든요. 버스와 택시 기사들이 앞장을 서서 차로 방어 막을 만들어 사람들을 보호하고 군용차들을 밀어내기도 했어요."

젊은 여자가 만족스러운 표정을 지으며 설명했다. 버스와 택시 기사들의 정치적 성향에 대해서 잘 모르는 나는 그들의 집단행동이 어떤 배경에서 나왔는지 선뜻 이해되지 않았다. 특히 자영업자들이 대부분인 택시 기사들이 버스 기사들과 연합하는 모습이 잘 그려지지 않았다.

"사람들이 얼마나 죽었습니까?"

어떤 대답이 돌아올까 두려웠지만 내가 물었다.

"사망자가 있었는데, 많지는 않다고 들었어요."

젊은 여자가 대답했지만 그리 자신 있는 표정은 아니었다.

"버스와 택시 기사들이 자기 차량으로 군 저지선을 돌파했어요. 군인들은 이제 다른 방법이 없습니다. 도청을 떠나지 않고는 못 버틸 겁니다."

젊은 청년이 말했다.

"그게 정말이에요? 나주와 다른 지역 사정은 어떻습니까?"

"저는 나주에서 왔습니다. 광주에서 벌어지고 있는 사태에 대해서 들었어요. 모든 사람들이 기차역 근처로 모였답니다. 나주에는 군인들이 없었어요. 그래서 다친 사람은 없지만 경찰서 본부 건물이 불에 탔어요."

다른 청년이 앞으로 나서면서 말했다. 그는 잠시 숨을 고른 다음 말을 이어갔다.

"아마 광주 이남의 사정도 대체로 비슷할 겁니다."

"그렇다면 이 지역은 군인이 통제하는 게 아니군요? 주민들이 통제하고 있는 거군요?"

"네, 맞아요. 군인들은 없습니다."

내 질문에 젊은 여성이 눈을 반짝이면서 흥분된 목소리로 대답했다.

"와우(Wow)!"

나는 영어로 크게 외쳤다. 내 새로운 친구들은 그게 무슨 뜻인지 금방 눈치챘다. 우리 주변 여기저기에 모인 사람들은 대부분 비슷한 내용의 이야기를 나누고 있었으며, 각자 자신들만의 관점으로 상황을 이해했다. 사람들은 모였다가 흩어지기를 반복하고 있었고 얼굴에는 열정이 가득했다. 여기는 모두에게 열린 공간이었다.

"보시다시피 우리 모두는 지금 행복해요."

젊은 여자가 말하며 팔을 흔들자 그녀의 행복이 모두에게 번져 나갔다. 정말 그녀의 말처럼 모두가 행복해 보였다.

군중들은 몇 블록 떨어진 남쪽의 교차로 쪽으로 서서히 이동하기 시작했다. 경찰서가 있는 곳이었다. 나는 그 행렬을 따라갔다. 경찰서 문은 굳게 잠겨 있었는데 마치 버려진 건물 같았다. 경찰도 눈에 띄지 않았다. 군중들은 갑자기 늘어났고, 경찰서 정문 근처에서 두 사람이 언성을 높이는 소리가 들렸다. 말이 너무 빨라 알아듣기 힘들었다.

"뭐라고 하는 거예요?"

"경찰서 무기고에 대해서 이야기하고 있는데요."

옆 사람에게 묻자 상황을 유심히 지켜보던 어느 젊은이가 대화 내용에 놀란 표정을 지으며 대답했다. 건장한 체격의 중년 남자가 두 사람을 제치고 앞으로 나갔다. '쿵!' 하는 소리와 함께 정문의 자물쇠가 부서졌다. 커다란 렌치로 자물쇠를 내리친 것이다. 그가 정문을 확 잡아 젖히자 몇몇 사람들이 뛰어 들어갔다. 문밖에서 두 사람은 여전히 논쟁 중이었으나, 상황은 이미 급변해 버렸다. 남자들은 무기고의 총과 실탄을 밖으로 꺼내기 시작했다.

세상에, 이런 일이! 심장이 쿵쾅거리기 시작했다. 군인들은 아직 대중들이 무장하는 사태를 대비하지 않은 상태였다. 징병제인 한국에서 대부분의 남자들은 군대에 다녀오기 때문에 총을 다루는 데 능숙했다. 경찰서에 들어간 사람뿐만 아니라 길에 있던 남자들도 경찰서에 보관되어 있는 무기를 충분히 다룰 수 있었다.

지난 이십칠 년간 한국의 군, 경찰, 정보기관의 유일한 적은 북한이었다. 경상도 출신 공수부대원들은 광주의 봉기가 북한 불순 세력의 소행이라고 믿고 있다는 소문이 돌고 있었다. 여기에 모인 사람들은 '북한'의 위협이 있을 경우에는 거리낌 없이 무기를 들 사람들이 분명했다. 이런 사람들이 지금은 한국 군인들에 대항하기 위해 총을 든 것이다. 이 시골 도로에 모여 있는 농민들, 가게 주인들, 운전기사들은 정의를 요구하는 강력한 집단이었다. 정부는 이들을 실망시킨 것뿐 아니라 형제자매를 공격하고 죽였다. 이제 이들은 정부에 맞서서 싸울 준비를 한 것이다.

"우리의 군대를 쏠 수는 없습니다."

한 젊은이가 이렇게 말했다. 다른 젊은이들도 머뭇거리다가 동의했다. 몇몇 젊은이들은 무기 수령을 거절했다.

"그렇다면 우리를 어떻게 지키죠?"

젊은 여자가 물었다.

"미국에서도 군인들이 자국 시민들에게 총을 쏩니까?"

가장 어려 보이는 젊은이가 나에게 물었다.

"네, 십 년 전에 대학생 몇 명이 군인의 총에 맞아 죽은 적이 있습니다."

나는 잠시 머뭇거리다 대답했다.

"정말 그런 일이 있었어요?"

믿기 어렵다는 표정을 지으며 그가 다시 물었다.

"네, 켄트주립대에서 학생들이 월남전 반대 데모를 했어요."

"총을 쏜 다음에 어떻게 되었죠?"

젊은 여자가 물었다.

"확실히는 모르겠지만, 그 사건이 많은 사람들을 분노하게 만들었어요. 그 군인들과 발사 명령을 내린 책임자들이 어떻게 되었는지는 잘 모릅니다."

사건을 자세하게 알지 못해서 대략적인 대답밖에 할 수 없는 것이 창피했다. 몇 분 지나자 무기 문제로 논쟁을 하던 군중들은 자신들을 지키기 위해서는 무기가 필요하다는 측과 군인들의 보복이 우려되기 때문에 무기를 들어서는 안 된다는 측으로 확연하게 갈렸다. 여기에 모인 사람들은 이제까지 한국에서 경험하지 못했던 생명력을 보여 주었다. 어느 편에 서 있든, 그들의 몸짓과 말은 자신들이 성취한 것에 대한 자부심으로 가득했다.

사람들이 무기고에 있던 총과 탄약을 전부 밖으로 끄집어냈다. 일부는 도로 위에 쌓였고, 일부는 주민들이나 버스에 타고 있던 시위대의 손에 쥐어졌다. 함성은 없었으나 사람들의 열정은 대단했다. 군중은 이백 명이 넘었다. 그때 네 명의 민간인이 탄 군용 지프 한 대가 군중 쪽으로 접근했다. 그중 두 사람이 내리더니 군중 속으로 들어왔다. 행동만으로도 리더의 카리스마를 느낄 수 있었고, 사람들은 그들에게 길을 터주었다. 그중 한 사람이 중앙으로 나오더니 무기 더미를 응시했다.

"무기를 반납합시다. 여러분들이 무기를 들게 되면 군인들은 보복할 명분을 갖게 되고 결국 우리 모두는 죽을 겁니다."

점잖지만 힘이 들어간 목소리였다. 순간 침묵이 흘렀다. 잠시 후, 대부분의 사람들이 동의하는 표정을 지었다. 사람들은 순순히 무기를 내려놓기 시작했다. 그때, 어느 노인이 앞으로 나와서 무기 더미에서 총을 하나 잡더니 이렇게 외쳤다.

"우리가 무기를 반납하면 그놈들은 이 무기를 이용해서 우리를 죽일 겁니다. 이 무기들은 전부 부숴 버립시다."

엄숙하던 분위기가 일순간에 축제 분위기로 바뀌었다. 남녀노소 할 것 없이 무기 더미에서 소총을 집어 들었다. 그들은 소총을 거꾸로 잡고 바닥에 힘차게 내려쳤다. 나무 부분이 부서지며 사방으로 날아갔다. 금속 부분은 구부리거나 긁어내서 사용할 수 없도록 만들었다. 내 주변의 사람들도 우르르 달려들었다. 정의를 위한 파괴 작업이었다. 그들의 표정은 만족감으로 가득 차 있었다. 마지막 소총까지 망가뜨리자 사람들은 환호성을 질렀다. 무기고가 열리고 모든 무기를 폐기시키는 데까지 채 한 시간도 걸리지 않았다.

　무기 회수를 권유한 사람들은 다시 군용 지프를 타고 나주를 향해 떠났다. 사람들은 그들에게 박수를 보내고 흩어지기 시작했다. 사람들 얼굴에는 일종의 성취감이 우러나고 있었다. 사람들은 오늘 하루 일을 못해 가족들에게 가져갈 돈은 벌지 못했지만, 이 감동적인 일을 함께하고 성공하는 데 기여했다는 것에 기뻐하는 것 같았다. 길 위에 쌓인 무기 부품들의 잔해는 특별한 이날을 기념하는 자랑스런 전리품이었다.

　"이제 어디로 가세요?"

　내 옆의 젊은이가 물었다.

　"광주로 가는 버스를 탈 생각입니다."

　잠시 머뭇거리다가 대답했다. 광주에서 마산행 버스를 탈 수 있을지 걱정되었다.

　"시위대 버스를 타고 학생들과 함께 광주로 가시죠. 우리가 도와줄게요."

　그가 제안했다.

　"아니에요. 그건 잘못입니다."

　적절하지 않다는 단어가 생각나지 않아서 이렇게 대답했다. 그들은 기꺼이 나를 돕고자 했지만 계엄령 철회와 전두환 퇴진 요구 현수막이 걸린 시위대 버스에 탄 내 모습이 찍힌 사진이 돌아다닌다면, 그리고 평화봉사단 본부가 이 사실을 알게 된다면 어떤 사태가 벌어질까 생각하니 아찔했다. 결코 좋은 생각이 아니었다. 이런 난처한 상황을 적절하게 설명하기에 내 한국어 실력이 아직 부족했다.

"오토바이나 다른 차를 이용할 수는 없을까요?"

그 젊은이에게 물었다. 젊은이가 광주 쪽으로 가는 오토바이 운전자를 불러 세우고 물었다. 오토바이 운전자는 나를 광주까지 데려다줄 수 있다고 했다. 이 오토바이에는 시위대를 싣고 도로를 질주하는 버스나 군용 트럭과는 달리 정치적 구호 등이 적힌 현수막이 없었다. 게다가 그는 거칠게 운전하지 않으면서 속도를 높일 줄 알았다. 광주로 난 도로 위에는 차량들이 버려져 있었다. 연료가 떨어진 걸까, 아니면 고장이 나서 버려진 걸까? 우리는 남평 파출소와 비슷한 규모의 불탄 파출소 옆을 지났다. 농민들이 남녀 할 것 없이 도로 주변으로 몰려나와서 지나가는 우리 오토바이를 포함한 차량에 박수와 환호를 보냈다. 나는 사람들을 향하여 손을 흔들었다. 지금 내 앞에 전개되고 있는 모습은 '폭도 학생들'과 '깡패' 그리고 '북한의 사주를 받은 불순분자들'의 소행이라는 군부의 발표와는 전혀 어울리지 않았다. 학생들은 보이지 않았고, 대부분 나이 든 농민들이었다.

광주에 들어가기 전 일 킬로미터 정도 떨어진 곳에서 오토바이를 세웠다. 감사 인사를 하고 걷기 시작했다. 의외로 조용하고 평화로웠다. 군인은 없었다. 군인들이 없다면 이 지역을 누가 통제하고 있는 것일까? 비록 외곽 지역이지만 군사 정부의 영향을 느낄 수 없었다. 남평에서 만난 사람들 말에 의하면 군인들은 이보다 더 멀리 떨어진 지역으로 퇴각했다는데, 그렇다면 광주와 전남 지역 밖까지일 가능성도 충분했다. 전화를 할 수 없으니 상황이 어떻게 전개되고 있는지 도무지 알 도리가 없었다. 전두환이 지금도 군을 지휘하고 있는지도 알 수 없었다.

그때 헬리콥터가 큰 프로펠러 소리를 내며 머리 위로 날았다. 몸을 숨겨야 할지 판단이 잘 서지 않았다. 군용 헬리콥터라는 걸 확인하자 전두환의 군인들이 여전히 이 지역을 장악하고 있다는 것을 알았다. 광주 쪽으로 계속 걸었다.

광주와 농촌의 경계 근처에 도착했을 때쯤에도 주위는 조용했다. 가로수가 바람에 바스락거리는 소리가 전부인 한적한 교외였다. 그런데 갑자기 군중들이 외치는 소리가 들리면서 정적이 깨졌다. 대형 군용 트럭이 철로 옆 가드레일을 들이받고 전복돼 있었다. 트럭에서는 연기가 나고 연료가 새어나오고 있었으며 주변으로 불꽃이 튀어 올랐다.

근처 주유소에는 버스, 트럭을 비롯해서 각종 군용 차량들이 어지럽게 모여 있었다. 한시라도 더 빨리 연료를 채워 도로로 나서고 싶은 차량들로 가득했다. 남평에서는 사람들이 무기를 소지하는 문제로 논쟁이 있었는데, 여기는 분위기가 완전히 달랐다. 이 차에서 저 차로, 이 사람에게서 저 사람에게로 무기들이 전달되고 있었다. 대부분 아주 단순한 기본 화기들이었지만, 엄청나게 많은 무기였다. 긴장감이 몰려왔다. 나는 아직 전투 현장 속으로 들어갈 준비가 되지 않았다.

주유소에서 가까운 가게에 들렀다. 가게 밖에 놓인 플라스틱 의자에 앉아 미지근한 콜라를 마셨다. 지금의 이 모든 사태들을 도대체 어떻게 이해해야 할까? 수없이 오가고 있는 이 많은 차량들은 도대체 어디서

와서 어디로 가는 걸까? 주유소에서 주유를 마친 사람들은 기름값을 계산하지 않았다. 주유소는 완전히 무료였고 기름은 금방 바닥날 것 같았다.

빈 콜라병과 잔돈을 아주머니에게 건넸다. 연료는 공짜였으나, 콜라는 아니었다. 다섯 시가 가까워 오고 있었고 이제 결정을 해야 했다. 광주 시내로 들어가는 게 좋을까 아니면 다시 집으로 돌아가야 할까? 광주 시내로 들어간다면 팀의 집으로 가야 했다. 택시와 버스는 다니지 않았다. 그렇다고 학생들이 타고 다니는 군용 트럭이나 버스를 얻어 탈 생각은 없었다. 광주 몇몇 곳은 아직 군인들이 지키고 있다고 하는데 그건 여전히 물리적 충돌 가능성이 있다는 이야기였다.

나는 급박하게 전개되고 있는 이 사건들로부터 감정적인 거리를 유지하기 위해서 애썼다. 내 마음속 깊은 곳에서는 군인들이 자행한 학살의 공포와 군인들의 퇴각이 준 흥분이 뒤엉키며 이 항쟁에 열광하고 있었다. 그러나 나는 그럴 수만은 없는 처지였다. 한국에 계속 있으려면 냉정을 유지하고 객관적인 관찰자로 남아 있어야만 했다.

일어서서 배낭을 둘러맸다. 그때 소총 소리가 공중을 갈랐고 깜짝 놀라 엎드렸다. 가게 아주머니도 짧은 비명을 지르더니 땅에 엎드렸다. 잠시 후 고개를 들고 보니 시위대들이 자축의 의미에서 공중에 대고 쏜 총소리였다. 나는 미안한 표정을 지으며 일어났고 집으로 가는 게 좋겠다고 결정했다. 가는 도중에 배가 고플 것 같아 비스킷을 몇 봉지 샀다. 총소리에 놀란 가게 아주머니가 동전을 받아 들면서 잘 생각했다고, 어서 집으로 돌아가라고 재촉했다.

"오늘 저녁에 군인들이 다시 쳐들어온답니다. 군인들이 사람들을 많이 죽일 거예요."

아주머니는 겁에 질린 듯 손을 떨었고, 내가 방금 전 건넨 동전도 떨어뜨릴 뻔했다.

"정말 안됐습니다."

나는 어깨를 축 늘어뜨리며 위로했다. 내가 할 수 있는 것이라곤 이게 전부였기 때문에 이 짧은 말을 전달하는 건 정말 고통스러웠다. 걱정으로 가득 찬 아주머니의 얼굴에서 나는 내 어머니의 눈을 보았다. 앞으로 다가올 비극과 그 비극의 공포를 이미 알고 있다는 듯 깊고 형용할 수 없는 눈이었다.

발길을 돌려 남평과 나주 가는 길로 터벅터벅 걸었다. 도로에는 시위용이 아닌 일반 차량도 몇 대 눈에 띄었다. 담배 상자를 싣고 남평 쪽으로 향하는 작은 픽업트럭이 다가오는 것을 발견하고 세웠다. 짐칸에 올라타 담배 상자 사이에 몸을 거의 끼워 넣다시피 했다. 도로 양쪽으로 집으로 일찍 돌아가는 농민들이 보였다. 집 밖으로 나오는 사람들은 거의 없었다. 광주로 오면서 본 은행나무와 평화로운 논을 다시 지나고 있었지만 마음은 전혀 진정되지 않았다.

남평은 조용했다. 도로는 깨끗했다. 사람들이 부숴 버린 소총 더미도 보이지 않았다. 사람들은 평화롭게 저녁을 먹거나 가족들과 함께하기 위해서 다들 집으로 돌아간 듯했다. 하지만 박 씨 가게를 포함하여 대부분의 상점들은 여전히 문을 닫은 상태였다. 오늘의 사건은 이제 역사의 일부였다. 어떻게 기억될까? 혼자 호혜원으로 돌아가는 길은 여러 생각을 하도록 만들었다. 도대체 무슨 일이 일어났으며 앞으로 어떻게 전개될 것인가? 전화가 불통인 탓에 평화봉사단 동료들에게 아무런 정보도 얻을 수 없었다. 통화가 가능했다고 하더라도 정신이 없어서 무슨 말을 해야 할지도 몰랐을 것이다.

아, 이런! 광주에 도착했을 때 공중전화를 찾아서 학생들과 통화했어야 하는데 까맣게 잊고 있었다. 학생들의 이름과 전화번호가 가방 속에서 애타게 기다리고 있었는데 전혀 기억하지 못한 것이다. 호혜원에 도착할 때쯤 결심했다. 내일 아침, 자전거를 타고 지름길을 택해서 나주의 보건소로 가서 서울의 평화봉사단 본부로 전화가 가능한지 확인하고, 만약 서울로 전화가 안 되면 광주로 다시 갈 것이다.

황혼의 어스름한 빛을 받으며 호혜원에 도착했을 때 나는 너무 지치고 허기졌다. 학생들과 통화를 못한 채 김 씨와 마주칠 생각을 하니 마음이 무거웠다. 사실대로 설명하는 것보다 일단은 거짓말로 둘러대는 게 나을 것 같다는 생각이 들었다. 내일은 확실히 통화할 수 있도록 해야 했다.

아까 먹었던 콜라와 비스킷은 이미 효력을 다했다. 아끼지 않고 달걀 세 개를 풀어 오믈렛을 만들고 삶은 고구마를 곁들여 저녁을 해결했다. 카세트 플레이어에서는 다이어 스트레이트의 노래가 흘러나오고 있었다. 음악은 아이다호 보이시의 그리운 집으로 나를 데려갔다. 아이다호에서의 내 생활을 떠올리면서 앞으로 어떻게 해야 할지 정리하려고 했으나 허사였다.

갑자기 못 견디게 누군가와 영어로 대화하고 싶어졌다. 이럴 때 최선의 방법은 친구에게 편지를 쓰면서 하루를 정리하는 것이었다. 편지를 쓰기 시작했지만 내가 보고, 듣고, 느낀 모든 것을 스스로도 제대로 이해하지 못하고 있다는 것을 깨달았다. 단순하게 사건을 열거하는 정도가 내가 할 수 있는 전부였다. 그렇게라도 해야만 했다. 편지를 다 쓰고 며칠 전에 우체국에서 산 봉투와 우표 몇 장을 꺼냈다. 우표에 묻은 풀이 내 혀에 닿는 순간, 우체국에 가득 퍼지던 최루 가스 냄새와 우체국 밖의 혼란이 되살아났다. 내 손을 꽉 잡던 할머니가 떠올랐다. 군인들이 사람들을 얼마나 잔인하게 대했는지 잊지 말고 꼭 전해 달라고 했던 당부도 머릿속에 맴돌았다. 그 후 얼마나 많은 것이 달라졌나!

나는 할머니와의 약속을 지켜야 했다. 자리에 앉아 다시 쓰기 시작했다. 쓰고 또 써 내려갔다. 모국어로 대화하고 싶은 욕망이 살아났다. 나는 더 많은 사실을 알고 싶었고, 다른 관점에서 이 일을 보고 싶었다. 과연 내가 본 것, 들은 것, 느낀 것이 전부일까? 내가 놓친 것들은 없을까? 나는 다이어 스트레이트의 카세트테이프를 뒤집었다. 내 마음은 정처 없이 방황하고 있었다.

아홉째 날

5월 22일 목요일: 항쟁의 흔적들

—

헬리콥터가 떼로 날아다니는 굉음에 귀가 먹먹했다. 도대체 지금이 몇 시지? 몸을 일으켜서 알람 시계를 보는데 눈꺼풀은 천근만근이고 시야는 흐릿했다. 새벽 두 시였다. 머리를 세차게 흔들었다. 눈앞이 핑 돌았다. 다른 소리가 끼어들었다. 트럭을 비롯한 대형 차량의 엔진 소리가 평소 닭 울음과 개 짓는 소리만 간간히 들리는 호혜원의 적막을 깨뜨렸다. 불을 켜지 않은 상태로 비틀거리며 일어나서 옷가지를 움켜쥐었다. 문을 열고 더듬거리며 샌들을 신고 밖으로 나왔다. 전날 밤으로 시간이 돌아간 것 같았다. 그 굉음은 정확히 같은 장소에서 들려왔다. 무슨 이런 경우가 다 있나. 그곳은 내가 일곱 시간 후 나주로 갈 때 지나가야 할 장소였다.

군인들이 이동하는 것이 분명했다. 군인들이 전남 지역 밖으로 완전히 철수하고 있거나 아니면 반대로 광주 쪽으로 다시 진격하고 있을 수도 있었다. 혼란과 피곤, 광주 주민들에 대한 걱정 때문에 몸이 움츠러드는 것 같았다. 방으로 다시 들어와 이불 속으로 기어들어 갔다. 날이 밝으려면 시간이 남아 있고 조금이라도 더 눈을 붙이고 싶었다.

소란이 언제 그쳤는지는 알 수 없지만 새벽이 되자 조용해졌다. 꿈에서 들은 소리일까? 아침에 마을 사무실에서 김 씨를 만났다.

"김 선생님, 안녕하세요. 어제 광주에 못 갔어요. 그래서 학생들에게 전화를 할 수 없었습니다."

김 씨가 고개를 끄덕이더니 물었다.

"어젯밤에 헬리콥터 소리 들었어요? 군인들이 광주로 다시 쳐들어갔다고 하던대요."

그는 확신 없이 말했다. 그리고 내가 가방을 멘 것을 보더니 어디 가냐고 물었다.

"나주의 보건소에 가려고요. 거기서 서울의 평화봉사단 사무실로 전화를 해 볼 참입니다."

김 씨를 만나면 나는 늘 뭔가 불편했다. 그는 키는 작았지만 무시할 수 없는 힘이 있었다. 김 씨는 마을의 경제적 번영을 이끈 인물이었고, 공동기업 형태로 운영되는 호혜원의 달걀 생산과 수집, 판매를 실질적으로 주도하는 탁월한 협상가였다. 나는 그의 신뢰를 얻기 위해 애썼지만 경제적인 면에 있어서는 내가 호혜원에 기여하는 바가 없었다. 우리 둘은 원만한 관계를 맺지 못했고, 특히 외국인인 나에 대한 그의 책임감 때문에 긴장이 고조되곤 했다. 이 정신 나간 '동그란 눈'이 문제를 일으키면 모두에게 좋지 않을 것이었다.

"고 선생님, 정말 조심하세요. 어제 무슨 일이 일어났는지 정확히는 모르지만 조짐이 좋지 않아요."

조짐이라는 단어의 뜻을 정확하게는 몰랐지만 맥락으로 봐서 뭔가 심상치 않은 일이 일어나고 있음은 분명히 알 수 있었다.

"네, 조심하겠습니다."

대답을 하고 가방을 챙겨 나갈 준비를 했다. 간단히 작별 인사를 하고 사무실을 나와 자전거를 타고 마을 밖으로 나왔다. 나에게는 일종의 사명감이 있었다. 지금 거기서 무슨 일이 일어나고 있는지, 무엇을 해야 하는지, 그리고 어떻게 도울 수 있는지 알아야만 했다. 호혜원에서는 고립감과 무력감만 느껴졌다.

옷가지와 세면도구 등을 더 넣기 위해 카메라를 뺐는데도 등에 멘 가방은 어제만큼 무거웠다. 언제나처럼 사전은 쉽게 꺼낼 수 있는 곳에 넣었다. 전날 몇 장의 사진을 찍기는 했으나, 혹시나 내가 찍은 사진이 군인들이 사람들을 체포하는 데 사용되지나 않을까 두려웠다. 메모용 공책도 잊지 않고 챙겼다. 공책에는 날마다 새로 배운 한국어 단어와 문장들이 빼곡하게 적혀 있었다. 지난주에는 '항쟁', '불순분자', '찢어 죽이자' 등과 같은 단어가 새롭게 등장했다. 그때그때 상황이 발생할 때마다 작은 글씨로 촘촘하게 쓴 탓에 알아보기도 힘들었고, 공책도 거의 꽉 찬 상태였다.

나주로 가는 지름길로 들어섰다. 내가 가장 좋아하는 길이었다. 논두렁은 좁았지만 걷기에 별 문제는 없었다. 그러나 자전거를 타고 가려면 신경을 많이 써야 했다. 특히 논두렁 여기저기에 뚫린 물꼬를 피해 가기가 쉽지 않았다. 자전거를 끌고 걷기 시작했다. 이쪽에서 저쪽으로 발을 옮기다가 잘못하면 발목이 삘 위험이 있었다. 자칫하면 지름길로 가려다 축축한 논바닥에 자전거와 함께 얼굴을 처박은 최초의 평화봉사단원이 될 수도 있었다.

길을 살피면서 한 발 한 발 조심스럽게 걸음을 옮겼다. 생각했던 것보다 빨리 포장도로로 연결되는 작은 흙길에 들어설 수 있었다. 다시 자전거에 올라탔다. 지난밤 잠을 깨운 요란한 소리가 났던 포장도로로 들어서는 데는 채 십 분도 걸리지 않았다. 산포면의 아침은 조용했다. 도로는 깨끗하게 청소돼 있었다. 도로에는 나처럼 낡은 자전거를 타고 다니는 나이 든 사람들만 보였다. 비행기 활주로로 사용되는 넓은 포장도로는 서쪽뿐만 아니라 남북으로도 뻗어 있었다. 지난밤 그 소란의 흔적을 어디서도 찾을 수 없다는 사실이 조금 당혹스러웠다.

자전거를 세우고 잠시 서서 주변을 천천히 둘러보았다. 머리를 들어 얼굴에 햇볕을 받으면서 이 비현실적인 적막을 불과 대여섯 시간 전에 상상했던 장면과 일치시키기 위해 노력했다. 그때 젊은 여자를 뒤에 태운 중년 남자가 뒤쪽에서 다가왔다.

"한번 하실래요?"

여자가 물었다.

"아니요."

나는 간신히 대답했다. 처음 겪는 일이라 너무 당황해서 어찌해야 할지 몰랐다. 그 남자와 여자는 웃으면서 비켜나더니 다른 남자를 찾아 내게서 멀어졌다. 모든 도시마다 홍등가가 있었지만 도로 한가운데서 호객 행위를 당한 것은 처음이었다. 저절로 고개가 절레절레 흔들어졌다.

나주로 가는 나머지 십 킬로미터 정도의 길은 쾌적했다. 태양은 따사롭게 비추고 있었고 공기는 맑고 상쾌했으며 포장도로는 자전거 타기에 최적의 상태였다. 시내로 들어가는 다리를 건넜다. 자전거 속도를 줄였다. 예전의 나주가 아니었다. 큰 경찰서 건물은 검게 그을린 채 텅비어 있었다. 도로는 깨끗했으나 무서울 정도로 조용했다. 보건소 근처에 있는 작은 경찰 초소는 부서진 돌무더기가 되어 있었다. 도로에는 아무도 없었다. 시위대를 실어 나르는 유리창 깨진 버스도 보이지 않았다. 항쟁의 흔적은 없었다. 승리를 자축하며 환호하는 함성도 없었다. 지난밤 또 무슨 일인가 벌어진 게 분명했다.

바로 앞의 보건소 건물도 다르지 않았다. 자전거를 세우고 내렸다. 보건소 지하는 늘 환자들로 붐비곤 했는데 오늘은 텅 비어 있었다. 이 진료소에는 나병 관련 의료 장비가 없었던 탓에 여기에서 시간을 오래 보내지는 않았다. 일 년 전 여기에 왔을 때 깜짝 놀랐었다. 나주에는 천 명이 넘는 나환자가 있었기 때문에 당연히 관련 의료 시설이 있을 것이라고 생각했다. 후에 진료 시설에 '나병 치료소'라는 표시가 있으면 다른 환자들이 오기를 꺼린다는 사실을 알게 되었다.

위층으로 올라가 동료 직원들을 찾았다. 그들은 나를 보자마자 모여들어 나주에서 있었던 일들을 말해 주었다. 나주에서는 고등학생들을 포함하여 많은 사람들이 시내에서 시위를 벌였고, 광주 및 다른 지역에서 온 학생들도 가세했다고 했다. 이 과정에서 경찰서가 불에 탔고 경찰서를 지키던 파견대가 철수하게 된 것이다.

"우리 학생들이 정말 자랑스러워요."

보건소 간부 직원 한 사람이 말했다.

"다친 사람은 없어요?"

군인들이 광주에서처럼 무자비하게 대응하지 않았을지 걱정되었다.

"없어요. 광주와는 달랐어요."

광주의 학살 소식을 잘 알고 있다며 그가 대답했다.

"어젯밤 산포에서 무슨 일이 있었나요?"

"글쎄, 잘 모르겠는데. 뭘 봤어요?"

"아무것도 보지는 못했지만, 엄청난 소음을 들었어요."

"그래요? 지난밤에 수많은 군인들이 그쪽으로 착륙했다는 이야기가 있었어요."

"저도 트럭 엔진 소리를 들었어요."

"네, 군용 트럭 여러 대가 나주를 통과했어요. 이 군인들이 어디에서 왔는지 모르겠어요."

결핵과 직원이 대답을 거들었다.

"지금 군인들은 어디에 있나요?"

"모르겠어요. 모두들 무서워서 밖으로 돌아다니지 못해요. 젊은 사람들은 집 안에 있으라고 단속하고 있고요."

아무리 대화를 나눠도 알 수 있는 것이 별로 없었다. 보건소 직원들
도 나만큼 사정을 잘 알지 못했다.

"전화는 되나요?"

"아니요."

내 물음에 간부가 대답했다. 모여 있던 다른 직원들도 동시에 고개를
가로저었다. 서울로 전화는 불가능했다. 나는 숨을 깊게 마신 다음 천
천히 내쉬었다. 서울 평화봉사단 사무실에 전화를 해서 내가 목격한 사
실을 전하고 다른 지역의 소식도 알고 싶었다. 앞으로 어떻게 해야 할
지에 대해서도 지침이 필요했다.

"광주로 가실 계획이세요?"

나병 담당인 박 선생이 물었다.

"네, 그럴 생각입니다."

결심을 굳힌 듯한 표정으로 대답했다. 내 말을 듣던 직원들은 숨을
크게 들이쉬었다. 박 선생과 간부는 서로를 바라보며 고개를 끄덕였다.

"조심하세요."

모두의 얼굴에는 걱정이 가득했다.

"네, 그렇게 하겠습니다."

"미스 김은 지금 광주에 있어요."

박 선생이 미스 김 이야기를 해 주었다. 내가 일 년 전 나주로 왔을
때, 미스 김은 조금이라도 의사소통이 될 수 있도록 돕는 내 한국어 담
당이었다. 평화봉사단에서 어학 훈련을 마쳤고 미스 김의 도움이 있었

음에도 일상생활에서 한국말만으로 생활하기에는 아직도 갈 길이 한참이라는 사실에 좌절하기도 했다. 그러나 날마다 좌절을 겪는다고 해서 한국어 실력이 향상되는 것은 아니었다.

아래층으로 내려와 다시 자전거를 타고 왔던 길을 향해서 페달을 밟기 시작했다. 남평을 거쳐서 종착지인 광주로 향하는 길이었다. 같은 다리를 건넜고, 다시 산포를 거쳐서 남평으로 향했다. 간밤 후에 무슨 일이 있었는지 궁금하긴 했으나 남평에 멈추지 않고 바로 광주로 향했다. 어두워지기 전에 광주에 도착해야만 했다.

정오쯤 나는 우연히 어떤 사람과 함께 언덕길을 오르기 시작했다. 날은 점점 더워지기 시작했고, 변속기 없는 자전거로 가파른 언덕을 오르기는 정말 힘들었다. 언덕길만 보면서 페달을 겨우 밟아 조금씩 앞으로 나아갔다. 몇 분 후 주변을 돌아보니 그 사람은 간데없고 나 혼자였다.

헥헥거리고 비틀거리면서 정신없이 언덕길을 올라가다가 위를 쳐다보고는 깜짝 놀라 자전거에서 나자빠질 뻔했다. 삼 미터쯤 앞 도로 가장자리 도랑에 잠복해 있던 대여섯 명의 군인들이 일시에 소총으로 나를 겨누고 있었다. 나는 자전거 균형을 다시 잡으면서 침착함을 잃지 않으려고 노력했다. 너무 놀라서 한마디도 할 수 없었다. 자전거 위에 똑바로 앉아 계속해서 페달을 밟았다. 정지 신호가 없으면 그대로 지나갈 생각이었다. 다른 생각은 도무지 할 겨를이 없었다. 가능한 한 빨리 군인들로부터 벗어나는 게 목표였다. 등에서는 땀이 흘러내렸고, 셔츠는 축축해졌으며, 심장은 터질 듯 쿵쾅렸다. 다리가 뻐근한지도 몰랐다. 군인들이 무슨 말을 했더라도 제대로 알아듣지도 못했을 것이다.

자전거에 몸을 밀착시키고 앞으로 가면서 무슨 일이 벌어질지 몰라 온 신경이 곤두섰다. 군인들을 지나 백 미터쯤 앞으로 갔을 때, 심장 고동은 조금씩 안정을 찾기 시작했으나 등줄기에서는 여전히 땀이 흘러내리고 있었다. 마음을 진정시키기 위해 자전거 페달 밟는 수를 세기 시작했다. 앞에 막힌 도로가 보였다. 도로 한가운데 녹색 택시 한 대와 군용 트럭 한 대가 서로 마주 보고 있었다. 그 사이로 자전거 통행은 가능했다. 가까이에 도착했을 때 차체에 총알 자국이 숭숭 뚫려 있는 것을 발견했다. 유리창은 다 깨져 있었다. 믿기 힘든 장면에 눈은 휘둥그래졌고 심장박동수가 다시 솟구치기 시작했다. 뒤쪽에 뭔가 있는지 자전거를 탄 채 둘러봤다.

별다른 건 없었다. 이 택시와 트럭에 타고 있던 사람들은 어떻게 되었을까? 군인들이 빈 차에 사격을 가하지는 않았을 것이다. 군인들이 어디엔가 숨어 있다가 나타나서 총을 쐈을까? 시신은 다 어디로 갔을까? 광주로 들어가는 다른 도로에서도 이런 사건들이 벌어진 건 아닐까? 생각이 여기까지 미치자 극도로 심란해졌다.

나는 침착하게 행동했다. 더 이상 놀랄 일이 생기지 않기를 바랐다. 언덕길 위 꼭대기를 보니 도로를 본격적으로 봉쇄하기 위해 총알구멍이 가득한 차량 여러 대로 만든 바리케이드가 보였다. 군인 네 명도 함께 였다. 계속 가야 하나? 아니면 돌아가야 하나? 계속 앞으로 나아갔다. 나는 온전히 혼자였다.

소총을 멘 군인 네 명이 차량 옆에 서 있었는데 나를 보더니 나보다 더 놀란 표정을 지었다. 전부 똑같이 생긴 군복을 입고 선글라스를 착용하고 있어서 얼굴을 거의 알아볼 수 없었다. 그들을 가까이서 마주하자 증오가 솟구쳤다. 나의 이 감정은 며칠 전 광주 버스 터미널에서 젊은이를 구타하던 군인을 본 이후에 생긴 것이었다. 하지만 지금은 그들과 대화를 나누거나 항의할 때가 아니었다. 자전거 속도를 그대로 유지하면서 아무 말 없이 그들 사이를 빠져나왔다. 마치 군인들을 전혀 개의치 않는 듯 행동하면서 오직 앞만 보고 페달을 힘껏 밟았다.

두려움과 격렬한 운동이 더해져서 심장은 터질 것만 같았다. 자전거가 그렇게 고마울 수가 없었다. 비록 낡고 삐걱거리는 자전거지만 군인들로부터 재빨리 벗어날 수 있게 해 주었다. 나는 뒤돌아보지 않았다. 언덕 꼭대기에 도착하자마자 최대한 속도를 내기 시작했다. 군인 초소로부터 멀어질수록 더 힘차게 페달을 밟았다.

광주까지는 아직 십 킬로미터 정도 더 남아 있었다. 가는 길에 숲속에 매복하고 있는 군인들을 더 만나게 되지 않을까 생각했지만 개의치 않기로 했다. 페달을 밟는 내 다리에 모든 걸 맡기고 무조건 전진하기로 했다. 군인들이 나를 주시하고 있음을 눈치챘다. 나를 따라붙고 있는 눈길이 한둘이 아니라는 것도 알았으나, 이 상황에서 내가 할 수 있는 것은 없었다. 군인들이 나를 세우면 '한국어 모릅니다.'라며 못 알아듣는 척할 생각이었다.

다음 모퉁이 길을 돌자마자 예기치 않은 상황과 마주쳤다. 대형 시내버스 두 대와 소형 버스 한 대, 승용차 한 대가 도로에 널브러져 있었다. 차량 여기저기에 총알구멍이 뚫려 있었고 각종 구호가 적힌 하얀 현수막이 생기를 잃고 바람에 흔들리고 있었다. 자전거 브레이크를 밟으며 낮은 자세로 천천히 둘러봤다. 모든 차에 성한 유리창은 하나도 없었고 내부 곳곳에 핏자국이 보였다. 소리를 지르고 싶었다. 적막 속에 오직 나의 고된 숨소리만 들렸다. 가슴이 더 조여 왔다.

이럴수가. 어제 환호하던 젊은이들이 타고 다니던 바로 그 버스였다. 어제 늦게 담배 실은 트럭의 짐칸을 얻어 타고 똑같은 장소를 지나왔었다. 그때 트럭 짐칸에서 본 버스 중 한 대가 틀림없었다.

길 한가운데 자전거를 팽개치고 털썩 주저앉았다. 무릎 사이에 머리를 파묻고 한동안을 멍한 상태로 있었다. 눈을 감고 있었으나, 어제 아침 남평으로 들어오던 젊은이들의 모습이 계속 떠올랐다. 성취감과 열정이 넘치던 청년들. 그들은 한국의 미래였다!

고개를 들고 하늘을 올려다보았다. 머리가 조금 맑아지는 것 같았다. 비옥한 흙, 아직 어린 벼, 어디서 왔는지 알 수 없는 싱그러운 초록의 향기가 코를 스쳤다. 믿기지 않을 정도로 괴리감이 느껴졌다. 거짓말처럼 사람의 그림자는 없었다. 마치 영혼들이 이곳을 접수한 것 같았다. 햇살이 따뜻하게 나를 비추고 있었고, 새는 지저귀고, 은행나무의 여린 잎은 바람에 팔랑이고 있었다. 과연 누가 여기에서 있었던 일을 목격했을까? 육신 없는 영혼들은 이 장면을 증언하지 못할 것이다.

나는 다시 일어나 자전거에 올라 페달을 밟기 시작했다. 광주로 가야 했다. 머릿속이 복잡해서 페달 회전 숫자를 세기 시작했지만 도무지 복잡한 생각을 떨칠 수가 없었다.

"시민들이 시위하는 게 무슨 잘못이라고 이런 짓을 하는 거야?"

나는 소리를 질렀다. 이 학살을 저지른 사람들은 반드시 대가를 치러야 할 것이다. 갑자기 절망감이 들었다. 누가 과연 전두환과 그의 군부에게 책임을 물을 수 있을까? 아무도 없었다. 우체국 밖에서 할머니가 내게 했던 말이 생각났다. '당신이 증인이 되어야 한다'던 할머니가 옳았다. 지금 세계는 한국에서 무슨 일이 일어나고 있는지 모르고 있다. 버스에 타고 있던 사람들에게 무슨 일이 일어났는지는 가해자만이 알고 있다. 우리는 증인이 필요했다.

완만한 내리막길이었지만, 계속 집중해야 했다. 오른발, 왼발, 오른발, 왼발…… . 따사로운 햇살과 주변의 목가적 풍경 덕분에 복잡한 심정과 불안은 조금씩 안정되었고 다행히 광주까지의 길은 평온했다. 지난 한 시간 동안 지나오면서 마주친 군인 말고는 한 사람도 보지 못했다. 그 군인들을 '사람'이라고 할 수 있을지는 의문이었지만.

트럭이 기차선로 옆의 가드레일에 처박혀 있는 것이 보였다. 찌그러진 차체에서 더 이상 연기는 나지 않았다. 또 다른 바리케이드가 나를 가로막았다. 이번에는 군인들이 아니라 민간인들이 만든 것이었다. 나는 안도의 숨을 쉬었다. 민간인들의 바리케이드는 석탄 운반용 이륜 수레 등을 쌓아서 만들었는데 군대의 바리케이드에 비하면 허술하기 짝이 없었다. 어깨띠를 두르고 있는 몇몇 사람을 제외하면 모인 사람들은 대부분 평상복 차림을 하고 있었다.

나를 본 사람들이 깜짝 놀라면서 우르르 내 주변으로 몰려들었는데 위협적이기 보다 마치 포옹하는 것처럼 느껴졌다. 쉴 새 없이 질문이 쏟아졌다.

　"죄송합니다. 저는 한국어를 잘 못해요. 천천히 말해 주세요."

　손을 들어 상황을 진정시키면서 말했다. 나는 자전거에서 채 내리지도 못한 상태였고 온몸은 땀범벅이었다. 사람들은 천천히 말해 달라는 내 부탁을 이해했으나, 조바심 때문에 참지 못했다. 그들은 천천히 다시 물었다.

　"어디에서 오셨어요?"

　"나주에서요."

　"나주는 지금 사정이 어떤가요?"

　"특별한 일은 없습니다. 조용해요. 거기에 군인들은 없어요."

　"나주에서 여기까지 자전거를 타고 오신 건가요?"

　"네."

　"오는 길에 군인들 보셨어요?"

　"네, 약 십 킬로미터 전에 군인들이 있었어요. 그리고 버스와 차에……."

　나는 '총알구멍'이라는 한국어를 찾기 위해 잠시 말을 멈추었다. 하얀 어깨띠를 두르고 소총을 멘 청년이 다가와서 나와 자전거를 살펴보더니 심각한 표정으로 말했다.

　"우리는 새벽부터 여기를 지키고 있었어요. 광주로 들어온 사람은 당신이 처음입니다."

나는 오면서 본 부서진 버스를 설명하기 위해서 애썼다. 버스 안에 '시신은 없었다.'고 말하고 싶었지만 대신 '거기에 사람은 없었다.'고 말했다. 목소리가 잠기기 시작했고 몸을 지탱하기 위해서 자전거를 꽉 잡았다. 나는 거의 탈진 상태였다.

"우리 친구들이 그 버스에 타고 있었어요. 어제 이후로 보지 못했습니다."

또 다른 젊은이가 말했다. 그의 말에 주변은 이내 조용해졌고, 몇몇은 고개를 떨구었다. 한동안 누구도 말하는 사람이 없었다. 나는 지나온 텅 빈 도로를 뒤돌아봤다. 이 길을 따라 내려올 다음 사람이 누구일지 궁금해졌다. 그것이 무장한 군대는 아닐까 두려웠다. 어제 남평에서 본 시민들의 환희가 그리웠다. 그러나 그 환희는 이미 사라져 버렸다.

시민들의 바리케이드는 잡동사니로 만들어 비록 엉성하기는 했으나 시민들은 질서가 잡혀 있었고 체계적으로 움직였다. 그들의 얼굴에는 역력한 긴장감이 돌았으나 다들 친절했다. 하얀 띠를 두른 청년이 리더인 것 같았다. 내가 이곳을 통해 광주에 들어온 유일한 사람이었다면, 여기서 밖으로 나간 사람도 아무도 없을 것이었다. 이 중에서 몇몇은 나주를 비롯한 주변 마을에서 왔다가 다시 돌아갈 수 없는 처지가 되었을 것이다.

그들이 궁금해하는 여러 가지를 설명하는 데 삼십 분 가량이 걸렸다. 그러는 사이 진정이 되었고 상황이 좀 나아진 것 같은 느낌이 들었다. 시민들은 매우 조직적이고 헌신적이었다. 그들은 앞으로 무슨 일이 전개될지는 모르지만, 지금 여기서 무엇을 해야 할지에 대해서는 확신하고 있는 것 같았다.

　나는 광주 도심과 나주를 연결하는 대로로 나왔다. 대로는 이상하리만큼 뻥 뚫려 있었다. 거리를 오가는 사람은 거의 없었고 마치 전쟁터에 들어온 느낌이었다. 사람들은 도시의 소유권을 되찾기 위한 준비를 하고 있었다. 유리 파편이 사방에 널려 있었다. 완전히 망가진 현대 포니 택시 두 대가 갓길에 주저앉아 있었다. 자전거를 타고 가기는 쉽지 않을 것 같아 걷기로 했다.

팀의 집 대문을 두드리자 아주머니가 문을 열어 주었다. 아주머니가 깜짝 놀라더니 이내 반갑게 맞아 주었다.

　"집에는 아무도 없어. 모두들 도청 앞에서 열리는 집회에 갔거든."

　"제 자전거 좀 보관해 주시겠어요?"

　"그럼, 물론이지. 옥진이 자전거 옆에 세워 놓으렴."

　자전거를 세워 놓을 때 호혜원 사람들이 건네준 학생들 명단이 생각났다. 여전히 대문 앞에 서 있는 아주머니에게로 돌아섰다. 며칠 전과는 달리 얼굴이 밝아서 조금 안심이 됐다.

　"호혜원 사람들이 광주에 있는 자녀들 걱정을 많이 하고 있습니다."

　나는 주머니에서 학생들 명단을 꺼내 아주머니에게 건네며 말했다. 그리고 덧붙였다.

　"이 학생들이 지금 무사한지 전화를 좀 해 주실 수 있을까요?"

　"그럼, 해 볼게. 그런데 지금 막 나가려던 참이라 다녀와서 할게."

"감사합니다. 정말 감사합니다."

나는 안도의 숨을 내쉬며 인사했다.

"걱정하지 말아요. 내가 꼭 전화할 테니까."

내 감사 인사에 아주머니가 부담스러워하는 표정이었다. 나는 옥진의 어머니에 대해서 아는 게 거의 없었다. 내가 봤던 대부분의 한국 여인들처럼 왜소한 체구였고 생활력이 강한 아주머니였다. 이혼하고 아들과 함께 산다는 것 외에 특별한 것이 없었다. 큰딸은 결혼해서 분가했으나 근처에 살고 있었다. 옥진은 자기 아버지와 연락을 하지 않는다고 팀이 말해 준 적이 있었다. 아주머니는 생활비를 위해 팀을 하숙생으로 받았다. 팀을 만나러 자주 드나들면서도 아주머니와 대화할 기회는 거의 없었고, 음식을 주거나 가끔 잠자리를 제공해 줄 때 감사하다는 인사를 하는 것이 전부였다. 지난주 내내 아주머니는 자식들 때문에 걱정이 많았을 것이다. 자식은 다 자라도 엄마의 눈에는 여전히 어린아이일 테니까. 아주머니의 세상은 며칠만에 뒤바뀌어 버렸다.

팀의 집을 나와 도심으로 향했다. 며칠 전만 해도 도로에 가득했던 버스와 택시들은 모두 사라졌고, 지하도 공사를 위해 파 놓은 큰 터널 입구에 불도저 한 대만이 덩그러니 버려져 있었다. 서울의 지하도로 스며들던 최루 가스가 생각났다.

먼 곳에서 집회를 하는지 사람들의 함성 소리가 들려왔다. 왕왕거리는 마이크와 앰프 때문에 정확히 알아들을 수 없었다. 그러나 그곳의 분위기는 정확히 전달되었다. 연설자의 목소리에는 단호한 투쟁 의지와 자신감이 가득했다. 대로가 아닌 옆길을 통해서 집회장으로 향했다. 도청 앞 분수대를 중심으로 펼쳐진 광장은 사람들로 가득했다. 얼마나 많은 사람들이 모였는지 그 규모를 제대로 가늠조차 할 수 없었다.

친구들을 찾을 방법이 없었다. 찾는 걸 포기하고 집회에 열중하기로 했다. 잡음이 심한 마이크에 대고 연설을 하던 청년이 성명서를 낭독했는데, 모인 사람들이 전부 박수를 보냈다. 무슨 말을 하는지 이해하려고 집중했지만 열악한 음향 시설 탓에 알아듣기가 어려웠다. 그 상황에서 사전은 아무 소용없었다. 나는 멀리 떨어져 있었으나 군중 너머로 연설자들의 모습을 볼 수 있었다. 그들은 분수대 위에 올라가 있었다. 젊은 사람들이 주였지만 나이 든 사람들도 꽤 보였고 큰 호응을 보내고 있었다.

남평에서 오는 길에 본 총알구멍 난 차량들이 떠올랐으나, 그 장면은 마치 여기 분수대를 에워싼 군중들로부터 수백만 킬로미터 떨어진 다른 세상 같은 느낌이었다. 지금 이곳에는 환희와 열정이 가득했고 저항 의지가 불타오르고 있었다. 지난주의 공포가 발판이 되어 중요하고 거대한 어떤 것이 만들어진 것 같았다. 한국의 정치적 변화가 시작된 것일까?

친구들을 찾기 위해 다시 주변을 둘러보았다. 엄청난 인파에서도 키가 크고 금발인 팀은 금방 눈에 띌 것이라 생각했지만 쉽게 찾을 수 없었다. 어느 청년이 연설을 하는 도중에 분수대 주변에서 작은 소란이 일어났다. 몇몇 사람들이 어떤 사람을 붙잡아서 군중 사이를 뚫고 분수대 쪽으로 끌고 갔다. 사람들은 그에게 욕설을 하고 침을 뱉었는데, 군중들이 자제하지 않았더라면 폭행을 당할 수도 있는 상황이었다. 누군가가 '스파이'라고 말하는 소리를 들었는데, 짧은 헤어스타일로 볼 때 군인이 아닐까 하는 생각도 들었다.

그때 갑자기 군용 트럭 한 대가 나타났다. 모든 사람의 관심이 군용 트럭으로 쏠렸다. 트럭은 날카로운 브레이크 소리를 내며 도로 한가운데서 멈췄고 운전자가 뛰어나와 소리쳤다.

"군인들이 광주로 쳐들어왔어요. 지금 이리로 오고 있어요."

군중들이 술렁거리기 시작했다. 사람들이 근처의 골목길로 도망가기 시작했다. 나는 할머니 두 분과 함께 바깥쪽에 있었는데, 사람들이 흩어지면서 우리를 세게 밀치는 통에 다른 쪽으로 끌려갈 수밖에 없었다.

내 입에서 욕이 나오는 순간 할머니도 날카로운 비명을 질렀다. 또 다른 군용 트럭이 우리 쪽으로 오고 있었다. 우리 앞 십 미터 정도 거리에서 소총을 든 청년들이 군용 트럭을 향해서 앉아 사격 자세를 취했다. 나와 할머니는 뒤쪽에서 사람들이 계속 밀고 오는 통에 원치 않는 쪽으로 내몰리고 말았다. 할머니들은 서로 부둥켜안았으나 역부족이었다. 많은 사람들이 계속 몰려왔고 나는 할머니와 떨어지게 되었다.

"우리 편입니다. 군인들이 아닙니다!"

우리 뒤에서 대형 스피커가 웅웅거렸다. 이 알림은 사람들 사이로 바로 전달되어 군중 사이에 퍼지던 긴장은 마치 연못의 잔물결 가라앉듯 사라졌다. 청년들은 사격 자세를 풀고 소총을 어깨에 멘 다음 차분한 표정으로 철수했다. 사람들은 광장으로 다시 모여들었고 할머니들은 천천히 다른 곳으로 향했다.

주변 상황을 파악해 보려고 했지만 사람들과 말을 제대로 할 수 없었다. 상황이 워낙 다급하고 군중들은 흥분 상태인 데다가 내 어눌한 한국어 실력으로는 도저히 접근이 불가능했기 때문이었다.

잠시 주변을 둘러본 다음, 광장 쪽으로 향했다. 잠시 후 저공 비행하는 소형 비행기의 프로펠러 소리와 군중의 함성이 뒤섞여서 들려왔다. 나는 비행기 소리보다는 연설을 듣기 위해 분수대 주변으로 다시 모여드는 사람들을 지켜봤다. 몇 분 후 공기 중에 최루 가스 냄새가 가득했지만 모여든 군중들을 해산시키지는 못했다. 두 번째 비행기가 나타나서 최루 가스를 더 많이 뿌리자 사람들은 공중을 향해 주먹을 뻗었다. 최루 가스를 많이 마신 사람들이 늘어났고 그들이 집회에서 빠져나갔다.

배가 고팠다. 집에서 아침을 먹고 나온 이후로 아무것도 먹지 못했다. 팀의 집으로 돌아가면서 가게를 찾아보았다. 대부분의 가게가 문을 닫았으나, 팀의 집 근처에 가게 하나가 문을 열었고 밖에 몇 가지 물건이 진열되어 있었다. 안을 보니 두 평 정도 공간에 작은 탁자와 의자가 옹기종기 모여 있었고, 작은 뒷문이 딸려 있었다. 맥주와 음료수로 가득 찬 냉장고, 큰 담배 진열대, 과자 봉지들이 가게를 꽉 채우고 있었다.

"도청 앞 집회에 다녀오는 길이에요?"

가게 아주머니가 도청 쪽을 가리키며 물었다.

"네. 지금도 집회 중인데, 사람들은 많이 빠져나왔어요. 라면 있어요?"

최대한 배고픈 표정으로 물었다.

"있기는 한데, 오늘 시장이 문을 닫아서 양파가 없어요. 괜찮아요?"

"달걀은요?"

"몇 개 남았어요."

아주머니가 난처한 듯 대답했다.

"아, 아니에요. 그냥 라면과 김치만 주세요."

아주머니의 마지막 달걀 몇 개를 빼앗고 싶지 않았다. 아주머니는 라면을 끓이기 위해 뒷문으로 나갔다. 곧이어 냄비가 달그락거리는 소리가 들렸고, 라면 봉지 뜯는 소리와 쇠젓가락 부딪치는 소리가 이어졌다. 김치 냄새는 늦은 오후의 평범한 일상을 느끼게 해 주었다. 아주머니는 뜨거운 라면 냄비를 내 앞에 내려놓고는 작은 통에서 젓가락을 꺼내서 라면을 이리저리 저어 주었다. 내 젓가락이 라면과 김치 사이를 왔다 갔다 하며 그릇을 비우고 있을 때, 사람들이 빗자루와 양동이 등을 들고 거리를 치우고 있는 모습이 눈에 들어왔다. 나는 국물 한 방울까지 남기지 않고 깨끗하게 먹어 치웠다. 불현듯 지금 우리는 거대한 폭풍의 눈 한가운데에 있을지도 모른다는 생각이 들었다.

팀의 집에 데이브가 와 있는 것을 보고 깜짝 놀랐다. 데이브는 나주 남쪽에 있는 영암에서 봉사하고 있던 동료였다. 주디는 집으로 돌아갔다고 했다. 우리는 각자 지난 스물네 시간 동안 겪은 일들을 이야기하기 시작했다. 겪은 일들은 다 달랐으나, 충격과 분노 그리고 '도저히 믿을 수 없는' 사건을 목격했다는 점에서는 모두 일치했다.

팀 옆에 있던 옥진이 TV를 켰다. 전남 지역 밖에서 송출된 영상이 방

영되고 있었다. 아나운서는 광주의 학생들과 폭도들을 비난했고 화면은 군인들이 광주를 장악했던 며칠 전 장면을 계속 보여 주고 있었다. 아나운서가 마치 오늘 모습인 것처럼 소개해서 정말 놀랐다.

"뉴스에서 광주의 학살에 대해 뭐라고 하는지 들었어?"

팀이 나에게 물었다.

"아니. 왜?"

나는 광주 밖의 한국 사회가 광주에 대해서 어떻게 이야기하고 있는지 까마득히 잊고 있었다.

"사람들은 지금 친북 공산주의자들이 광주를 장악했다고 말하고 있어."

"뭐? 말도 안 돼!"

내가 흥분해서 소리쳤다. 너무 어처구니가 없어서 화가 머리끝까지 올라왔다. 이제까지 내가 보고 겪은 사건은 이 나라의 그 어느 곳에도 제대로 알려지지 않았던 것이다. 광주의 실제 모습은 철저하게 은폐되고 있었다.

화면에 방송국이 불타고 있는 장면이 나왔다. 아나운서는 이 화면을 소개하면서 '폭도 학생들이 공공 재산을 파괴하고 있으며 우리 군인들은 평화를 지키기 위해 노력하고 있다.'고 말했다. 군인들의 만행에 대한 언급은 전혀 없었다. 학생들에게 모든 비난이 집중되었고 북한의 영향을 받은 불순분자의 소행임을 여러 차례에 걸쳐 강조했다.

"이게 도대체 뭐야? 지난 일요일에 대해서 정부가 이런 식으로 말하는 거야?"

"맞아. 이게 정부 입장이야."

내 말에 옥진이 말했다. 나는 도저히 그 상황을 믿을 수 없었다.

"광주 밖의 사람들은 지금 무슨 일이 벌어지고 있는지 전혀 모르고 있겠네?"

"그렇겠지. 전두환은 광주를 완전히 고립시킬 계획인 것 같아."

다시 옥진이 대답했다.

악의적으로 상황을 조작한다고 생각하니 모든 것이 이해가 됐다. 방송과 현실은 완전히 달랐다. 옥진은 TV를 꺼 버렸다. 방송을 통해서 전국에 전달되고 있는 광주항쟁은 현실에 불만이 가득한 폭력적인 공산 집단에 의한 폭동이었다. 정부는 국민들이 이 거짓을 믿어 주기를 바라고 있었다.

"저 빌딩들 불타는 거 봤어? 방송국 건물이야. 정부와 전두환 군부의 사실을 제대로 알리지 않으니까 시민들이 너무 격분해서 불을 질렀어. 응분의 대가를 치른 거야."

화를 참지 못한 팀의 목소리가 카랑카랑해졌다.

"만일 한국인들이, 최소한 학생들이라도 광주의 학살 소식을 제대로 알았더라면 시위는 지금쯤 전국으로 확산됐을 거야."

"광주 시민들이 전두환의 군인들을 몰아냈다는 사실을 알게 되었다면, 그들도 그렇게 했겠지."

데이브의 말에 내가 거들었다.

그러나 서울의 방송에서는 전혀 다른 내용이 마치 사실인 것처럼 보도되고 있었다.

"이런 잘못된 소식만 접하니까 전남 사람들을 돕지 않는 거야."

팀이 탄식하듯 말했다.

"맞아. 전남에 대한 고정관념을 부풀리고 이용해 사람들을 나쁘게 몰아가 여기를 고립시키려는 거지."

데이브가 덧붙였다.

"군인들이 광주를 이 상태로 놔두지는 않을 거야. 조만간 다시 진격해 오는 건 시간문제야."

내가 말했다.

"내 생각도 그래. 문제는 군부의 의지가 아니라 시간이야. 오늘 시위를 보고 알게 되었어. 사람들은 절대 포기하지 않을 거야."

팀이 말하고 있을 때 아주머니가 밥상을 내왔는데, 나는 밥을 먼저 먹은 것을 다행이라고 생각했다. 모든 게 부족한 지금 같은 상황에 아주머니에게 부담을 주는 게 미안했기 때문이었다. 데이브와 팀이 밥을 먹고 있는데, 멀리서 총소리가 들렸다. 우리는 놀라지 않았다. 총소리에 익숙해진 것은 아니었으나, 이전처럼 충격적이지는 않았다.

"광주는 지금 외부와 고립돼서 식품 조달도 어려운가 봐."

팀이 자기 밥을 내려다보면서 말했다. 팀이 우리를 불편하게 하려는 의도로 말한 것은 아니었지만, 그 말을 듣고 나니 내가 광주에 머물러 있어야 할 이유가 없다는 생각이 들었다. 여기에서 내가 할 수 있는 것은 없었다. 나는 주방으로 가 아주머니를 찾았다. 내 마음을 전할 적당한 말을 찾지 못해서 아주머니에게 이렇게 말했다.

"우리를 도와주셔서 감사합니다."

"아이고, 무슨 말이야. 지금은 다 어려운 때인데. 여기에 이렇게 와 줘서 우리가 더 고맙지. 부탁한 전화번호로 전화했는데 학생들과는 직접 통화하지 못했지만, 다들 괜찮대."

"정말요? 정말 감사합니다."

기쁜 마음에 인사를 하니 아주머니가 고개를 끄덕였다. 한국인들은 미국인들이 습관적으로 말하는 '감사합니다'라는 말을 달갑게 여기지 않았다. 그래서 인사를 하면서도 좀 민망했다. 한국인들이 감사할 줄 모른다는 뜻이 아니었다. 한국인들은 고맙다고 말하기보다는 직접 행동으로 보여 주었다. 작은방으로 들어가니 옥진, 팀, 데이브가 그대로 쓰러져 잠들어 있었다. 나도 옷을 벗고 방 한구석에 피곤한 몸을 눕혔다.

열째 날

5월 23일 금요일: 우리는 '불순분자'

—

우리는 이불을 개서 벽 옆에 정돈했다. 아침 공기는 상쾌했다. 아주머니는 벌써 아침 밥상을 준비해 놓았다. 옻칠한 낮은 상에 쌀밥, 김치, 김, 콩나물 등이 놓여 있었다. 다리 근육이 덜 풀린 탓에 밥상 앞에서 양반 자세로 앉기가 힘들었다. 쌀밥이 담긴 그릇은 밥의 온기를 유지하기 위해 뚜껑이 덮여 있었다. 국그릇에서는 찬 아침 공기 때문에 미역국이 김을 모락모락 피우고 있었다. 밥그릇의 오른쪽에 얌전하게 놓인 수저가 나를 부르고 있었다. 김치는 물김치였는데, 투명하면서 매콤한 국물에 약간의 채소를 섞은 김치이다. 우리는 말없이 밥을 먹었고, 음식이 주는 따뜻함을 최대한 즐겼다. 한국에 오기 전 한국 음식을 접할 기회는 없었지만 쌀밥과 김치에 대해서는 알고 있었다.

도시가 고립되어 외부로부터 물자 공급이 여의치 않은 상황인데 이렇게 밥을 얻어먹는 게 미안했다. 그럼에도 불구하고 이런 호의를 물리치거나 음식 떨어질 것을 걱정해서 밥을 덜 먹었다는 사실을 알게 되면 아주머니가 크게 실망할 것이 분명했다. 내가 만난 대부분의 한국 사람들과 마찬가지로, 아주머니는 늘 예의가 있고 자상했다. 나는 밥을 다 먹어 치우고 싶었으나 삼 분의 이 정도만 먹고 남겼다. 반찬 자국이 전혀 없이 아주 깨끗한 하얀 밥을 남겼다. 한국 사람들은 남은 밥은 나중에 다시 섞어서 나누어 먹기 때문에 밥을 다 먹을 수 없으면 아주 깨끗한 상태로 남겨야 한다는 사실은 이미 오래전에 알게 되었다.

나는 데이브와 함께 새로운 소식을 들을 수 있을까 싶어 밖으로 나왔다. 하지만 거리를 걷는 동안 우리는 대답 없는 질문들과 무성한 소문들만 들을 수 있었다.

"어제 TV 뉴스가 사람들을 정말 화나게 한 것 같아."

"그렇지. 앞으로 어떻게 될까?"

내 말에 데이브가 얼굴을 찡그리면서 말했다.

"잘 모르겠지만 사람들이 도시 외곽을 포위하고 있는 군인들과 맞설 수는 없을 것 같아."

"그래. 우리가 이 사태에 개입하거나 정치적인 발언을 하는 건 위험하지만, 이제 더 이상 그럴 수 있는 수준을 넘어선 것은 분명해."

데이브가 손으로 이마를 문지르며 말했다.

"맞아. 우리가 목격자일 뿐이라고 평화봉사단 본부를 어떻게 설득할 수 있을까? 사실 우리는 우리 속마음을 알잖아. 무구한 시민을 죽인 놈들은 모두 법의 심판을 받아야 해!"

나는 치밀어 오르는 화를 억누르며 말했다. 그러나 현실적으로는 아무 도움도 줄 수 없다는 무력감만 남았다. 전두환과 그를 따르는 막강한 군부집단하에 정의는 없었다.

"우리가 무엇을 할 수 있을지 고민해 봤는데, 보고 겪은 것을 언론에 알리는 게 가장 최선인 것 같아. 그런데 지금은 정직한 언론이 없어."

"그래. 오직 거짓된 보도를 일삼는 TV만이 존재하지. 그리고 우리는 이 상황을 바꿀 수 있는 방법을 알지 못하고……."

데이브의 말에 광장 쪽을 가리키며 내가 말했다.

우리는 버스 정류장 근처까지 걸었다. 그때 소형 비행기 소리가 들렸고 우리의 관심은 그쪽으로 쏠렸다. 또 최루 가스를 뿌리려는 걸까? 하늘을 올려다보니 비행기에서 살포한 유인물들이 쏟아져 내리고 있었다. 잠시 후 동네 꼬마들이 대문을 열고 소리를 지르며 거리로 몰려나왔다. 학교는 이미 휴교 상태였고 아이들은 아무것도 모른 채 그저 자유를 만끽하고 있었다. 아이들은 하늘에서 떨어지는 유인물을 서로 먼저 잡으려고 이리저리 뛰어다니며 즐거워하고 있었다. 누가 더 많은 유인물을 줍는지 시합을 하기도 했고, 하늘에서 팔랑거리며 내려오는 유인물을 잡기 위해 허공으로 뛰어오르며 깔깔댔다. 차가 없는 광장은 완전히 아이들의 놀이터였다. 시간이 지나면서 아이들 숫자는 점점 늘어났다. 마냥 즐거워하는 아이들 모습과 광주의 비참한 현실이 극명한 대비를 이루고 있었다.

아이들처럼 유쾌한 표정은 아니었으나 길에 나와 있는 어른들도 유인물을 잡으려고 뛰어다녔다. 데이브와 나도 가까스로 몇 장의 유인물을 잡아 들고는 서로를 쳐다보며 잠시 킥킥거렸다. 우리는 엄청나게 많은 유인물을 주운 꼬마 둘을 부럽다는 눈길로 째려봤다. 둘은 잠시 움찔하는 표정으로 뒤로 물러서더니 이내 웃으면서 달아났다.

데이브는 나보다 몇 개월 전에 한국에 왔으나, 우리는 여전히 사전이 있어야만 해석이 가능했다. 유인물의 내용은 '불순분자'들이 광주에 침입해서 선량한 시민들을 선동하고 있다는 것이었고 폭도들과 북한의 행위를 비난하고 있었다. 또한 광주 시민들에 대한 위협과 경고 문구 외에도 모든 무기를 즉각 반납하라는 요구가 적혀 있었다. 즐거워하던 아이들 모습은 잊고 우리는 다시 팀의 집으로 향했다.

"이런 경고가 사람들의 마음을 바꿀 수 있을 거라고 생각한다면 미친 거지."

데이브가 역겨운 듯 말했다.

"맞아. 지금 시민들의 상태가 어떤지 전혀 모르는 것 같아. 학살에 대한 사과는 전혀 없잖아."

내 생각에도 광주 사람들이 순순히 무기를 반납하고 군인들에게 항복할 것 같지는 않았다. 군인들은 막강한 화력으로 광주 외곽의 여러 소규모 도시를 침묵시켰으나, 광주 시민은 그렇게 쉽게 물러서지는 않을 것으로 보였다. 그리고 항쟁을 이끌고 있는 대학은 소도시가 아닌 광주에 있었다. 군인들이 '불순분자'들을 색출하기 위해서 농촌 지역의 집들을 수색하고 있을지 궁금했다. 광주를 제외한 전남 전 지역으로 통제 범위를 넓혔을까?

"전두환은 여기서 무슨 일이 일어나고 있는지 알고 있을까?"

데이브가 물었다.

군인들이 광주에서 전부 퇴각했는데, 광주 내부 사정을 어떻게 파악하고 있는지 궁금했다.

"그는 이 학살에 대해 확실히 알아야 해. 광주에 투입된 군인들은 전두환 고향 출신이야."

"스파이. 분명히 스파이가 있을 거야."

건널목에 이르렀을 때 내가 멈춰 서며 말했다.

"뭐라고? 스파이라니?"

앞서 걷던 데이브가 뒤돌아보며 물었다.

"갑자기 생각났어. 전두환은 광주에 첩자를 심어 놓았을 거야. 여기에 스파이를 보내는 것은 어려운 일이 아니잖아. 어제 도청 광장에서 시민들이 한 명을 잡았어. 하지만 여전히 많은 스파이들이 있을 거야. 분명해."

내가 다시 걸음을 옮기면서 말했다.

"그래. 만약 스파이가 많다면 집회에 나간 우리 모습도 그들에게 발각되었겠군. 우리를 감시하고 있을지도 모르고. 그렇다면 분명히 상부에 보고되고 있을 텐데."

데이브가 약간 걱정스러운 표정으로 말했다.

"젠장, 그럴 수도 있겠네."

나는 순간 당황스러운 마음이 들어 이렇게 말했다. 내가 지금까지 무엇을 했는지 돌이켜 보았다. 나는 사태를 목격했고, 여전히 목격자로 남기를 원하고 있다. 하지만 목소리 없는 증인이 되는 것은 쓸모없고 바보 같은 짓이라는 생각도 들었다. 우리는 계속 걸었다. 우리 말고 서양에서 온 목격자가 또 있을까? 광주에는 미국에서 온 몇 명의 선교사들이 있었다. 미국 문화원 운영자도 있었다. 내가 아는 것이라고는 그게 전부였다. 나는 선교사들을 한 번도 만난 적이 없었지만 선교사들은 사태 기간 동안 꿈쩍도 못하고 있을 거라고 생각했다. 왜 그런 생각이 들었는지는 모르겠다. 미국 문화원에는 신문과 잡지 등을 읽으려고 몇 번 가 보기는 했으나 운영자는 잘 알지 못했다. 데이브는 어떻게 생각하고 있을까?

"미국 정부가 광주사태에 어떻게 관련되어 있다고 생각해?"

"모르겠어. 하지만 전두환이 미군과 모종의 협의 없이 광주로 군대를 보냈다고는 생각하지 않아."

"그래. 네 생각이 맞을 것 같아. 젠장! 그렇다면 미국이 이 만행의 공모자가 된 거잖아! 미국 대사관은 사태를 제대로 파악하고 있을까?"

"글쎄. 대사관에서 알고 있으면서도 아무 조치도 취하지 않았다면, 우리가 가만 있으면 안 되지."

데이브가 다소 격앙된 목소리로 말했다. 그러나 우리의 분노 끝에 남는 것은 아무것도 할 수 없다는 무력감뿐이었다.

집에 들러 팀과 합류해 집회가 열렸던 현장으로 향했다. 사람들이 깨진 유리와 파편을 치우고 있었다. 광주는 사태 이전의 모습을 찾아가는 것처럼 보였다. 깨끗이 청소된 길을 보면서, 광주시가 사람을 고용해서 청소할 만한 여력은 없을 것이라고 생각했다. 이런 활동은 시민들이 자발적으로 하고 있는 것이 틀림없었다. 이런 일을 누가 준비하고 운영하고 있는지 궁금했다.

아직 이른 시간이었기 때문에 작은 가게들은 여전히 문을 닫은 상태였다. 앞에 분수대 광장이 보였고, 그 뒤로 도청이 자리 잡고 있었다. 광장은 사람들로 꽉 차 있었으며, 도청 건물 정문 쪽에 여러 개의 탁자가 놓여 있었다. 사람들이 그 앞에 줄을 지어 있었는데 탁자마다 대학이나 기관 등의 이름이 적힌 안내판이 붙어 있었다. 탁자에 앉아 있는 청년들은 줄을 서 있는 사람들에게 뭔가를 묻고 받아 적고 있었다. 각각의 줄에는 최소한 백 명 이상의 사람들이 대기하고 있었다. 자원봉사자 접수를 받는 창구였다. 등록은 매우 질서 정연하게 이루어졌고, 모든 사람에게 청소 등을 비롯해 각자 자기들이 맡아서 해야 할 임무가 주어졌다. 사람들은 자발적으로 시민 정부를 결성하고 있었다. 일을 배정받은 사람들은 도청 정문 안으로 들어갔다. 무기를 소지하고 있는 사람들은 팔에 하얀 견장을 착용해 긴급 출동을 위해 무장한 시민임을 표시했다.

어제 집회에서 무기를 비롯한 물자의 관리 및 보급 등과 관련된 중요한 결정이 있었던 것이 분명했다. 시민들은 자발적으로 무기를 회수하여 도청 안에 보관하고 있는 것 같았다. 무기를 회수하되 군인들에게 반납하지 않은 것으로 봐서는 아침에 뿌려진 유인물이 오히려 사람들의 태도를 강경하게 만든 것은 아닐까 생각했다.

외국인인 우리는 사람들의 관심거리가 되기 시작했다. 그런 상황이 불편했다. 우리는 그저 방해물일 뿐이었다.

"나는 아무래도 자전거를 타고 다시 호혜원으로 돌아가야겠어. 여기서 내가 할 수 있는 게 아무것도 없어."

내 말에 팀과 데이브가 동시에 멈추어 서더니 나를 쳐다봤다.

"좋아. 그런데 여기서 나갈 수 있을 것 같아?"

팀이 물었다.

"자신 있게 말하긴 어렵지만 나가게 된다면 평화봉사단에 연락해서 여기서 일어나고 있는 일을 알릴 거야."

그건 광주에서 나갈 수 있는 좋은 명분이기도 했다. 심정이 복잡해지기 시작했다. 팀은 한국어 실력이 뛰어나고 광주를 잘 알고 있기 때문에 할 수 있는 일이 많지만, 나는 그렇지 못했다. 물자 사정도 넉넉하지 못한데, 남의 집에서 음식이나 축내고 있을 수는 없었다. 그렇지만 역사의 한가운데 서 있는 나 자신을 외면할 수도 없었다.

"조심해. 절대 군인들을 믿으면 안 돼, 알지?"

팀이 미간을 찡그리며 말했다.

"알았어. 절대 군인을 믿는 일은 없을 거야. 너희들도 조심해."

팀과 데이브와 헤어져 왔던 길로 되돌아가는데, 얼마 지나지 않아 청년 세 명이 내 앞을 막아섰다. 모두 안경을 쓰고 있었고 키는 나보다 작았고 전형적인 대학생처럼 보였다. 어두워지기 전까지는 집으로 가고 싶었다. 자전거를 타고 가더라도 남평으로 넘어가는 언덕길과 도로 사정을 생각하면 쉬운 일은 아니었다.

학생들이 나에게 무슨 말인가 하고 싶어 하는 것 같았다. 그들이 정중하게 인사를 했다. 그 학생들은 한국인과의 대화에 반드시 따라다니던 '스무고개' 질문 없이 바로 심각한 본론으로 들어갔다.

"당신은 군인들이 우리에게 한 짓을 보았습니까?"

학생 중 하나가 물었다.

"네, 잠깐이지만 봤습니다. 너무 잔인하더군요."

사실 동료들로부터 훨씬 더 많은 이야기를 들어서 알고 있었다. 지난 며칠간 팀을 비롯한 사람들과의 이야기를 통해서 많은 사건들을 알게 되었다. 팀은 처음 며칠의 참상 규모는 아직까지 정확히 파악되지 않았다고 했다. 사망자는 최소 백 명에서 최고 그 열 배에 달할 것으로 추정됐다. 아직까지 공식적 조사는 없었다. 군인들이 시신을 미리 처리해 버려서 제대로 파악할 수 없다는 주장도 있었다. 이 큰 지역에서 엄청난 일이 일어난 것은 확실했으나, 그 누구도 사태의 진상을 제대로 파악하지 못하고 있는 상태였다.

"미국 정부가 전두환을 돕고 있습니까?"

다른 학생이 물었다. 학생의 말투는 호전적이지 않았지만 내게는 가장 두려운 질문이었다. 정말 쥐구멍에라도 들어가고 싶었다. 내가 몇 살 더 많아 보였던 탓일까? 그들은 나에게 상당한 예의를 갖추고 있었다. 어떻게 대답해야 할까? 하지만 나도 그들처럼 광주 밖에서 무슨 일이 일어나고 있는지 정확히 모르고 있었다. 하지만 미국의 카터 대통령이 전두환의 행위를 지지하고 있으리라고는 상상할 수 없었다. 그 학생은 정확히 '서울의 미군들이 전두환을 지지하고 있는가?'라고 묻고 있는 것이었다.

"미국인들은 여러분을 지지하고 있습니다."

나는 당황스러워서 약간 더듬으며 대답했다. 내가 지금 무슨 말을 하고 있는 거지? 미국인들은 여기서 무슨 일이 벌어지고 있는지도 모르는데? 내가 지금 이 학생들에게 거짓말을 하고 있는 것 아닌가? 누가 미국과 미국인을 대표하는가?

"네. 그렇지만 당신네 정부가 이걸 승인한 거지요?"

"나도 잘 모르겠습니다."

솔직한 대답이었지만 적절하지 못한 대답이었다.

"당신 같은 외국인이 진실을 말해야 합니다. 지금 여기서 무슨 일이 일어나고 있는지 아무도 모르고 있어요. 외국은 물론이고 한국에서도 요."

다른 학생이 이렇게 말했을 때 엄청난 책임감을 느꼈다.

"네, 그렇게 하겠습니다."

대답은 했지만 깊은 수렁에 빠져 버린 느낌이었다. 나는 이미 우체국 앞에서 할머니에게 임무를 부여 받았으나, 어떻게 해야 할지 여전히 모르고 있었다. 내가 만일 이곳을 벗어나 목격한 것을 사실대로 말한다면 한국 군부는 나를 추방시킬 것이다. 그러나 나는 아직 한국을 떠날 준비가 안 되어 있었다. 내가 뭘 할 수 있을까? 나도 평화봉사단의 행동 가이드라인을 따르고 싶었다. '관여하지 말고, 정치적 행위를 하지 말라. 그 나라의 정치에 대해서 의견을 말하지 말라. 손님으로서 당신의 위치를 손상하는 행위를 하지 말라.' 하지만 이제까지 보고 겪은 사태에 대해 이런 지침을 지키는 게 가능한 것일까?

그들은 돌아서서 자원봉사자 등록 줄에 합류했다. 잠시 그들을 지켜보면서 저들은 앞으로 하얀 견장에 총을 메고 이 사태의 마지막 날까지 이 도시를 지킬 것이라는 생각을 했다. 생각이 여기에 미치자 아찔했다. 이들은 같은 한국인인 군인을 향해 총을 쏘거나, 아니면 그 자신이 총에 맞을 수도 있을 것이다. 오, 하나님! 이게 어찌 된 일입니까?

혼란스럽고 두려웠지만 일단 움직여야 했다. 자전거를 꺼낸 다음 아주머니에게 내 계획을 설명하고 출발하려고 했다. 아주머니가 달려 나오더니 삶은 달걀 두 개를 내 손에 쥐여 주었다. 사양했지만 아주머니는 물러설 기세가 아니었다. 감사하는 마음으로 받아서 가방에 넣었다. 자전거에 올라타고 페달을 천천히 밟아 도시 남쪽으로 향하는 도로로 접어들었다. 날씨는 청명하고 바람은 살랑거렸다. 거리에는 깨진 유리창도, 투석용 보도블록도, 불탄 차량도 없었다.

자전거를 타고 가는 내내 침착했고 머릿속은 계획으로 가득했다. 어제 광주로 들어온 길을 거슬러 갈 생각이었다. 언덕 위에 군인들이 설치한 차단 시설을 통과하여 남평으로 내려간 다음, 비포장도로를 이용해서 호혜원으로 가는 것이다. 간단한 일이었다.

철도 선로에는 이틀 전에 전복된 상태로 연기를 내뿜던 트럭이 그대로 있었다. 선로 건너에는 소총을 메고 하얀 견장을 찬 몇몇을 포함한 수많은 사람들이 약간 무질서한 상태로 모여 대화를 나누고 있었다. 손

시위대가 시내 상황 점검과 질서 유지를 위해 순찰을 도는 모습. 노획한 차량은 주로 항쟁 참가자들
이나 물자를 실어 나르는 데 사용됐다.

시민군*과 계엄군 사이에 총격전이 있었다.

* **시민군**: 무기를 들고 계엄군에 맞서는 시위대를 시민군이라고 불렀다. 시민군이라는 용어가 언제부터 등장했는지는 확실치 않으나 당시 문건과 증언을 종합하면 시민들이 무장을 한 이후인 5월 22일부터 자연스럽게 통용된 것으로 추측된다. (역자)

시민군이 사용하던 무기는 모두 전남도청 건물에 보관되었다. 사진은 카빈 소총 등 시민군이 노획한 무기로 전남도청에 이렇게 쌓여 있다가 방어가 필요할 때 절차를 거쳐서 시민군에게 보급되었다.

© 2020 로빈 모이어

가족의 관 주위에 모여 있는 유족들

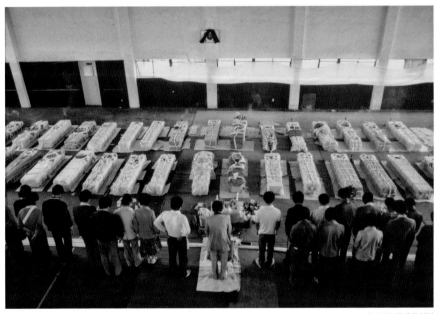

© 2020 로빈 모이어

시민들이 체육관 내부에서 매장하기 전 나란히 놓인 관을 향해 묵념하고 있다.

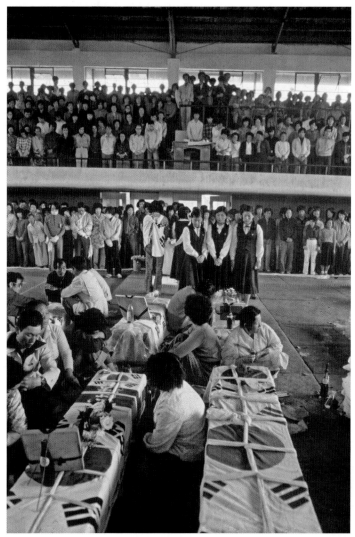

체육관을 가득 메운 문상객과 관이 항쟁의 격렬함과 잔혹함을 보여 준다.
관 앞에 서서 문상을 하고 있는 세 여고생의 모습이 애처롭다.

할머니가 전남도청 옆에 마련된 임시 분향소에서 관을 앞에 두고 울고 있다.

한 여인이 가족의 관을 끌어안고 비통하게 울고 있다.

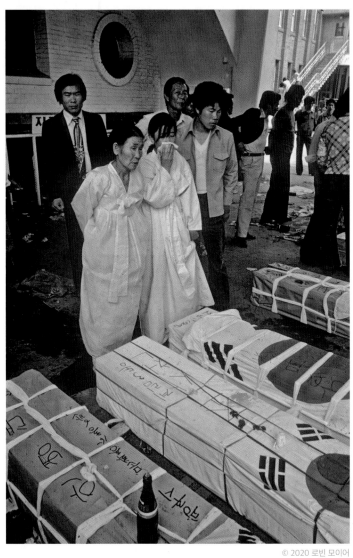

가족의 관을 가져가기 위해 시체 보관소를 찾아온 유족들

전남도청 앞 광장에서 사망자들을 매장할 곳으로 옮길 준비를 하고 있다.

남자가 서둘러 만들어진 관을 자전거에 싣고 페달을 밟고 있다. 저 관은 누구를 위한 것일까?

계엄군이 광주를 다시 점령한 5월 27일 아침, 시위대가 어디론가 끌려가고 있다.

불에 탄 남평 경찰서

남평읍 도로에 설치된 바리케이드

남평읍 도로에 설치된 바리케이드

남평읍의 한 논에 전복된 버스와 이를 살펴보는 주민들

항쟁의 마지막 기간 중에도 어린 학생들을 위한 교회 예배가 있었다.

광주항쟁 당시 전남 지역에 근무했던 네 명의 평화봉사단 주디 챔버린, 팀 원버그, 폴 코트라이트, 데이브 돌린저가 독일 기자 위르겐 힌츠페터와 전남대학교 병원 옥상에서 인터뷰를 준비 중이다. 영화 〈택시운전사〉로 잘 알려진 위르겐 힌츠페터 기자와의 이 인터뷰는 평화봉사단 중 팀 원버그가 맡았다.

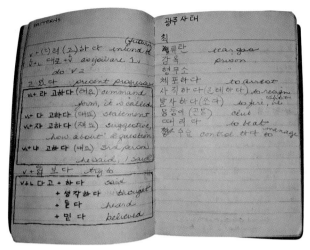

광주항쟁 관련 단어를 적어 놓은 한국어 노트

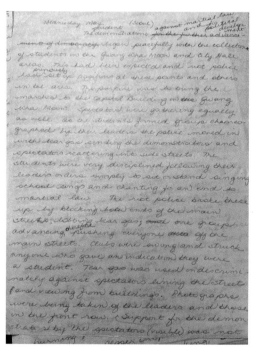

저자가 써 내려간 광주항쟁 일지

1980년 1월 호혜원의 폴 코트라이트

한국에서 첫 육 개월을 지낸 나주 보건소 근처의 숙소

주인을 기다리고 있는 자전거

연탄이 주택 현관 밖에 쌓여 있다.

수레 등으로 설치한 바리케이드는 치워져 있었다. 자전거에서 내려 끌고 가면서 군중 사이를 통과했다.

"고 선생님, 고 선생님!"

어디선가 나를 부르는 소리를 들었다. 뒤를 돌아봤더니 나주 보건소의 미스 김이 서 있었다. 그녀는 내게 다가오더니 내가 기적적으로 한국어에 능통해지기라도 한 것처럼 숨쉴 틈 없이 질문을 쏟아 내기 시작했다.

"천천히, 천천히."

나는 얼굴에 미소를 짓고 손을 연신 아래로 내리면서 그녀를 진정시켰다. 그녀는 숨을 크게 들이마시더니 차분해졌다. 늘 그렇듯이 그녀는 깨끗한 치마와 블라우스에 스웨터를 걸치고 있었다. 그러나 평상시와 다르게 굽이 있는 구두 대신 운동화를 신었다. 우리는 군중을 이리저리 밀치면서 다른 쪽으로 나왔다. 그녀는 며칠 전에 친척을 만나기 위해 광주로 왔다고 했다. 광주에서 일어난 잔인한 사건들에 대해서는 아무런 이야기를 하지 않았고, 나도 굳이 할 필요를 느끼지 못했다. 그녀는 나주 쪽 도로를 바라봤다.

"군인들이 사람들을 광주에서 못 떠나게 한대요."

이야기를 듣던 주변 사람들도 그녀의 말에 동의했다. 누구도 광주를 떠날 수 없었다.

"갑시다!"

말하고 나서 내 의지에 나 자신도 약간 놀랐다. 내가 집으로 간다는데 막을 사람이 있을까 싶었다. 용감한 걸까, 무식한 걸까, 아니면 미련

한 걸까. 어쩌면 이 모두일지도 몰랐다.

나의 단호한 결정에 미스 김은 잠깐 당황한 표정을 지었다. 그러더니 두말없이 내 자전거 뒤에 올라탔다. 남평 쪽으로 페달을 밟기 시작했다. 우리 뒤에서 사람들이 웅성거렸다. 그러나 누구도 우리를 막지는 않았다. 미스 김은 가벼웠으나, 자전거에 태우고 언덕길을 올라갈 수는 없었다. 끙끙대고 언덕길을 오르다가 지쳐서 걷기로 했다.

길은 섬뜩할 정도로 비어 있었다. 정말 아무도 보이지 않았다. 나무가 바람에 스치는 소리만 들릴 뿐이었다. 상쾌한 공기에 마음이 차분해졌다. 힘도 나는 것 같았다. 우리는 이제 살육의 현장에서 제법 멀리 떨어져 있었고 길은 깨끗했다. 습관처럼 도로 양편을 조심스럽게 살폈지만 어디에도 총을 든 군인은 없었다.

하지만 굽은 도로를 돌자마자 탱크와 군인들이 일렬로 늘어선 바리케이드가 불쑥 모습을 드러냈다. 미스 김의 헉 하는 소리에 나도 깜짝 놀랐다. 우리는 바짝 긴장했다. 서로 얼굴을 쳐다보면서 고개를 끄덕인 다음 피하지 않고 앞으로 걸어갔다. 등에서 땀이 주르르 흘러내렸다. 앞만 보고 계속 걸었다.

"나는 미국인 평화봉사단원입니다. 나주에 살고 있고 보건소에서 일하고 있어요!"

바리케이드 오 미터쯤 앞에서 나는 크게 소리쳤다. 곁에 선 미스 김을 가리키며 덧붙였다.

"이 분은 저와 같이 일하는 사람입니다."

천천히, 그러나 멈추지 않고 앞으로 걸어갔다. 통과시켜 달라고 선뜻 요청하지 못했다. 무섭기도 하고 화도 났다. 자전거 핸들을 꽉 움켜쥐고 가로로 쭉 늘어서 있는 거대한 탱크들을 바라보는데 다리가 후들거렸다. 탱크와 군인들을 번갈아 바라봤는데, 군인들은 앞을 노려보며 부동자세로 서 있었다. 포문이 광주 쪽으로 향해 있는 탱크에서 풍기는 금속성 냄새가 섬뜩했다. 탱크가 광주 시내를 덜컹거리며 지나는 모습을 상상한 적이 있는데, 바로 그 탱크가 내 앞에 버티고 있는 것이다. 이런 엄청난 무기를 어떻게 같은 말을 하고 같은 역사를 공유하고 있는 사람들의 가슴을 향해 겨눌 수 있을까? 이 탱크에 탄 군인들은 무슨 생각을 하고 있을까? 그들도 나라를 생각하는 마음은 광주 사람과 같지 않을까?

우리가 걸어온 길의 평온함과 아름다움은 점점 뒤로 멀어지고 있었다. 주변의 모든 움직임에 촉각을 곤두세웠다. 우리는 군인들과 기관총이 버티고 있는 무시무시한 봉쇄선 바로 앞에서 멈췄다. 미스 김은 말없이 내 뒤에 바짝 붙었다. 나는 같은 말을 계속 반복했고, 특히 '미국인'이라는 단어를 강조했다.

"통과할 수 없습니다. 돌아가세요!"

나와 가장 가까이 있던 군인이 소리쳤다. 군인들은 복제품처럼 전부 똑같은 군복을 입고 똑같은 선글라스를 쓰고 있었다.

"왜 나주로 갈 수 없습니까?"

다소 격앙된 목소리로 내가 물었다. '왜 광주 사람들을 죽였습니까?' 나는 이렇게 외치고 싶었지만 군인들과 탱크의 위압적인 모습에 겁이 났고, 미스 김은 더 말할 필요도 없었다. 그 군인은 계속 우리를 노려봤다. 나는 군인의 선글라스를 확 잡아채서 밟아 버리고 싶었다.

"우리는 일이 있습니다. 진료가 필요한 나환자들이 있어요."

"아무도 광주를 떠나게 하지 말라는 전두환 장군의 명령입니다."

선글라스를 쓴 군인이 말했다. 그의 입술은 거의 움직이지 않았고 미동도 없이 꼿꼿하게 버티고 서 있었다. 그의 얼굴은 백지상태였다. 몇 분이 흘렀으나 아무도 움직이지 않았다. 내 셔츠는 땀으로 등에 완전히 달라붙어 버렸다. 군인들이 내 땀자국을 보지 않았으면 좋겠다는 생각을 했다.

"고 선생님, 그냥 가요."

미스 김이 내 셔츠를 잡아당겼다. 마지못해 고개를 돌려서 그녀를 봤다. 그녀는 나보다 상황을 더 잘 이해하고 있는 것 같았다. 그녀를 향해 고개를 살짝 끄덕이고 군인들을 향해 마지막 시선을 준 다음 숨을 크게 들이마셨다. 탱크에서 역겨운 기름 냄새가 났다.

군인들은 여전히 부동자세로 그 자리에 서 있었다. 그들 눈에 우리는 성가신 파리 한 쌍에 불과했다. 그 누구도 이 선을 넘을 수 없었으며, 내가 미국인이라는 사실도 아무 소용이 없었다. 그렇다면 외국인은 이들의 총격으로부터 안전할 수 있을까? 이 군인들은 나중에 '동그란 눈'의 미국인이 광주에 있었다고 보고할 것이다.

나는 이 군인들을 이해하려고 노력했다. 그들은 아마도 내 나이 또래이거나 아니면 두어 살 정도 더 어릴 것이다. 일주 전만 해도 한국 군에 대한 생각은 아주 단순했다. 대한민국 남자들은 예외 없이 군대에 가야 하고, 알고 지내는 남자 대학생들 역시 대부분 군대를 다녀왔거나 아니면 입대를 앞두고 있었다. 다들 예의 바르고 평범한 청년들이었다. 그러나 내 앞에서 선글라스를 쓰고 있는 이 젊은이들은 달라 보였다. 광주에서 떠도는 소문에 의하면 이 군인들은 강력한 시위 진압을 위해서 특별 차출되었다고 했다. 이 군인들은 지금 광주에 공산당들이 침투해서 난동을 부리고 있는 것으로 알고 있다고 했다. 이 이유가 아니라면, 이 군인들이 동족을 향해서 이렇게 폭력을 행사할 이유가 어디에 있을까? 나는 선글라스 뒤에 가려진 이들의 눈동자를 보고 싶었다.

우리는 돌아서서 광주를 향해 터벅터벅 걷기 시작했다. 땀에 흠뻑 젖은 내 등이 군인들에게 전부 노출되었다. 마음 같아서는 얼른 자전거에 올라타고 이 빌어먹을 군인들로부터 멀리 달아나고 싶었으나, 나의 자존심이 이런 비겁한 퇴각을 허락하지 않았다. 탱크와 총이 우리 뒤를 겨누고 있으리라고 생각하니 기분이 오싹했다. 군인들 시야에서 완전히 벗어나기까지 우리는 고개를 빳빳이 들고 걸었다. 모퉁이를 돌아 시야에서 벗어나자 우리는 고개를 푹 숙였다. 말없이 걷다 몇 분 후 미스 김이 고개를 들었다.

"너무 무서워요. 앞으로 어떻게 될까요?"

"모르겠어요. 전두환은 믿을 수 없는 사람이고, 저 군인들도 마찬가지입니다."

뒤쪽을 가리키며 대답했다.

"군인들이 왜 탱크까지 동원했을까요? 우리도 다 같은 한국인들인데!"

미스 김이 이마를 찌푸리며 말했다. 내게도 그건 혼란스러운 문제였다. 어떻게 탱크를 동원할 생각을 했을까? 공포를 조성하는 것이 목적이었다면 이미 그건 성공한 셈이다. 탱크는 우리를 완전히 겁에 질리게 했으니까.

"군인들은 이 사태의 배경에 북한이 있다고 생각하는 것 같아요."

"그건 거짓말이고 저들도 그걸 알고 있어요."

내 말에 목소리 톤을 높이며 그녀가 말했다.

"네. 아마도 그들은 자신들의 행위를 정당화하기 위한 변명거리를 찾고 있을 겁니다."

그 군인은 '전 장군'을 언급했었다. 그 이름을 듣는 것만으로도 화가 났다. 그와 고위 장교들이 사람들을 신경 쓸 것 같지 않았고, 이번 사태가 결코 좋게 끝나지 않을 것 같았다.

우리는 철도 건널목 근처에 모여 있는 군중 쪽으로 다가갔다. 거기 모인 사람들이 일제히 우리를 쳐다봤다. '동그란 눈'의 외국인이 여길 빠져나갈 수 있을 것으로 생각하는 사람은 얼마나 되었을까? 사람들은 우리를 보면서 서로 이야기를 나누고 있었는데, 무슨 말인지 알아듣기는 힘들었다. 우리가 가까이 가자 사람들의 수군거림은 멈추었다. 실패가 부끄러워 고개를 푹 숙였다. 굳이 설명하고 싶지 않았다. 무력감과 당혹감만 남았다.

사람들이 자전거 주변으로 우르르 몰려들었다. 사람들은 우리를 둘러싸고 이것저것 물어보기 시작했는데, 미스 김이 제대로 대답했기 때문에 딱히 내가 보탤 게 없었다. 나는 그냥 계속 걷기만 했다.

팀의 집에 도착했을 때 온몸의 기운이 쭉 빠졌다. 팀, 데이브, 주디는 돌아온 나를 보고 깜짝 놀랐다. 나도 주디가 집에 있는 것을 보고 놀랐다. 며칠 전 주디는 여기서 한참 떨어진 자기 하숙집에서 한국인 가족들과 함께 숨어 있겠다고 했었다. 무슨 일이 일어난 것이 분명했다.

마루에 앉아서 도로를 봉쇄한 초소에서 겪은 일들에 대해 말했다.

"좋은 징조가 아닌데."

팀이 말했다.

"우리가 아무런 소용이 없다는 걸 알게 됐어. 할 수 있는 게 정말 하나도 없어. 군인들이 이대로 놔둘 것 같지 않아. 아주 오만한 놈들이야!"

억눌렀던 화가 폭발하면서 큰 소리로 말했다. 방에 있는 모든 사람들이 고개를 끄덕였다.

"맞아. 군인들이 우리를 밖으로 나가지 못하게 한다는 것은 결국 광주를 고립시킬 계획이라는 뜻이지."

팀은 계속 말을 이어갔다.

"남쪽으로도 광주를 나갈 수 없다면 다른 쪽도 마찬가지일 거야."

"군인들이 곧 다시 쳐들어올 것 같아."

데이브가 말했다.

"군은 도시 외곽을 철저하게 에워싸면서 들어올 거야. 지금 여기서 벌어지고 있는 사태는 전남 밖으로는 전혀 알려지지 않았어."

아직 두려움이 섞여 있는 내 목소리는 여전히 격앙되어 있었다.

"뭔가 달라질 거야. 데이브와 내가 오늘 독일 기자 두 명을 만났어. 어떤 식으로든 광주 소식이 밖으로 나갔을 거야. 그렇지 않으면 기자들이 여기에 있을 이유가 없지."

팀이 내 말을 받았다.

"희망적인데!"

내가 자세를 가다듬으며 말했다.

"그래. 이제 광주 소식이 조금씩 밖으로 알려지게 될 거야."

데이브가 말했다.

"듣던 중 정말 반가운 뉴스군."

"그 기자들은 광주에 어떻게 들어왔을까?"

주디가 물었다.

"기자들 말로는 고속도로가 아닌 작은 도로를 통해 들어왔다고 하더라. 한국어를 전혀 못하고, 안내해 줄 사람도 없었어. 그런데도 여기까지 왔다는 게 놀라워."

데이브가 자세하게 설명했다.

"들어오기가 나가기보다 더 쉬운 것 같아."

도로 초소의 탱크 대열을 상기하면서 내가 덧붙였다.

"기자들을 오늘 저녁 여덟 시에 만나기로 했어. 우리 이야기를 듣고 싶어 해. 통역도 필요한 것 같고."

팀이 말했다.

"기자들을 위한 통역? 괜찮을까? 우리 처지가 곤란해지는 거 아냐?"

주디가 약간 긴장한 듯한 투로 말했다.

"안 그래도 팀과 이 문제에 대해 얘기를 했어."

데이브가 말했다.

"우리가 통역을 한다는 것은 이쪽도 저쪽도 아니라는 걸 의미해. 우리는 사람들이 무슨 말을 하고 있는지 기자들이 이해할 수 있도록 도울 뿐이지."

팀이 데이브의 말을 받았다.

"좋아. 우리는 우리의 견해를 말하는 게 아니지. 기사에 우리가 언급되는 일은 없겠지?"

팀의 말에 내가 덧붙이듯이 물었다.

"그렇지. 우리는 기자들이 묻는 것과 사람들이 답하는 걸 전달만 할 뿐이야."

"팀, 전두환과 군부가 알게 되지 않을까? 도시에는 군부가 심어 놓은 첩자들이 많을 거야. 만일 우리가 기자들을 위해서 통역을 한다는 사실을 알게 되면 우리가 곤란해질 수도 있어."

팀의 말에 내가 말했다.

"전두환은 지옥에나 가라!"

데이브의 말에 우리 모두는 고개를 끄덕였다. 우리 모두는 같은 심정이었다.

"내일 독일 기자들은 팀이 일하는 병원에서 팀과 인터뷰를 하고 싶어해."

"그거 좋은 생각이네. 우리들 중 팀이 일요일 사태에 대해서 말할 수 있는 유일한 사람이잖아."

데이브에 이어 주디가 말했다.

"내가 일요일에 목격한 걸 말할 수 있다고 승낙은 했는데, 신분은 숨겨 달라고 부탁했어. 아마 광주의 어느 외국인이라고 소개할 거야."

"정말? 전두환 측 군인들이 너를 금방 알아볼 거라고 생각하지 않아? 광주에 있는 외국인들은 사실 우리가 전부야."

내가 걱정스러운 듯 물었다.

"그래. 하지만 그 정도는 우리가 감수할 위험이라고 생각해. 몇몇 선교사들이 있기는 한데, 그들이 선뜻 통역하겠다고 나설 것 같지는 않아. 우리가 돕지 않으면 누가 돕겠어?"

팀의 단호한 말에 반박할 수가 없었다. 그때 주디가 말했다.

"우리가 토론해야 할 문제가 또 하나 있어. 미국 문화원 운영자가 전화를 했어. 대사관에서 연락이 왔는데 우리들에게 광주를 떠나라는 명령이 내려왔대."

"뭐라고? 어떻게?"

우리 셋은 거의 동시에 물었다.

"광주 외곽에 있는 비행장으로 집결해야 한다더라. 만일 가는 길에 군인 바리케이드가 있으면 미국 대사관 지시라고 말하면 우리를 비행장까지 안내해 줄 거래. 일단 비행장에서 대기를 한 다음……."

주디가 낙담한 표정으로 말을 더듬었다.

"그런 다음?"

데이브가 혼잣말을 하듯이 중얼거렸다.

"뭐라고 말했어?"

팀이 주디에게 다그치듯 물었다.

"일단 동료들에게 그렇게 전하겠다고 말했어. 그 사람 말이 우리가 내일 정오까지 떠나야 한다고 했어."

"우리 둘이 광주에 있는지 알고 있을까?"

데이브를 가리키며 내가 물었다.

"그런 것 같지는 않아. 줄리, 팀, 그리고 나만 언급했어."

주디가 말했다. 줄리는 광주에서 봉사하는 또 다른 동료 중 하나였다. 줄리는 안전하게 지내고 있는지 걱정이 되었다. 아마 집에 머물러 있을 것이다. 한편으로 안심이 되기도 했는데, 미국 정부가 내가 광주에 있다는 걸 모르고 있다는 사실에 안도하는 게 우스웠다. 내가 리스트에 없다고 해서 광주를 떠나라는 명령으로부터 제외되는 것은 물론 아닐 것이다.

"내일 아침에 다시 확인 전화를 하겠대. 우선 이 문제를 논의한 다음 우리가 어떤 행동을 할지 맞춰야 할 것 같아."

"그래. 그렇게 하자고."

주디의 말에 팀이 동의했다.

"우리가 공항을 통해서 빠져나간다고? 폴은 나주까지도 못 갔어. 그렇게는 못해. 나는 광주를 떠나지 않을 거야."

"나도 광주를 떠나지 않을 거야."

팀과 데이브가 결심한 듯 말했다.

"나도."

주디가 대답했다.

"좋아. 나가려고 했지만 못했잖아. 나도 남겠어."

그렇게 말하면서 방을 둘러봤다. 팀이 우리를 계속 지켜보고 있던 옥진과 어머니에게 우리 결정 사항을 설명했다. 팀이 말을 마치자 그들은 안심하는 표정을 지었다.

"우리는 여기 남아야 할 의무가 있어. 우리 친구들을 위한 의무, 우리와 같이 일하는 사람들을 위한 의무. 우리는 이 상황을 피해서는 안 돼."

"만약 우리가 떠난다면, 광주의 모든 사람이 알게 될 거야. 광주에서 우리 빼고 다른 외국인을 본 적이 없어."

팀의 말에 주디가 동조하듯 말했다.

"그래. 우리가 떠나면 사람들에게 잘못된 메시지를 보내는 거야. 우리가 그들을 포기했다고 생각할 거야."

팀이 말했다.

"모두 진심으로 걱정해 주고 있어. 우리에게 무슨 일이 일어나는 걸 바라지 않을 거야. 그들이 우리를 보호해 줄 거야."

내가 말했다.

"여기에서 일어나고 있는 모든 일을 생각하면, 우리가 무서워해야 할 대상은 군인뿐이야."

팀이 말했다.

"맞아. 군인들의 봉쇄선을 넘어서 공항으로 간다는 건 말이 안 돼."

내가 말했다.

"미국 정부는 여기서 무슨 일이 벌어지고 있는지 모르는 것 같아."

데이브가 팔을 다리에 내려놓으며 말했다.

"그런데 우리에게 떠나라는 건 부탁이 아니고 명령인데."

우리가 처한 문제의 심각성을 주디가 다시 환기시켰다.

"만약 우리가 거절하면? 우리는 이미 떠나지 않기로 결정했잖아?"

나는 약간 걱정이 됐다.

"혹시 추방당하지는 않을까?"

주디가 물었다.

"전두환 군부가 무슨 일을 할지 어떻게 알겠어? 무엇보다 평화봉사단과 대사관에서 우리를 믿어 줄까? 우리 행동을 지지해 줄까?"

"그건 미국 문화원 담당자가 서울에 가서 어떻게 말하느냐에 달렸지."

내 물음에 팀이 대답했다.

"떠나라는 명령을 우리가 거부하면 아마 화를 낼 거야."

데이브가 말했다.

"이런 젠장! 오늘 내가 빠져나갔어야 했는데. 그래서 대사관과 평화봉사단에 여기 상황을 전했어야 했는데."

나는 화가 나서 말했다. 그 바리케이드에서 내가 좀 더 강하게 밀어붙였어야 했는데, 그렇게 하지 못했다고 생각하니 더 화가 났다.

"더 생각하지 말자. 계획대로 밀고 나가는 거야."

팀이 말했다. 며칠 전만 해도 증인이 된다는 게 그리 복잡한 일 같지는 않았다. 그런데 이제는 상황이 더 복잡해지고 심지어 위험해졌다. 광주 사람들은 정부에게 배신당하고 철저하게 고립된 신세가 되어 버렸다. '우리'라고 생각했던 사람들이 적으로 돌변해 버렸다. 그들이 적이 되면서 우리가 유지해야 할 중립의 명분이 사라져 버렸다. 광주 사람들은 우리가 그들의 증인이 되기를 원하고 있었다. 하지만 군인들은 그걸 원치 않았다. 이제 증인이 된다는 것은 우리가 보이지 않는 선을 이미 넘었다는 걸 의미했다. 전두환과 쿠데타 세력은 우리가 여기에 남는 걸 원치 않을 것이다. 그렇다면 미국 정부는 어떻게 할까? 우리를 후원할까? 여기에 남는 걸 허락할까?

나는 방에 있는 사람들 얼굴을 쭉 둘러봤다. 옥진과 그의 어머니도 우리와 마찬가지로 혼란스러운 모습이었다. 다른 점이라면 광주는 그들의 집이라는 것이었다.

이야기를 마치고 우리는 각자 흩어졌다. 나는 조용한 장소를 찾아서 내가 겪은 일을 써 내려가기 시작했다. 하지만 이제까지 모든 것을 세세하게 반추하기가 쉬운 일은 아니었다. 문장을 쓰다가 멈췄다. 일단 여기저기 메모해 두었던 것을 정리하기로 했다. 일을 겪을 때마다 공책의 여백에 적어 두었는데, 급히 쓴 글씨는 알아보기 힘들 정도로 엉망이었다. 벽에 등을 기대고 앉아서 그동안 쓴 메모들을 살펴보았다. 나는 평소에 내가 본 것을 글로 쓰는 걸 좋아하긴 했지만 고향의 부모님께 보여 주기 위해 쓴 것은 아니었다. 화가 났거나 좌절했던 때를 제외하고는 내 감정을 글로 옮기는 일은 서툴렀다. 중요한 일이 있으면 그걸 어떤 식으로든 기록해야 하는데, 깜빡 잊는 경우도 종종 있었다. 하지만 이제는 반드시 기록해야 했다.

몇 시간 후에 우리 넷은 독일 기자가 머물고 있는 작은 호텔을 향해 걷기 시작했다. 길을 가면서 우리는 몇 가지 다짐을 했다.

"우리 모두는 남는 거야, 그렇지? 그리고 통역할 준비는 된 거고."

팀이 우리를 쳐다보면서 말했다.

"그래. 그런데 대부분 네가 맡아서 해야 할 거야."

내가 말했다.

"그건 괜찮아. 자, 우리 모두 각자 겪고 본 걸 기자들에게 말하자고."

팀이 어깨를 으쓱해 보이면서 말했다.

"우리가 들은 게 아니라 우리가 본 것만을 말해야 해."

주디가 턱을 꽉 다물고 앞을 응시하면서 말했다.

"맞아. 너무나 많은 유언비어들이 돌아다니고 있어."

"우리는 최대한 TV 인터뷰를 피하되 우리 신분이 드러나지 않는 인터뷰만 응하는 거야."

내 말을 팀이 받았고, 우리 셋은 고개를 끄덕였다. 날은 어두워졌고 거리는 조용했다. 도청 앞에 대기하고 있는 시위대 차량의 행렬에서 불빛이 보였다. 늦은 시간인데도 젊은이들이 도청 주변에 모여 있었다. 광주 외곽을 순찰하고 돌아오는 시위대원들 같았다. 외곽 순찰은 매우 위험한 일이었다. 다방은 모두 문을 닫았고, 음료수를 살 만한 가게도 마찬가지였다. 침묵 속에 잠긴 거리가 으스스하게 느껴졌다.

"아무래도 우리가 너무 눈길을 끄는 것 같아."

도청 가까이에 이르자 데이브가 말했다. 그의 말이 옳았다. 외국인

넷이 함께 다니는 모습은 주목을 받기 충분했다.

"폴과 나는 이쪽 길로 갈게. 이따 호텔에서 만나."

주디가 오른쪽에 있는 작은 길을 가리켰다. 주디와 나는 옆길로 빠졌고 팀과 데이브는 가던 길로 계속 갔다.

팀과 데이브가 호텔에 우리보다 먼저 도착해 있었다. 우리는 독일 기자와 함께 호텔 식당에 모여 식탁에 둘러앉았다. 가장 끔찍한 경험을 했던 팀이 맨 처음 이야기를 시작했다. 독일 기자들은 쉴 새 없이 받아 적느라 정신이 없었다. 우리 셋도 팀의 증언을 다시 한 번 귀 기울여 들었다. 팀은 피를 흘리고 있는 학생들을 군인들로부터 빼냈다고 했다. 그는 더 많은 구타와 죽음을 막기 위해 개입했고, 사람들을 병원으로 옮기는 것을 도왔다. 우리는 이것이 핵심이라는 것을 알았다. 마지막에 그는 키가 크고 금발인 것이 도움이 되었다고 덧붙였다.

데이브, 주디, 그리고 내가 차례로 각자의 경험담을 말했다. 다른 사람의 이야기를 들으면서 우리 모두는 각각 다른 일을 겪었지만, 광주에서 벌어지고 있는 만행에 대해서는 공통된 생각을 가지고 있다는 사실을 깨달았다. 인터뷰를 다 마치자 우리 넷뿐 아니라 독일 기자들 모두 기진맥진한 상태가 되었다.

우리는 다음 날 아침 다시 만나서 통역을 도와주기로 하고 팀이 일정을 제시했다. 우선 도청을 방문하고, 그 건너편의 시신 안치소를 거쳐서 병원을 들르는 일정이었다. 그때 처음으로 내가 광주에서 뭔가 보람 있는 일을 하고 있다는 생각을 했다. 앞으로 매우 바빠질 것 같았다. 호텔을 나왔을 때 이미 밤 열 시를 넘겼고 도로는 완전히 텅 비어 있었다.

"이런, 통금 시간이 지났어!"

"우리 모두 같이 있는 게 좋을 것 같아."

데이브의 걱정에 팀이 말했다.

이번에는 우리가 사람들 눈에 띄는 편이 나았기 때문에 도청 정문 방향으로 걷기 시작했는데 도청 앞은 어둡고 조용해서 우리는 불안했다.

"우리를 집까지 바래다줄 사람 있을까요?"

팀이 도청 앞을 지키고 있는 청년 둘에게 물었다.

"안 됩니다. 위험해요. 돌아가세요."

칠흑 같이 어두웠고 작은 불빛들만 보였다. 무엇이 '위험하다'는 걸까? 데이브가 다시 나서려고 했으나, 팀이 말렸다.

"이 친구들과 이야기해 봐야 소용없을 것 같아. 이들도 지금 우리처럼 혼란스러운 상태야. 여기를 지켜야 하니까 자리를 비우기 힘들 거야. 이해하자고."

"그래. 이들도 우리만큼이나 두려울 거야. 다시 호텔로 돌아가는 게 좋을 것 같아."

주디가 말했다. 다시 호텔 쪽으로 발걸음을 돌렸다.

"누구 호텔비 낼 만한 돈 가진 사람?"

걸으면서 내가 물었다. 묻자마자 거의 동시에 '아니.', '없어.'가 이어졌다. 돈을 가진 사람은 아무도 없었다.

"호텔 아주머니에게 나중에 준다고 부탁해 볼까?"

"아니면 독일인들에게 부탁하든지."

주디의 말에 내가 제안했다. 호텔 식당에서 두 명의 외국인이 독일 기자와 이야기를 나누고 있었다. 우리 사정을 설명하자 그 외국인들은 전혀 망설임이 없이 우리 비용을 지불하겠다고 했다.

AP통신 기자인 테리 앤더슨과 타임지 사진기자인 로빈 모이어는 우리들에게 짧게나마 상황을 설명해 달라고 부탁했다. 열한 시가 넘은 시간이었고 모두 지친 상태였으나, 외국 기자들의 취재 열기에 기운이 나고 불안감도 많이 사라졌다. 광주 소식을 밖으로 알릴 사람들이었다. 누구도 망설임 없이 상황을 설명했다. 우리는 많은 이야기를 했고 그들은 진지하게 우리 말에 귀를 기울였다. 상황 설명을 끝내고 내일 취재 계획을 점검한 다음, 열쇠를 받아서 주디는 자기 방으로 남자 셋은 같은 방으로 갔다.

지친 몸을 이끌고 방문을 열었을 때 깜짝 놀랐다. 샤워실이 있었던 것이다. 방에서 하는 간이 목욕과 일주일에 한 번 대중목욕탕을 가는 게 전부였는데, 샤워기와 욕조가 달린 욕실은 그야말로 호사였다. 마지막으로 한 샤워가 언제인지 기억도 나지 않았다. 식당과 다방은 물론이고 목욕탕도 전부 문을 닫은 상황이었다. 재빨리 옷을 벗은 후 따뜻한 물 아래에 섰다. 그 순간의 샤워는 그야말로 작은 천국이었다. 샤워를 마친 우리는 바로 잠에 빠져 들었다.

열한째 날

5월 24일 토요일: 시신 안치실에서 통역하다

—

도 청 앞 자원봉사자 접수대는 그대로 있었으나 줄 서서 대기하는 사람들은 보이지 않았다. 대신 도청 정문 주변으로 사람들이 많이 모여 있었다. 도청 안에서 청소, 질서 유지, 무기와 차량 관리, 물자 조달 등을 맡아서 관리하는 조직들이 결성되어 분주하게 움직이고 있었다. 시민들은 그들만의 '정부'를 만들어 가고 있었다. 비록 군인들이 외곽을 차단하여 고립되기는 했으나 광주는 다시 움직이기 시작했다. 식료품, 군수품, 의약품 등의 기본 물자가 제대로 관리되면서 도시가 제 모습을 찾아가는 느낌이었다.

우리는 도청 건물 쪽으로 갔다. 여덟 명의 외국인이 한꺼번에 걸어오는 모습은 금방 눈에 띌 수밖에 없었다. 도청 안에 모여 있던 수백 명의 시선이 동시에 우리를 향했다. 왜 이렇게 사람들이 많이 모여 있는 것일까?

우리는 기자를 위한 통역을 맡기로 했지만 누구를 만나서 무엇을 어떻게 통역해야 할지는 몰랐다. 막상 도청 건물 앞에 도착하자 우리 네 사람은 난감해서 서로를 쳐다봤다.

"도청 안으로 들어가서 여기 지도자들을 만나고 싶습니다."

독일 기자 한 사람이 말했다. 우리는 약간 망설였다.

"좋습니다."

팀이 자신이 없는 투로 말했다. 나는 길거리의 사람들이나 학살을 목격한 평범한 사람들과의 인터뷰를 통역하게 될 것이라 생각했기 때문에 도청에 들어가는 것은 미처 예상치 못했다. 전두환과 그 세력들이 우리가 '반란의 주동자'들과 인터뷰를 주선하고 통역한 사실을 알게 되면 어떻게 될까를 생각하니 난감했다. 혹시 군인 쪽 스파이가 있지는 않을까 하는 걱정도 들었다. 그 사이 팀과 데이브는 도청을 지키는 청년들에게 평화봉사단 신분증을 보여 주고 있었다. 나도 신분증을 꺼냈다. 팀이 기자들을 소개하고 기자들이 뭘 원하는지 등을 설명했다. 문을 지키고 있던 청년은 눈을 크게 뜨더니 환영한다며 안으로 안내했다.

우리가 정문을 막 통과하려는데 사이렌을 울리며 구급차가 달려와 안으로 들어섰다.

"폴, 같이 가 주겠어요? 구급차 환자를 보고 싶어요."

로빈이 요청했다. 독일 기자 한 사람도 같이 가겠다고 했다. 약간 두렵고 자신이 없었지만 그렇게 하자고 했다. 다른 팀은 안으로 들어갔다. 청년 둘이 나와 구급차의 뒷문을 열었다. 그들은 차 안으로 손을 들이밀어 천천히 아주 신중하게 들것을 끄집어냈다. 그들은 들것 위의 시신을 슬픈 표정으로 내려다봤다. 들것을 들고 있는 두 청년과 말없이 누워 있는 청년의 나이는 나보다 두세 살 정도 어린 것 같았다. 육십 킬로그램도 안될 것 같은 작은 체구의 청년들이었다. 모두 팔에 하얀 견장을 두르고 있었는데, 시신의 견장은 구겨지고 피로 물들어 있었다. 셔츠에도 피가 흘러서 말라 붙어 있었는데, 복부에 총알이 관통한 것으로 보였다. 차마 볼 수 없는 장면이었으나, 안 볼 수도 없었다.

"이 청년의 이름과 어디에서 죽었는지 물어봐 주세요."

로빈이 말했다. 내가 할 일이었다. 나는 낮고 부드러운 목소리로 구급차 운전자에게 물었다. 그는 감정에 복받쳐서 말을 제대로 못 하다가 조금씩 안정을 찾아가면서 차분히 말했다. 이 셋은 같은 대학에 다니는 친구들이었다.

"우리 셋은 화순으로 가는 도로를 지키는 열 명의 수비대에 속했었어요. 새벽 세 시쯤 군인들 한 무리가 광주로 침입하려 했어요. 총격전이 벌어졌고, 여기 준식이가 죽었습니다."

"그 군인들이 광주로 들어왔나요?"

"아닙니다."

독일 기자의 질문에 그들은 머리를 가로저었다.

"준식은 어디 출신인가요?"

"광주입니다. 이 세 사람은 전남대학교 학생들입니다."

내가 두 젊은이를 가리키며 로빈에게 대답했다.

"가족들에게 이 사실을 알리셨나요?"

독일 기자의 질문을 통역하고 있는데, 한쪽에서 소리가 들리더니 중년의 남자가 다가와서 우리 대화를 받았다.

"우리가 가족을 확인할 겁니다. 시신을 깨끗하게 처리해서 뚜껑 없는 관에 모신 다음 안치실에 모셔 놓을 예정입니다."

나는 '관'과 '안치실'이라는 단어를 통역하기 위해서 재빨리 사전을 뒤졌다. 친구를 잃은 고통과 피곤함이 역력한 두 청년이 이제 그만 가보겠다고 했다. 로빈과 나는 물러났고, 그들은 총을 도청 건물 밖의 무기 보관소에 반납했다. 그들은 고개를 푹 숙이고 작은 목소리로 서로 이야기를 나누면서 어딘가로 천천히 사라졌다. 가슴이 아팠고 숨을 쉴 수 없었다. 심장이 멎을 것만 같아서 숨을 크게 들이마셨다.

정문 주변에 몰려 있는 사람들을 살펴봤다. 어제 이후로 모인 사람들에게 많은 변화가 있는 것을 알 수 있었다. 나이 든 사람들 숫자가 대학생만큼 많았다. 특히 할머니들이 많이 눈에 띄었다. 할머니들은 엄숙하면서도 차분한 자세로 시신 안치실 입구에서 기다리고 있었다. 문이 열리자, 할머니들은 안내를 받으며 몇 명씩 조를 이루어 지하로 들어갔다. 할머니들은 돌아오지 않는 사랑하는 아들딸과 손주들이 혹시 거기에 있는지 확인하게 될 것이다.

"갑시다."

로빈이 안치실 쪽을 가리켰다.

우리는 어느 중년 부부와 고통스러운 표정으로 무겁게 발걸음을 옮기는 할머니 한 분과 동행했다. 로빈이 그 상황에서 통역을 부탁하지 않아 다행이었다. 그 상황에서 '여기 왜 오셨어요?'라고 어떻게 묻겠는가? 그들을 따라 임시로 마련된 안치실로 들어가니 원래는 다른 용도로 사용되는 곳을 안치실로 개조한 것임을 알 수 있었다. 한쪽에 의자와 책상이 있었고, 중앙으로 뚜껑이 반쯤 열린 관들이 양쪽 끝까지 꽉 채우며 나란히 놓여 있었다. 여기저기서 통곡 소리가 들렸고, 그 장면은 도저히 쳐다볼 수가 없을 정도였다.

"우리가 해야 합니다. 이 사람들의 이야기를 들어야 해요."

독일 기자가 말했다. 그의 목소리는 조용했으나 떨리고 있었다. 그가 옳았다. 내가 해야 할 일은 그들의 이야기를 듣는 것이었다. 우리가 들어야 할 이야기는 동굴처럼 어두컴컴하고 침울한 이 방에 모두 있었다. 전율이 온몸을 감싸면서 지나갔다. 유리창을 통해서 쏟아지는 아침 햇살이 나란히 누워 있는 소나무 관을 비추고 있었다. 시신 보존을 위해서 에어컨을 세게 틀어서 공기가 싸늘했다.

의사 가운을 입은 진지한 표정의 젊은이가 우리를 안내했다. 그는 자신을 마지막 학기를 남겨 놓은 의과 대학생이며 안치실 관리를 맡고 있는 자원봉사자라고 소개했다. 그는 내가 알아듣기 쉽게 또박또박 이야기했다.

"신원이 확인될 때까지만 시신을 여기에 모시고 있습니다."

"시신이 여기 말고 다른 곳에도 있나요?"

로빈이 놀란 표정으로 물었다.

"네, 대부분은 병원에 안치되어 있어요."

"얼마 동안 여기에 안치하나요?"

"보통 몇 시간 동안만인데⋯⋯."

그가 대답을 채 마치기 전에 갑자기 날카로운 울부짖음이 들렸다. 안내하는 의대생 어깨 너머로 할머니 한 분이 관을 붙잡고 쓰러지는 모습이 눈에 들어왔다. 할머니의 한복이 너풀거리며 관을 덮었다. 친척인 듯한 주변 사람들이 할머니를 부축하며 위로하는 모습이 보였다. 시간이 흐르면서 할머니의 통곡은 조금씩 줄어들었으나 흐느낌은 계속되었다. 나는 그 자리에서 꼼짝할 수 없었다. 기자들이 할머니의 슬픔을 존중해 사진을 찍지 않기만을 바랐다.

나는 우리를 안내하는 의대생을 눈여겨봤다. 그의 얼굴은 침울했다. 그는 조심스러운 자세로 관이 늘어선 아래로 우리를 안내했다. 이런 상황은 이미 일주일 전에 시작되었으며, 지금도 여기저기서 사람들이 죽어 가고 있었다. 남평으로 가는 도로 위에 나뒹굴고 있는 버스와 택시들이 떠올랐다. 그 총알구멍 가득한 버스에 타고 있던 사람들의 시신은 다 어디로 갔을까?

시신 숫자가 중요할 것 같았다. 쭉 늘어선 관을 세기 시작했다. 손가락으로 관을 가리키면 예의에 어긋나는 걸 같아서 눈대중으로 세기 시작했다. 대략 오십 개의 관이 있었다. 로빈이 어느 관 앞에 멈춰 서서 나를 쳐다봤다.

"이 나이 든 여성은 어떻게 죽었습니까?"

관 주위에 사람이 없었기 때문에 나는 우리를 안내한 의대생에게 물었다.

"군인들이 헬리콥터에서 사격을 했어요. 이 할머니 신원은 아직 파악되지 않았어요. 이분이 돌아가신 장소 말고는 우리가 아는 것은 없습니다."

관 속의 할머니는 조용히 쉬고 있는 것 같았다. 우체국 앞에서 내 팔을 잡았던 그 할머니일지도 모른다는 생각을 했다. 이 할머니도 우체국 앞의 그 할머니처럼 나에게 똑같은 부탁을 했을 것이다. 우리를 증언해 달라고 말이다. 이 할머니들은 수많은 세월 동안 가족들을 위해 일만 하고 자식과 손자를 업어서 키우느라 등이 굽었을 것이다. 노화 때문만이 아니라 머리에 항상 이고 지고 다니느라 머리카락도 가늘어졌을 것이다. 얼굴의 주름에는 살아온 시간, 고통과 즐거움의 흔적이 교차되고 있었다. 내게 한국의 할머니들은 평생을 쉬지 않는 것 같았다. 일은 끝이 없었다. 반면 할아버지들은 할머니들보다 조금 한가한 것처럼 보이기도 했다.

도대체 어떤 정부가 할머니를 죽일까? 얼마나 많은 이름 모를 할머니들이 죽었을까? 얼마나 많은 할머니들이 가족들을 기다리며 누워 있고, 얼마나 많은 가족들이 할머니 앞에서 통곡을 했을까? 로빈은 할머니 옆의 작은 관으로 갔다. 우리가 질문을 하기도 전에 안내하던 의대생이 먼저 말했다.

"이 아이도 같은 시각에 죽었습니다. 부모를 찾고 있는데, 죽은 할머니와 이 아이가 가족인지는 모르겠어요."

시신은 얼굴만 남기고 천으로 둘러 있었다. 충격을 받은 우리는 남자아이의 관을 쳐다보며 아무 말 없이 서 있었다. 잠시 후 우리는 긴 한숨을 토해 내고 다른 곳으로 움직였다. 시신들이 그야말로 즐비했다.

할머니와 어린아이 사진은 찍지 않았다. 로빈과 독일 기자는 소나무 관에 누운 고통스러운 모습의 시신들보다는 안치실의 전체 모습과 비통에 잠긴 가족들을 주로 찍었다. 안치소를 꽉 채운 관에 누운 시신들의 대부분은 십 대 후반에서 이십 대 초반의 젊은이들이었다. 이들은 한국의 미래를 책임질 세대들이었다. 우리는 마지막 줄까지 살펴봤다. 살아 있는 사람이나 죽은 사람이나 표정이 모두 똑같아 보였다. 자기 운명을 스스로 개척하려는 단순한 염원으로 뭉친 사람들이었다. 아무도 말을 하지 않고 입을 다물고 있었다. 하얀 가운을 입은 청년을 바라봤다. 어떻게 저런 평정을 유지하며 이곳을 지키고 있는 것일까? 안치실에서 나는 냄새, 소리, 혼란은 정말 견디기 힘들었다. 하얀 가운의 젊은이는 매우 친절하고 사려 깊은 자세로 우리를 입구까지 다시 안내하고 문을 열어 주었다.

"당신들이 여기를 처음 방문한 외국인 기자입니다. 여기서 무슨 일이 일어났는지 반드시 세계에 알려 주세요."

나는 통역하지 않고 고개를 끄덕였다. 로빈과 독일 기자와 나는 서로를 번갈아 쳐다봤다. 기자들은 자신들의 할 일이 무엇인지 알고 있는 것이 확실했다.

도청 건물로 향하는 길에 로빈이 말했다.

"안으로 들어갑시다. 항쟁 지도자들과의 인터뷰를 놓치고 싶지 않아요."

기자들은 취재 수첩과 카메라를 다시 챙겼고, 우리는 정문으로 향했다. 화려하지는 않지만 제법 위용이 있는 도청은 일제 강점기에 지어진 삼 층 건물이었다. 한국의 관공서 건물이나 기차역은 전국에 걸쳐서 대체로 비슷한 모습을 하고 있었다. 건물 안으로 들어가면 중앙 계단을 기준으로 오른쪽과 왼쪽으로 갈라졌다. 엘리베이터는 없었다. 대형 회의실로 들어가니 평화봉사단 친구들을 비롯하여 많은 기자들이 모여 있었다. 그들은 문 주변에 모여 있었는데 앞을 주시하며 회견이 열리기를 기다리고 있었다. 우리도 그들과 합류했다. 몸과 마음 모두 진이 빠진 상태였기 때문에 딱딱한 의자에라도 앉을 수 있어서 감사했다.

시민 위원회는 장방형의 긴 탁자에 둘러앉아 있었다. 대화가 빠르게 진행되었기 때문에 나는 주디에게 이것저것 물어보며 자세한 내용을 파악해야만 했다. 탁자 주위에 앉은 시민 대표는 여덟 명이었으며, 부시장이 포함되어 있었다. 듣기만 하는 사람도 있었고 열정적으로 발언하는 사람도 있었다. 왜 시장은 참여하지 않았을까 궁금했지만 묻지는 않았다. 위원 중에는 두 명의 대학생이 포함되어 있었는데 이들은 저항을 계속해야 한다고 주장했다. 대학생들은 김대중 석방, 계엄령 폐지, 전두환 사임, 세 가지를 요구했다. 팔짱을 끼거나 입을 굳게 다문 위원들의 모습은 여러 쟁점에 걸쳐서 위원회 내에 많은 이견들이 있음을 보여 주고 있었다. 나이 든 위원들은 대부분 정장에 넥타이 차림이었다. 이들은 광주가 정상으로 돌아오길 원했다. 나머지 위원들도 대체로 같은 생각을 하고 있었다. 하지만 전두환과 군부 세력이 이 세 가지 요구 사항을 들어줄 것이라고 믿는 사람은 아무도 없었다.

두 대학생 옆에 앉아 있던 나이 든 사람이 일어섰다. 그는 한국 남자들에게 흔히 볼 수 없는 하얀 염소 수염을 하고 마치 영국의 대학교수처럼 풀 먹인 파란 셔츠 위에 스코틀랜드풍의 재킷을 입고 있었다. 부시장을 비롯한 다른 위원들과는 달리 그는 학생들의 주장을 지지했다. 탁자 주위에 모인 사람들은 전부 기품 있는 그를 존경스러운 표정으로 바라봤다. 팀이 우리 쪽으로 몸을 기울이며 그 노인이 일제시대에 독립운동가였다고 말해 주었다. 회의실 안의 그 누구도 이 노인의 위엄을 따라가지 못했다. 모든 눈이 그에게 쏠렸다.

"우리는 학생들을 도와야 합니다. 그렇지 않으면 이제까지의 희생이 모두 물거품이 되고 말 겁니다."

그가 분명하고도 품위 넘치는 표정으로 말했다.

"하지만 정부는 우리의 요구 사항을 받아들이지 않을 겁니다."

부시장이 그에게 고개를 숙여 예의를 갖춰 말했다.

"맞아요. 그럴 수도 있습니다. 하지만 우리는 모두에게 우리가 강하다는 것과 민주주의를 요구한다는 것을 보여 주어야 합니다."

그 노인이 분명한 어조로 말했다.

"우리가 계속 저항하면 군인들이 다시 쳐들어와서 우리 모두를 죽이고 말 겁니다."

정장 차림의 한 위원이 말했다.

"우리의 저항 의지를 보여 줘야 하지만 일정 부분은 양보해야 합니다. 우리는 다시 민간인으로 돌아가야 할 것입니다."

하얀 수염의 독립투사가 다시 반박했다. 다른 의견은 많았지만 모든 사람들이 동의하고 있는 것이 한 가지 있었다. 바로 5월 18일에 광주로 쳐들어와서 만행을 자행한 군부대가 다시 광주에 들어오는 것은 용납할 수 없다는 것이었다.

회의는 의견 차이를 좁히지 못한 채 끝났고, 기자들은 인터뷰를 요청했다. 학생들이 낙담한 표정으로 맨 먼저 자리를 떴고 독립투사 노인 역시 우리가 인터뷰를 요청하기도 전에 먼저 떠나 버렸다. 나이 든 위원들은 인터뷰를 사양했다. 주변의 몇몇 사람들을 대상으로 짧은 인터뷰가 있었다. 인터뷰에 응한 어떤 사람은 위원회에 참여한 대학생들이 학생들의 진짜 의견을 대표하지는 않는다고 답변했다. 우리는 조금 혼란스러워지기 시작했고 기자들도 당황하기 시작했다. 학생들은 두 개의 의견으로 갈라져 서로 갈등하고 있는 것 같았다. 어떻게 해서든지 군인들과 협상을 통해 광주를 정상으로 되돌리고 외곽 봉쇄를 풀기를 원하는 쪽과 투쟁을 계속해서 군인들이 광주로 다시 진입하지 못하게 하고 세 가지 요구를 관철하려는 쪽이었다. 양쪽 모두 타협할 생각이 없었고, 팽팽하게 대치하고 있는 것이 분명했다.

"병원으로 가 봅시다."

테리가 턱을 만지며 말했다.

"거기서 좀 더 이야기를 듣고 사진을 찍어야겠어요."

로빈이 말했다.

"팀, 당신 이야기도 좀 더 듣고 싶어요."

독일 기자가 팀을 가리키며 말했다. 우리 모두는 딱딱한 의자에서 일어났다. 몇몇 사람들은 불편한 다리를 주무르면서 텅 빈 계단을 내려가서 작은 안뜰을 거쳐 정문으로 나왔다. 건물 주변에는 여전히 많은 사람들이 모여 있었다. 나는 내가 마치 감시 대상이나 된 것처럼 뒷덜미가

쭈뼛한 것을 느꼈다. 저 사람들 속 스파이가 네 명의 젊은 미국인들이
외신 기자들의 통역을 돕고 있다고 상부에 보고하는 장면을 상상했다.

팀이 일하고 있는 전남대학교 병원은 도청 뒤에 자리 잡고 있었다. 병
원 입구 쪽으로 은행나무를 비롯한 가로수가 쭉 펼쳐져 있었다. 가로수
잎사귀들이 산들거리며 병원으로 오는 지친 사람들을 맞고 있었다. 전
남대학교 병원 건물은 거창하지는 않지만 전남 지역에서는 최고의 국
립병원이었다. 병원 근처 도로와 입구에는 많은 사람들로 붐볐다. 도청
만큼이나 많은 사람들이 모여 있었다. 우리는 병원으로 들어가 독일 기
자와 팀의 인터뷰 준비를 위해 옥상으로 이어지는 계단을 올라갔다.

인터뷰 준비가 끝나자 데이브와 나는 아래로 내려왔다. 데이브
와 테리, 나와 로빈은 각각 층을 나누어서 인터뷰할 외과 병동을 찾
았다. 모든 층마다 부상자들로 넘쳤다. 부상자들이 벽에 기대어 줄
줄이 대기하고 있었는데, 그 수가 너무 많아서 셀 수 없을 정도였다.

병동은 이미 수용 한계를 초과해 빈 병상을 찾아볼 수 없었고 복도는
세상의 종말을 보여 주는 듯했다. 죽음과 슬픔이 뒤섞인 소독약 냄새가
코를 찔렀다. 가족들은 부상당한 아들딸 옆에 조용히 앉아 있었다. 어
떤 부상자는 침대에서, 어떤 부상자는 침대 사이의 바닥에 누워 치료를
받고 있었다. 그래도 이들은 죽지 않고 살아 있었고, 가족들은 그 사실
에 감사하고 있었다.

주요 남녀 병동이 어디인지 두 번이나 물어야 할 만큼 혼란스러웠다.

그나마도 제대로 찾지 못해 여러 번 헤맸다. 로빈은 내가 길을 물어본 사람들과 인터뷰를 진행하느라 이런 사실을 눈치채지는 못했다. 우리가 들은 이야기는 모두 다른 장소의 같은 내용이었다. 즉, '일주일 전 사람들은 평화적인 가두시위를 했는데 군인들이 길목을 막고 아무런 경고도 없이 무차별적으로 행진하는 사람들을 공격했다'는 것이다. 사람들은 총에 맞았고, 구타를 당했으며, 총검에 찔렸다. 특히 젊은이들이 주요 공격 대상이었다. 모든 이야기는 결국 하나로 모아졌다.

다른 상황이 궁금해서 우리는 병원 안으로 이동했다. 갑자기 애절한 통곡 소리가 들려와 로빈과 나는 그 자리에 멈췄다. 곡소리는 오른쪽 병실에서 들려왔다. 나는 병실 문을 노크하고 두려운 심정으로 천천히 문을 열었다. 들어가서는 조용히 문을 닫았다. 병실 안에는 여러 개의 병상이 있었고, 대부분의 사람들은 바닥에 앉아 있거나 누워 있었다. 침대에 누워 있는 어린 소녀를 향해 몸을 굽히고 있는 청년이 눈에 들어왔다. 소녀는 열두 살 혹은 열세 살 정도로 보였다. 얼굴을 제외하고는 전신이 감싸져 있었고 아무런 움직임이 없었다. 청년은 울고 있었다. 그는 고통과 분노가 섞인 울음을 터뜨리며 침대 앞에 주저앉았다. 우리는 청년 뒤에 섰지만 그는 전혀 모르고 있었다. 몇 분 후, 젊은 의과대학생 두 명이 조용히 다가가서 그를 일으켜 세워 데리고 나갔다.

"저 청년의 여동생이에요. 며칠 전에 병원으로 실려 와서 수술을 받았는데, 그만……"

바닥에 앉아 있던 중년 남자가 말했다. 그는 잠시 말을 잇지 못하더니 계속했다.

"오늘 아침에 죽었어요. 오빠가 병원에 도착하기 바로 직전에⋯⋯."

나는 그 중년 남자를 자세히 살펴보았다. 너덜너덜해진 옷을 입고, 병실 바닥이 더러워지지 않도록 신발을 벗어서 골판지 위에 올려놓았다. 그는 왼쪽 다리에 붕대를 감고 바닥에서 잠을 자고 있는 청년 옆에서 양반다리를 하고 앉아 있었다. 그 남자의 얼굴은 고통으로 일그러져 있었다. 나는 그 남자 앞에 앉았다.

"소녀는 어떻게 죽었습니까?"

"모르겠습니다."

내 물음에 그는 바닥에 앉아서 쉬고 있는 청년을 가리켰다.

"아마 여기 내 아들처럼 군인들이 버스와 택시 기사들을 향해 사격을 했을 때 총에 맞았을 겁니다."

그는 숨을 한 번 들이마시더니 조금 떨리는 목소리로 말을 이었다.

"버스와 택시 기사들은 사람들을 보호하고 총격을 중지시키려고 노력했어요."

이 말을 듣는 순간 갑자기 두려움이 엄습해 왔다. 도처에 이런 위험이 널려 있었는데 내가 막 돌아다녔다고 생각하니 가슴이 덜컥했다. 너무 경황이 없어서 제대로 된 인사와 소개를 하지 못한 걸 깨달았다. 그는 나보다 적어도 스무 살 정도는 많아 보였다. 격식을 갖추어 인사를 건네고 나와 로빈을 소개했다. 오랫동안 양반다리를 하고 앉아 있어서 다리가 저려 왔지만, 그가 우리 말을 진지하게 듣고 있어서 꾹 참아야 했다.

"아들이 다쳐 정말 유감입니다. 괜찮아지겠지요?"

그는 대답하기 전에 자신부터 소개했다. 그의 이름은 박문춘이었고 광주의 북쪽인 담양에 살고 있었다. 그가 자기 아들을 '장남' 또는 '차남' 등으로 부르지 않은 것으로 봐서 외아들인 듯했다. 그와 그의 아내가 하나뿐인 아들을 교육시키기 위해 얼마나 희생했을까 상상했다. 이 아들은 그들의 미래였을 것이다. 곁에 있는 아들이 계속 자는 것을 확인한 그는 상황을 자세히 설명하기 시작했다.

"내 아들은 전남대학교 학생입니다. 착한 아이이고 데모에 참가하지는 않았어요."

목소리에 아들에 대한 자부심이 묻어났다.

"어떻게 총에 맞았습니까?"

이제까지 수없이 물었던 질문을 또 했다.

"나도 아들에게 똑같이 물었어요. 군인들이 택시와 버스 기사를 향해 사격할 때 친구들과 근처에 같이 있었다고 하더군요. 그런 얘기를 들어 보셨나요?"

"네, 친구에게 들었습니다. 저도 총알구멍이 난 버스와 택시를 봤어요."

내가 작은 목소리로 대답했다. 방에는 여러 사람들이 모여 있었지만 조용했다. 우리 대화를 듣는 사람들도 있었으나, 대부분 자식들을 돌보고 있었다. 양반다리를 하고 앉은 박 씨는 대화를 하면서 거의 움직이지 않았다.

"도대체 우리나라에 무슨 일이 일어나고 있는 걸까요? 저들이 왜 우리에게 이런 짓을 할까요? 우리는 전두환을 좋아하지 않지만, 안전하고 나라가 발전할 수 있다면 그가 대통령이 되어도 상관없어요."

그가 고개를 숙이며 말했다. 그는 한숨을 쉬며 어깨를 약간 들썩이더니 말을 이어갔다.

"우리는 이제 과거로 돌아갈 수 없어요. 그런데 어떻게 앞으로 나아가야 할지 모르겠어요."

"이해합니다. 그리고 감사합니다, 아저씨."

내 말은 적절하지 않았고, 한심하게도 느껴졌다. 그의 마지막 말을 통역한 다음 로빈을 가리키며 말했다.

"여기, 내 친구가 여기서 일어나고 있는 일들을 세상에 알릴 겁니다."

나는 뻣뻣해진 다리를 힘들게 일으켜 세우며 작별 인사를 했다. 박씨와 아들의 앞날이 궁금했다. 고통 속에서도 단호하면서 조용한 그의 태도로 봐서 아들에게 일어난 일을 결코 잊을 것 같지 않았다. 우리는 자리를 떴다.

우리가 병원 정문으로 돌아왔을 때, 친구들이 기다리고 있었다. 각자 구부정하고 지친 모습으로 서 있었다.

"나는 집으로 갈게. 내가 할 수 있는 게 아무것도 없어. 사태가 끝날 때까지 집에 있을 거야."

'끝날 때'라는 말이 오싹하게 들렸다. 간단히 작별 인사를 하고 주디는 천천히 걸어갔다.

우리는 도청 건물로 돌아와서 시민 위원회가 다시 열리고 있는 회의실을 향해 계단을 올랐다. 회의실로 들어가 그 불편한 의자에 다시 앉아 대화를 따라가려고 노력했다. 위원회는 여전히 공동 입장을 정리하지 못했고, 큰 진전이 없는 것 같았다. 나는 불편한 의자에 적응하느라 엉덩이를 이리저리 움직이면서 팀에게 몸을 숙여 나직하게 말했다.

"이 위원회는 전부 남자야. 여자가 한 명도 없어."

"그래. 맞아."

"내 생각에 아주머니 한 사람만 있으면 이 방의 남자들을 완전히 휘어잡아 버릴 것 같은데."

"맞아. 옥진 어머니 같은 사람이 적격인데. 바로 결론을 내 버리고 그대로 밀고 나갈 거야."

"꽤 많은 여자들도 나서서 남자들을 도와 도시 외곽을 지키고 있어. 병원에서도 여자들이 봉사하고 있고. 도청 건물 내에서 자원봉사 하는 남자들을 위해서 요리를 하고 있는 사람들도 전부 여자들이야."

우리 대화를 듣고 있던 데이브가 말했다.

시민 위원회는 교착 상태에 있었다. 도시를 포위하고 있는 군인들과 어떻게 접촉할 것인가가 큰 문제 중 하나였다.

"군인들이 탱크로 도시 전체를 포위하고 있습니다. 대화하려는 의사가 없어요."

부시장은 아침부터 주장한 내용을 반복했다.

"군인들은 이제 곧 다시 쳐들어옵니다. 여기에 어떻게 대응해야 할지 결정해야 해요. 사람들에게 알려야 해요."

사업가처럼 생긴 나이 든 위원이 말했다.

"우리는 도청에 남아서 싸울 겁니다!"

두 대학생 대표가 확신에 찬 표정으로 말했지만, 학생 주장을 지지했던 독립투사는 자리에 없었고 학생들의 주장에 동조하는 분위기는 조금 약해진 것 같았다.

"그러면 당신들은 죽어요."

부시장이 목소리를 높이며 말했다. 그의 말이 회의장을 조용하게 만들었다. 위원회 구성원들은 서로 외면하면서 아래를 보거나 빈 벽을 바라보거나 아니면 종이와 펜에 눈길을 주고 있었다. 잠시 후 대화가 다시 시작되었을 때는 덜 민감한 주제로 옮겨 갔다.

"내일 돌아가신 분들을 위한 영결식이 열립니다."

부시장이 말했다. 학생들은 자리에 털썩 주저앉았다.

"좋은 생각입니다."

또 다른 위원들이 동의하였다.

"우리는 오늘 오후에 또 다른 집회를 열 계획입니다. 아직 항복하기는 이릅니다. 우리는 전두환 허수아비 화형식을 할 계획입니다."

학생 대표 중 한 사람이 말했다. 가방에서 사전을 꺼내서 단어를 찾으려고 하는데, 팀이 말렸다. 팀은 '허수아비'라는 한국어 단어를 알고 있었다. 한국에서 십 년을 산다고 해도 나는 허수아비라는 단어를 배우지 못했을 것이라 생각했다. 기자들이 의자를 당겨 앉으며 서로 토론을 하더니, 테리가 우리에게 왔다.

"묻고 싶은 게 있는데, 통역 좀 해 줄래요?"

우리는 위원회 쪽으로 향했다.

"방해해서 죄송합니다."

테리가 말하자 회의실 안이 조용해졌다. 팀이 통역을 맡았다.

"기자 회견을 갖는 게 좋겠다는 게 저희 기자들 생각입니다. 지금 세상은 여기에서 벌어지고 있는 일을 전혀 모르고 있습니다. 기자 회견이 열릴 수 있도록 우리가 돕겠습니다."

동의하는 분위기가 감돌았고, 나는 땅이 우리 발아래서 막 움직인 듯한 느낌을 받았다. 기자 회견은 시민 위원회에 정당성을 부여할 것이고 광주 사람들이 조직적이었음을 보여 줄 것이다.

"감사합니다. 좋은 생각입니다. 내일 오후로 잡겠습니다."

부시장이 말했다. 위원 사이에 잠시 논의가 이어졌다. 부시장이 논의를 주도했고 위원회 모두 동의하는 듯했다. 나는 팀을 바라봤다.

"와! 기자 회견? 전두환과 그 일당들이 곤란해지겠는데? 분위기를 바꿀 수도 있겠어."

"그래. 그리고 이렇게 널리 알리면 군인들도 쉽게 행동하지 못할 거야."

"소식이 도시 밖으로, 또 국외로 나가게 되면 큰 효과가 있을 거야."

내 말에 팀과 데이브가 덧붙였다. 위원회는 끝났다. 가장 중요한 논점이었던 도시를 포위하고 있는 군인들을 어떻게 대응할 것인가에 대해서는 아무런 결론을 내리지 못했다. 의견 차이도 전혀 좁혀지지 않았다. 그 차이는 오히려 더 커질 것 같은 느낌이었다. 그리고 내 마음속에는 또 다른 문제가 나를 괴롭히고 있었다. 식량 보급이 점점 어려워지고 있었다.

팀은 집으로 돌아가고 남은 우리는 호텔의 작은 식당에 모였다. 기자들은 취재 계획을 논의했다. 의견을 주고받은 우리들은 다시 각각 조를 짜서 활동하기로 했다. 나는 로빈을 전두환 허수아비 화형식 장소로 데려가기로 했다. 나는 이 과제에 의문을 제기하지 않았다. 이번만큼은 내가 해야 할 일임을 확신했다. 잠시 후 우리는 호텔을 나섰다.

사진을 찍어야 했기에 집회를 멀리서 구경만 할 수는 없었다. 나는 군중 속을 헤치고 앞으로 나아갔고 그 뒤를 로빈이 따랐다. 우리는 화형식용 전두환 허수아비를 찾고 있었다. 나는 앞사람들 어깨를 연신 두드리면서 죄송하다는 말을 반복하며 앞으로 나아갔다. 사람들은 나를 돌아보며 깜짝 놀라는 표정을 지었다. 그럴 때마다 같은 말을 반복하면서 외신 기자라고 소개했다. 로빈의 목에 걸린 큰 카메라는 '동그란 눈'만큼이나 관심을 끌었다. 사람들은 깜짝 놀라면서도 반가워했고 지나갈 수 있도록 선뜻 길을 터 주었다. 자신들이 이룬 투쟁의 성과를 기록하고 널리 알려 줄 외국인들이 온 것이다. 우리에게 길을 내주는 모든 사람들 눈에는 자부심이 깊게 우러나고 있었다. 우리를 둘러싼 사람들이 많은 질문과 의견들을 쏟아 냈으나 일단 허수아비가 있는 쪽으로 가야 한다는 생각에 제대로 대꾸를 할 수 없었다.

"전두환 허수아비는 어디에 있나요?"

"저기요. 분수대 옆."

젊은 여성이 손으로 가리키며 대답하였다. 분수대 근처에는 사람들이 양반다리를 하고 길바닥에 앉아 있었다. 여기 분위기도 사람들이 서 있는 바깥쪽과 같았다. 분노와 두려움은 사라졌고, 잘못을 바로잡겠다는 각오로 충만해 있었다. 여기 모인 사람들은 군인들을 몰아냄으로써 그들의 첫 번째 목표를 달성했다. 남녀노소를 막론하고 자신들이 스스로 도시를 이끌어 나가고 있다는 사실에 감격하고 있었다.

"광주 밖 한국 사람들은 우리를 믿지 않아요. 다른 세계 사람들이 여기서 무슨 일이 일어났는지 알게 된다면 그들도 우리를 지지할 거예요."

내 옆에 있는 노인이 말했다.

"사진을 많이 찍으세요. 서울 사람들이 이 사진을 보게 된다면 우리를 도와줄 겁니다."

그 옆의 노인이 말했다. 내가 사람들과 말을 하고 있는 사이에 로빈은 이미 촬영 준비를 마치고 셔터를 누르고 있었다.

"저 사람이 사진을 찍고 있어요. 그런데 사진을 국외로 가지고 나가려면 쉽지 않을 거예요."

내가 로빈을 가리키며 말했다. 나는 과연 로빈이 이 사진을 국외로 제대로 보낼 수 있을까 걱정이 됐다. 군인들이 그의 카메라와 필름을 압수할 수도 있었다.

일부러 조악하게 만든 전두환 허수아비는 흉물스러운 모습으로 땅에 누워 있었다. 어떻게 보면 슬프고 쓸쓸한 인상이기도 했다. 이 모습이 군중이 증오하는 전두환이라면 두려워할 필요가 없을 것도 같았다. 골판지와 합판 등으로 얼기설기 만든 형상이었다. 사람들이 허수아비를 일으켜 세웠으나 쓰러져 버렸다. 제대로 세워지지도 않고 불을 붙이기도 어려워 보였다. 사람들이 여러 번 시도했으나 그럴 때마다 허수아비는 쓰러져 버렸다. 허수아비는 붉은 페인트로 '전두환'이라고 쓴 띠를 두르고 있었다. 광주 외곽에서 이동하던 청년들이 둘렀던 띠와 같은 것이었다. 허수아비의 얼굴이 전두환과 별로 닮지 않았기 때문에 이 띠가 허수아비의 정체를 알리는 중요한 구실을 하고 있었다.

허수아비에 불이 붙자 로빈은 많은 사진을 찍었다. 군중들은 미국 대학 풋불 경기의 관중에 버금가는 환호를 보냈다. 그 소리를 듣는 순간 강력한 전율이 내 등줄기를 타고 흘렀다. 절대 권력에 대한 항쟁을 이렇게 열정적으로 이어가는 사람들이 참으로 놀라웠다. 이들은 자신들이 역사의 옳은 편에 서 있다고 분명히 믿고 있었다. 나도 이들이 올바른 역사를 만들어 나가고 있다고 생각했다.

불길은 순식간에 사그라들었고 사람들은 애국가를 제창한 후 저항가요를 부르기 시작했다. 수만 명에 달하는 군중의 합창에 압도되었다. 이 광경에 매료된 나머지 로빈을 잠시 잊고 있었다. 그를 바라봤더니 그도 나만큼 정신이 팔려 있었다. 우리 둘은 군중의 일사불란하면서도 자부심 넘치는 행동에 감동한 채로 그 자리에 서 있었다.

노래가 끝나자 사람들은 흩어지기 시작했다. 잠시 후, 제법 많은 사람들이 우리 주변으로 모여들었고 많은 질문이 빠르게 쏟아져 정리를 해야 했다.

"천천히, 한 사람씩 말씀해 주세요."

몇몇 젊은이들이 앞으로 나왔다.

"저는 광주를 돕기 위해서 서울에서 내려왔어요. 저를 포함해 서울 대학생 삼백 명이 담양을 거쳐서 광주로 왔는데 우리 중 삼십 명 정도만 광주로 들어오는 데 성공했어요. 친구들에게 무슨 일이 생겼는지 모르겠어요. 군인들에게 잡혔을까요?"

"서울에서 오던 학생들이 헬리콥터 사격을 당했다는 이야기도 있어요."

옆의 다른 학생이 말했다.

"아이들을 찾으려고 나선 노인들을 태우고 화순에서 광주로 오던 버스가 총격을 당했다는 소식도 있습니다."

젊은 여성이 말했다. 사람들의 말이 너무 빨라서 알아듣기가 힘들었다. 경험담과 주변에서 들은 소문들이 마구 섞여 있었다. 이 둘을 분리하기가 현실적으로 불가능했다. 민간인을 향한 헬기 사격 이야기에 영안실에서 본 할머니와 어린아이 시신이 계속 떠올랐다. 사람들 하나하나가 기막힌 경험을 했는데, 이 이야기들을 어떻게 모두 기록하고 증명할 수 있을까? 사람들의 얼굴을 찬찬히 살펴보면서 이 군사 정권이 과연 이런 참혹한 사태가 공개되는 걸 용인할 수 있을까 걱정되었다.

"왜 미국 정부는 전두환을 막지 못했습니까?"

중년 남자의 목소리가 군중을 갈랐다. 사람들은 조용해졌다. 나는 어떻게 대답해야 할지 몰라 한참을 망설였다.

"저도 서울의 미국 대사관과 연락할 수 없었습니다. 대사관은 여기서 무슨 일이 일어나고 있는지 모르는 것 같습니다. 우리는 지금 여기서 일어나고 있는 일, 우리가 목격한 이 일을 하나도 빠짐없이 대사관과 우리가 할 수 있는 한 모두에게 전할 것입니다."

그 중년 남자는 고개를 끄덕였으나, 자기 질문에 대한 대답은 아니라는 표정이었다. 로빈은 필름을 챙겼다. 사람들은 흩어지기 시작했고, 우리는 도청 정문으로 발걸음을 옮겼다. 도청 앞 상황은 이제 나름의 질서를 갖춘 일상으로 굳어지고 있었다. 사람들은 무기를 받아 외곽 순찰과 경비에 나서고 돌아오면 무기를 반납했다. 아직도 많은 할머니들이 자식들의 생사를 확인하기 위해서 시신 안치소로 가고 있었다. 구급차 소리는 더 이상 들리지 않았다. 그 사실 하나만으로도 기뻤다.

데이브와 테리가 도청 회의실로 올라가는 계단 아래에서 우리를 기다리고 있었다. 테리와 로빈은 학생 지도자와의 인터뷰를 원했다. 회의실에서는 열띤 토론이 벌어지고 있었는데 대학생 대표 둘은 끝까지 광주를 지킬 것이라고 단호하게 말했고 나머지 위원들은 광주를 '정상으로 돌려놓아야' 한다는 주장을 반복했다. 식료품은 떨어져 가고 있었고 두려움과 긴장으로 사람들은 지쳐 가고 있었다. 나도 마찬가지였다. 나는 동료들에게 돌아섰다.

"나는 아무래도 광주를 벗어날 수 있는지 다시 시도해 봐야겠어. 오늘은 너무 늦었으니까 내일 다시 해 볼 거야."

나는 내 일을 해야 했다. 여기에서 일어난 일을 미국 대사관과 평화봉사단에 알려야만 했다.

"어떻게 나가려고? 도로를 이용해서는 갈 수 없어."

"알아. 여기서 남쪽으로 가서 산을 넘으면 호혜원으로 가는 길을 찾을 수 있을 것 같아."

머릿속에 지도를 그리면서 데이브에게 말했다. 자주 등산을 다니던 산등성이의 반대편이 광주라는 사실을 떠올리며, 거길 넘으면 호혜원으로 향하는 길이 나올 것이라 생각했다. 초행길이지만 내가 여름마다 아이다호 숲에서 일하면서 익힌 실력을 발휘하면 크게 어렵지 않을 것 같았다. 나는 길을 잃어서 수풀 속을 헤맬 때 길을 찾는 방법도 알고 있었다.

"길이 있어? 가는 길을 알고 있는 거야?"

"아마 산 아래까지 이어지는 작은 산길이 있을 거야. 하지만 거기서부터는 숲과 나무를 헤치며 통행로를 찾아야 할지도 몰라."

나는 다소 과장된 표정으로 확신하며 데이브에게 말했다.

"그 지역도 군인들이 순찰하고 있을 거야."

"솔직히 말해서 두렵고 무서워. 군인들이 나를 쏘고 나서, '봐라, 광주의 공산주의자들이 미국인도 죽였다.'라고 할 수도 있고."

데이브의 말에 숨을 크게 내쉬면서 말했다. 스스로 바보 같다는 생각이 들었다. 광주에 조용히 있으면서 기다리는 게 옳지 않을까? 이게 잘한 결정인지 확신도 들지 않았다.

"현명한 결정이라고 생각하세요?"

로빈의 물음은 나를 더 불안하게 했다. 어떻게 답해야 하지? 내가 지금까지 내린 결정들이 현명했나?

"모르겠어요. 그렇지만 더 이상 여기에 머물 이유가 없어요. 우리 중 하나는 서울로 가서 대사관과 평화봉사단에 이 사태를 알려야 해요. 그리고 내가 여기를 빠져나가는 길을 가장 잘 알고 있어요."

데이브, 로빈, 테리 세 사람이 말없이 고개를 끄덕였다. 최종적으로 결정하고 나니 마음이 편했다. 내가 할 일이 생긴 것이다. 잠시 후 시민 위원회 회의는 또 결렬되었고, 우리는 두 인터뷰를 준비했다. 나와 로빈이 한 학생을, 테리와 데이브가 다른 학생을 맡았다. 그때 갑자기 '쾅!' 하는 소리와 함께 방문이 열리더니 청년 둘이 뛰어들어 왔다. 우리는 깜짝 놀랐다.

"군인들이 오늘 여섯 시에 쳐들어온대요."

그들이 외쳤다.

"한 시간밖에 남지 않았는데?"

데이브가 말했다. 두 젊은이는 건물 안의 다른 사람들에게 소식을 전하기 위해 방을 나갔다. 인터뷰는 십오 분 정도로 짧게 진행했다. 소란스러워서 그런지 다소 경직된 분위기였다. 방에 모인 사람들은 곧 군인들이 진입할 것이라 확신하는 표정이었다. 다만 그들도 나처럼 그것이 조금이라도 늦어지길 바라고 있었다. 마무리를 짓고 테리, 로빈, 데이브는 호텔로 돌아갔고, 나는 팀의 집으로 향했다. 광주를 빠져나갈 내 계획과 군인들의 공격 소식을 알려 줄 생각이었다. 거리는 조용했다. 빠른 걸음과 스트레스가 겹쳐 등에서 땀이 줄줄 흘렀다.

대문을 두드리자 아주머니가 문을 열어 주었다. 아주머니는 헝클어진 내 모습을 보고 걱정스러운 표정을 지었다. 상황을 자세히 설명할 수 없었기 때문에 '저는 괜찮습니다.'라는 짤막한 대답으로 대신했다. 아주머니는 고개를 끄덕였다. 팀은 집에 있었다.

"팀, 도청에서 통역을 하고 있는데, 오늘 여섯 시에 군인들이 쳐들어온다는 소식이 있었어."

"여섯 시? 우리가 듣기로는 다섯 시 반이라고 하던데?"

"뭐? 정말? 그럼 십오 분밖에 남지 않았는데? 나는 내일 다시 광주를 빠져나가야 할 것 같아. 자전거 가지러 아침에 들를게."

시계를 들여다보면서 다급하게 말을 이었다.

"어떻게 빠져나가려고? 가능할 것 같아?"

팀이 손을 가로저으면서 물었다. 옥진과 그의 어머니도 무슨 일인가 하고 우리를 쳐다봤다.

"도로를 이용하지 않고 산을 넘어서 호혜원으로 갈 계획이야. 내일 자세하게 다시 이야기해 줄게."

급한 나는 계획을 되는대로 빨리 설명했다. 아주머니가 문을 열어 주었고 인사를 하고 밖으로 나와 호텔로 달려갔다. 지난 며칠 사이에 소문과 사실이 마구 뒤섞여서 구분하기가 어려웠다. 군대가 다시 공격해 온다는 것이 확실한지 생각할 때가 아니었다. 몇 블록을 정신없이 뛰다가 텅 빈 거리 근처에서 속도를 줄였다. 여러 가지 불길한 생각들이 마구 떠올라서 잔뜩 움츠러들었다. 만약 앞에 탱크가 나타나면 어떡하지? 가까운 가게로 들어가거나 아무 문이나 두드려야 할 것이다.

나는 '탈출' 계획을 구상하기 시작했다. 내일 아침에는 사망자 영결식 취재를 위해서 로빈과 만나기로 약속이 되어 있었다. 정오 전에 광주를 떠난다면 오후 여덟 시까지는 집에 도착할 수 있을 것이다. 일단 자전거를 타고 도시를 가로질러서 내가 올라야 할 산 근처까지 간다. 거기서부터, 특히 능선으로 이어지는 길이 없다면 자전거는 짐이 될 것이다. 그렇다면 자전거를 버리는 수밖에 없을 것이다. 모든 것이 계획대로만 된다면 어두워지기 전에는 집에 도착할 수 있을 것 같았다. 군인들에게 저지당하는 최악의 상황은 염두에 두지 않았다.

다시 호텔로 돌아왔을 때 로빈 무리들이 군 부대의 여섯 시 공격은 또 다른 소문이었다는 것을 알려 주었다. 안도의 숨과 함께 의자에 몸을 맡겼다. 호텔로 오는 내내 긴장한 탓에 몸이 제대로 말을 듣지 않았다.

"당신 친구 데이브가 도청으로 갔어요. 학생들과 함께 밤을 새울 계획이랍니다."

로빈이 내 눈을 주시하며 말했다. 그는 내 반응이 궁금한 것 같았다.

"네? 군인들이 쳐들어오면 그도 죽어요!"

나는 너무 놀라 의자에 똑바로 앉으며 소리쳤다.

"네, 우리도 그렇게 이야기했어요. 그런데 그는 단호했어요."

로빈이 어깨를 으쓱하며 대답했다.

"젠장!"

이 말밖에 못하고 나는 다시 의자에 털썩 기댔다. 도무지 갈피를 잡을 수 없었고 할 말을 잃었다. 기자들도 걱정하는 표정으로 내 옆에 앉았고, 우리는 몇 가지 음식을 주문했다. 음식거리도 거의 동났는데, 쌀밥과 김, 김치 정도는 아직 남아 있었다. 식사를 끝내고 기자들에게 물었다.

"어떻게 생각하세요?"

"뭘요? 학생들과 함께 있는 당신 친구에 대해서 묻는 것이라면, 내 생각에 그는 지금 잘못하고 있는 것 같아요. 앞으로 상황이 급격하게 나빠질 수 있어요."

독일 기자 중 한 사람이 대답했다.

"맞아요. 전적으로 자신의 결정이고 나도 데이브의 입장을 지지하긴 하지만, 잘못되면 우리 전체가 곤란해질 수 있어서 걱정이 됩니다."

내가 말을 계속 이어 나갔다.

"군인들은 이제 우리가 개입했다고 말할 수 있을 것이고, 우리를 이 나라에서 추방시킬 명분을 얻었을 겁니다. 그래도 나는 도청으로 가서 그에게 돌아오라고 하지는 않겠습니다. 이건 어디까지나 그의 결정입니다."

나는 탁자에 팔꿈치를 대고 손으로 머리를 감쌌다.

"내일 떠나는 계획 때문에 걱정하는 거라면, 그럴 필요는 없어요. 오늘 밤은 무사히 넘어갈 것 같고, 데이브는 통역을 위해 내일 돌아올 겁니다. 내일 오후로 계획된 기자 회견에 팀도 합류하겠다고 했고요."

테리가 말했다.

"우리는 사태가 끝날 때까지 광주에 머물 생각입니다. 우리가 한국을 떠날 때까지는 기사와 사진을 밖으로 내보낼 수 없어요. 계엄령이 계속되는 한 필름을 한국 밖으로 빼내는 데 많은 어려움이 있을 겁니다."

로빈이 덧붙였다.

"평화봉사단과 대사관에서 여기 소식을 아는 것도 중요해요. 그들은 전두환과 군부에서 제공하는 소식만 듣고 있을 테니까요. 서울로 가서 그들에게 여기 소식을 전해 주세요."

테리가 말했다.

"감사합니다."

자세를 바로 세우며 내가 대답을 했고 로빈을 바라보며 말했다.

"내일 아침에 로빈 통역을 하고 오후에 떠날게요."

"감사합니다. 조심해요. 우리 모두는 그간 군인들이 어떻게 했는지 잘 봤잖아요?"

로빈이 걱정스러운 듯 내게 말했다.

"네."

입을 굳게 다물고 주변의 기자들을 둘러봤다. 이 사람들을 도울 수 있다는 것이 기뻤다. 우리는 앞으로 각자 다른 길을 가게 될 것이다. 그들이 각자 맡은 다른 임무를 수행하는 동안 나는 내가 일하는 마을로 돌아가 있을 것이다. 물론 모든 게 계획대로 진행된다면 말이다. 나는 일이 잘못될 경우는 생각하지 않기로 했다.

열둘째 날

5월 25일 일요일: 산 너머에는 평화가 있을까

—

간밤에 내린 보슬비로 도로는 촉촉하게 빛나고 있었다. 로빈과 나는 도청에 도착하고서야 아침에 예정되었던 합동 영결식이 이미 취소되었음을 알았다. 위원회는 모든 시신에 대해서 부검을 실시하기로 결정했다. 비가 간간히 내리고 있었고 밖에 나온 사람들은 별로 없었다. 비도 영결식 취소에 영향을 미쳤을지 궁금했다. 로빈이 예배 사진을 찍고 싶어 했기 때문에 학생 지도자 중 한 명과 이야기를 나눈 끝에 차량을 얻어 타고 교회로 가기로 했다. 이른바 '불순분자' 학생 셋이 우리와 함께 탔다. 학생들과 함께 시위용 차량을 타고 가는 게 조금 불편했다. 비가 오더라도 차라리 걸어가면 좋겠다는 생각도 들었다.

학생들은 우리를 적극적으로 돕고 싶어 했고 우리를 태운 차는 깨끗하게 청소된 빈 거리를 내달렸다. 나는 어제 도청에서 밤을 지낸 데이브가 어디에 있는지 궁금했지만 묻지 않기로 했다. 학생들이 나에게도 오늘 밤 자신들과 함께하자고 제안할까 걱정되었다. 만약 그랬다면 그들을 섭섭하게 하지 않으면서 거절할 명분을 찾아야 했을 것이다.

우리는 근처 성당으로 갔다. 소박하게 지어진 성당이었다. 안에서는 이미 예배가 진행 중이었는데 고함 소리나 통곡 소리, 설교단을 두드리는 소리 없이 조용했다. 평소와 다를 바 없는 일요 예배를 방해하고 싶지 않아서 우리는 맨 뒤에 서 있었다. 십 분 정도 지나자 예배가 끝났고, 사람들은 우리가 있는 출입구를 향하여 줄지어 나왔다. 모두들 로빈을 위해 포즈를 취하고 싶어 하는 듯했다. 다들 예배 복장 차림으로 깨끗하게 차려입고 있었다.

"찍을 만한 장면이 없네요. 어디서나 볼 수 있는 일요 예배예요."

로빈이 나를 쳐다보며 말했다.

"모든 게 정상으로 보이고 다들 평범하게 행동하는 게 정말 놀라워요."

"사람들은 그저 그들의 삶을 살기를 원하는 것 같아요."

로빈이 한숨을 쉬면서 말했다. 이야기를 나누고 있는데, 성당 신부님 한 분이 우리에게 다가와서 손을 잡더니 건물 뒤편으로 안내했다. 큰 방에 들어서자 탁자 위에 놓인 맥스웰 하우스 커피가 보였고 주전자에는 물이 끓고 있었다. 우리는 설탕과 크림이 잔뜩 들어 있는 커피를 대접받았다. 커피의 온기와 단맛의 조화가 이렇게 힘을 북돋아 주는 줄 이전에는 미처 몰랐다.

신도들이 우리 주변으로 모여들었고, 내가 늘 겪던 '스무고개'가 시작되었다. 나는 사람들의 관심을 나에게서 로빈에게로 돌리는 데 성공했다. '결혼은 했느냐?', '자녀는 몇이나 두었느냐?', '몇 살이냐?', '어디서 왔느냐?', '취미는 무엇이냐?' 로빈은 놀이를 하듯 재미있게 답변했고 나는 통역을 했다. 그가 나를 바라보더니 눈을 찡긋하며 윙크를 했다. 나는 웃었다. 그는 내가 이 스무고개를 일부러 그에게 넘긴 것을 알고 있었다.

누구도 이 항쟁과 위험에 처한 나라와 전두환에 대해서 이야기하지 않았다. 주일 예배를 보는 오늘만큼은 근심거리에서 벗어나고 싶은 듯 보였다. 몇몇 사람들은 아직 이른 시간임에도 불구하고 점심을 대접하고 싶어 했다. 과분할 정도로 친절이 넘쳤다. 그러나 갑자기 죄의식이 몰려왔다. 물자가 너무나 부족한 이런 때에 이렇게 커피와 간식을 대접받아도 되나 하는 생각이 들었다.

식사 권유를 겨우 뿌리치고 나와서 밖에서 우리를 기다리고 있는 '불순분자 폭도'들을 찾았다. 로빈과 나는 도청으로 돌아가기 위해서 차의 뒷자리에 나란히 앉았다. 우리를 안내한 학생들은 우리가 들르고 싶은 곳이 더 있는지 물었다. 나는 최대한 공손하게 더 이상 안내는 필요 없다고 말했다.

긴장이 덜 풀린 상태에서 차에서 내리고 있는데, 도청 정문 앞에서 학생 지도자 한 사람이 우리를 향해 뛰어와 내게 말했다.

"당신이 어제 인터뷰한 김 씨와 또 다른 위원 한 사람이 다쳤어요."

"네? 왜요?"

"볼펜에 찔렸어요."

"정말요? 누가 그랬습니까?"

"불만이 있는 사람인 것 같은데, 누군지는 몰라요. 군인은 아닙니다."

"다들 괜찮습니까? 지금 어디에 있습니까?"

볼펜에 찔렸다면 큰 상처는 아닐 것으로 생각되었다.

"다들 괜찮아요. 지금 전남대 병원에 있어요."

큰 사건은 아닌 것 같았으나, 사람들 사이에 피해망상증이 광범위하게 퍼져 있음을 알게 해 주었다. 물론 나도 그 피해망상증에 감염되어 있었다. 다음 사건이 언제 일어날지, 군인들이 언제 공격해 올지 생각하며 나는 어깨를 움츠렸다.

구름은 걷혔고 햇볕으로 거리의 물기는 말라 있었다. 지난밤에 비가 많이 내리지는 않았기 때문에 산길이 질펀할 것 같지 않았고, 오후에는 완전히 마를 것 같았다. 나는 로빈과 함께 호텔로 돌아가 기자들과 작별 인사를 했다.

"저는 이제 돌아갑니다. 산을 넘어서 갈 계획입니다. 상황이 여의치 않으면 오후에는 돌아오겠습니다."

내가 갈 방향을 가리키며 자신 있다는 표정으로 어깨를 으쓱했다. 솔직히 두려웠지만 감추고 싶었다.

"폴, 정말 조심해야 해요. 군인들이 무슨 짓을 했는지, 무슨 일을 할 수 있을지 봤잖아요."

로빈이 말했다.

"네, 조심하겠습니다. 군인들이 보이면 돌아올 겁니다. 통역을 맡게
되어서 좋았어요. 여기 소식을 세상이 알게 되면 좋겠습니다."

모인 기자들을 둘러보며 말했다. 그들은 고개를 끄덕였다. 그간 많은
일들이 나의 의지와 관계없이 전개되었다. 이제 내 계획을 실행할 차례
였다. 나는 증인으로 책임에 충실할 의무가 있었다. 사태를 목격하는
것과 그걸 기록해 사람들에게 알리는 것은 다른 일이었다. 통역을 통해
목소리를 전달하는 것은 또 다른 일이었다. 기자들은 자신들의 역할을
잘 알고 있는 것 같았다. 관찰하고 기록해야 할 때와 개입해서 도와야
할 때, 그리고 사태가 악화되지 않도록 개입해야 할 때를 알고 있었다.
하지만 나는 아직 그렇지 못했다.

몇 분 후 호텔을 나와 자전거를 가지러 팀의 집으로 향했다. 걸어가
면서 많은 생각을 했다. 만일 내가 미국인이 아니고 광주에서 태어나고
자란 한국인이었다면 기꺼이 전두환에 맞서 싸웠을까? 광주의 이 젊은
이들처럼 목숨을 걸고 투쟁할 수 있을까? 대답하기 쉬운 질문은 아니었
다. 미국인으로 자라면서 나는 미국의 지도자들은 자기 역할을 잘 수행
하고 있으며 국민의 의견은 충분히 존중받는다고 믿었다. 이런 문제로
고민한 적이 없으니, 내가 미국에서 태어난 것은 일종의 특권임에 틀림
없었다. 그런데 한국의 젊은이들은 자신들이 옳다고 여기는 일에 목숨
을 걸어야 하는 독재 정권하에서 살고 있는 것이다. 그들은 자신들의
미래를 위한 목소리를 내고 있었다. 나는 미국이 그들을 지지하려 할지

궁금했다.

팀의 집에 도착했을 때는 늦은 아침이었다. 비는 몇 시간 전에 그쳤고 도로의 물기도 거의 마른 상태였다. 내 가방에는 광주에 오면서 담아 온 물품들이 전부 그대로 들어 있었다. 내 옷은 정말 말이 아닐 정도로 꾀죄죄했다. 옥진이 문을 열어 주었다. 그는 항쟁이 시작된 후로는 집 밖으로 나가지 않았다. 팀은 안에서 청소를 돕고 있었다.

"팀, 자전거 가지러 왔어. 계획대로라면 저녁에는 호혜원에 도착할 거야."

"그다음에는?"

웅크리고 앉아서 청소를 하던 팀이 고개를 들고 물었다.

"가능할지는 모르겠지만 내일 서울로 가려고."

"그래. 잘 되면 좋겠어."

"나쁜 소식이 하나 있는데……."

팀이 놀란 표정을 지어서 나는 잠시 말을 멈췄다.

"데이브가 어젯밤에 도청에서 잤어."

손을 허리에 얹으며 말했다.

"뭐라고? 어젯밤에 군인들이 쳐들어오지 않아서 천만다행이다!"

팀이 벌떡 일어나며 크게 소리쳤다. 팀의 반응은 내가 충분히 예상한 바였다.

"그래. 데이브가 오늘 또 도청에서 잔다고 하면……."

나는 말을 잇다가 그만두었다. 예상되는 결과를 상상하기도 싫었다. 팀은 계속 나를 바라봤다.

"기자들은 아직도 통역이 필요해?"

팀이 머리를 흔들며 물었다.

"응. 아마 오늘 오후에 있을 기자 회견 때 필요할 것 같아. 데이브가 왔으면 하는데."

"넌 계획대로 산등성이를 잘 넘을 수 있을 것 같아?"

팀이 걱정하는 표정으로 물었다.

"잘 모르겠어. 하지만 다른 대안이 없어."

나는 팀과 힘껏 포옹을 했다. 이제 갈 시간이었다. 아주머니가 대문을 열어 주었고 나는 자전거를 집 밖으로 내놓았다. 아주머니가 이번에는 삶은 달걀을 주지 않았다. 주었다 하더라도 거절했을 것이다.

길은 조용하고 평온했으며, 여기저기 작은 웅덩이가 간밤에 비가 내렸음을 알려 줄 뿐이었다. 광주 외곽까지 가는 길은 별 어려움이 없었다. 길에 사람들도 별로 없었다. 도시 남쪽에 있는 고개로 방향을 잡았다. 가 본 적은 없었지만 그 고개가 남평으로 가는 산등성이와 이어지는 것만은 분명했다. 큰길 대신 좁은 길을 이용해 고개 밑으로 이어진 비포장도로를 향해서 천천히 그리고 조심스럽게 이동했다. 주변으로는 작은 논밭과 오래된 집들이 들어서 있었고, 간혹 초가집도 보였다. 도시 외곽으로 펼쳐진 전형적인 농촌 풍경이었다.

마침내 비포장도로가 끝나는 지점에 도착했다. 지나오면서 몇몇 사람들과 마주치기는 했으나, 마지막 몇 킬로미터쯤부터는 아무도 없었다. 길 오른쪽으로 작은 농가가 하나 있었고, 왼쪽으로는 아주 좁은 산 길이 있었다. 근처에서 닭 우는 소리가 들리는 것으로 봐서 사람이 살고 있는 것 같았다. 그 집의 철문을 두드렸다.

"여보세요?"

"누구세요?"

조심스러운 투의 대답이 안에서 들렸다. 할머니의 목소리임에 분명했다.

"할머니, 제가 산을 넘어가려고요."

"아이고, 왜 산을 넘으려고 해요?"

할머니는 긴장이 약간 풀어진 듯한 목소리로 말했다.

"남평 근처에 있는 우리 집으로 가려고요."

웃으며 농담을 해 볼까 하다가 그 대신에 집으로 간다고 대답했다. 호혜원에서 오 킬로미터 이상 떨어진 곳에 사는 사람들에게 호혜원은 생소하기 때문에 괜한 설명은 할머니를 혼란스럽게 할 뿐이었다. 문에 대고 혼자 말하는 게 힘들었다. 안에서는 아무 말이 없었고, 할머니가 문을 열거나 아니면 대꾸라도 하지 않을까 잠시 기다렸다. 마침내 할머니가 대답했다.

"산꼭대기로 올라가는 길이 하나 있어요. 다른 쪽에도 산을 내려가는 길이 있고요."

"감사합니다, 할머니."

나는 문에 대고 습관적으로 고개를 숙이며 인사했다.

비포장 길을 건너서 산길로 접어들었다. 한국 농촌에서 흔히 볼 수 있는 경운기가 다닐 정도로 넓었기 때문에 자전거를 끌고 걸어가기에 충분했다. 산길을 오르기 시작했고 언덕의 비탈을 횡단한 다음 계단 형태로 일군 채소밭을 통과했다. 채소밭에는 대나무로 만든 반달 모양의 비닐하우스가 설치되어 있었다. 경운기를 밭갈이용으로 사용하기 위해서 산길을 넓게 조성한 것으로 보였다. 이십 분쯤 가자 산길이 갈라졌는데 정상 쪽으로는 작은 길이 이어졌고 큰길은 옆으로 뻗어 있었다. 나는 확신을 가지고 올라가는 길을 택했다.

비는 그쳤으나 위로 올라갈수록 길이 질퍽해지기 시작했다. 특히 그늘진 곳은 땅이 전혀 마르지 않아서 방심하면 바로 미끄러질 정도였다. 신발과 자전거 바퀴에 진흙이 달라붙어 엉망이 되기 시작했다. 길에 사람이 다녀간 흔적이 있는지 살펴봤으나 아무 흔적도 발견할 수 없었다. 발자국 흔적이 없다는 것은 이 길은 더 이상 사용되지 않는 막다른 길이라는 뜻이므로 다른 길을 찾아야 했다. 아니면 최소한 이 길에는 군인들이 없다는 뜻이기도 했다. 어떻게 해야 할까? 셔츠는 이미 땀으로 축축하게 젖었는데 군인들을 생각하니 땀이 더 났다. 길을 물어볼 수 있는 사람은 아무도 없으니 무조건 올라가 보자는 결론을 내렸다.

자전거를 끌고 낑낑거리면서 계속 위로 올라갔다. 길이 너무 좁아서 자전거를 끌기 힘들면 어깨에 메고 올랐다. 대부분 자전거를 끌고 갈 만한 너비의 산길이어서 다행이었다. 여러 개의 계단밭을 건넜는데, 대부분 아래쪽 보다는 작은 규모였다. 또 여러 개의 묘지가 모여 있는 곳을 지났는데, 지날 때마다 도청 안에 설치되어 있던 시신 안치실이 떠올랐다. 그 기억이 머릿속을 파고들었지만, 이제 그곳은 백만 마일이나 떨어진 장소처럼 느껴졌다. 계속 위로 올라갔다. 오르막길 경사가 심해지면서 심장은 더 빨리 뛰기 시작했고 군인들이 잠복해 있을지도 모른다고 생각하니 뒷덜미가 쭈뼛해졌다. 산길 모퉁이를 돌 때마다, 묘지를 만날 때마다 앞길을 막아서는 군인들이 있을 것만 같았다. 빨리 집으로 갔으면 하는 마음뿐이었다.

산길 입구의 할머니 집을 떠난 후 거의 세 시간 정도 지나 드디어 정상에 도착했다. 반대편 산 아래 남평으로 흐르는 작은 강줄기가 눈에 들어오자 너무 기뻤다. 신발과 바지, 자전거는 진흙투성이였다. 능선을 따라 내려오면서도 계속 발자국을 찾았다. 발자국은 없었고 숲은 많이 우거진 편은 아니었다. 일단 동쪽 능선을 따라갔다. 한 시간쯤 걸었을 때 드디어 호혜원으로 이어지는 작은 산길을 발견했다. 그 길을 따라 바로 내려갔다.

내려가는 길에 들어서자 마음이 조금씩 안정되었다. 마침내 광주를 벗어나서 군인들과 그들의 무기, 거대한 탱크로부터 해방되었다. 즐비한 관과 피투성이 옷을 입고 그 안에 말없이 누워 있던 젊은이들, 그 옆에서 통곡하는 부모와 조부모로부터도 멀어졌다.

내려가는 길은 순탄했다. 지치고 배고팠으나, 일단 계속 걸어야 했다.

오후 일곱 시쯤 기진맥진한 상태로 호혜원에 도착했다. 일요일 밤이어서 늘 그렇듯이 밖에 나와 있는 사람은 없었다. 진흙으로 엉망이 된 자전거를 세우고 방문을 열었다. 가방을 방 안으로 던져 넣고 잠시 밖에

서서 멍한 상태로 지난 일주일을 돌아봤다. 방으로 들어가기 전에 마을 지도자인 김 씨에게 돌아왔다고 알리는 게 좋겠다는 생각이 들었다.

"계세요?"

문을 두드리며 그를 불렀다.

"오! 고 선생, 어서 들어오세요."

그가 놀라 눈을 동그랗게 뜨고 나를 반겼다. 그는 온통 진흙으로 범벅이 된 나를 위아래로 살펴봤다. 그런 상태로 방에 들어가는 게 미안해서 그냥 문밖에 서 있었다.

"평화봉사단 사무실에서 전화가 왔어요. 광주에 있다고 했어요."

"전화가 됩니까?"

"네, 어제부터 됩니다. 오는 즉시 사무실로 전화해 달랍니다."

그가 담배를 꺼내 물며 말했다. 나는 '즉시'라는 표현이 뭘 의미하는지 잘 몰랐다.

"알았습니다. 오늘 전화해야 할까요, 아니면 내일 아침에 해도 될까요?"

그는 대답 없이 밖으로 나와 담배를 끄고 신발을 신은 다음 문을 닫았다. 우리는 마을 사무소로 향했다. 마을에서 신발을 벗지 않아도 되는 유일한 장소였다. 가는 동안 그는 아무것도 묻지 않았다. 궁금한 것이 있었다고 해도 내 옷 상태, 얼굴에 가득한 피로, 지친 걸음이 모든 것을 말해 주었을 것이다.

"선생님께서 부탁한 학생들은 다 괜찮습니다. 내 평화봉사단 친구가 묵고 있는 집의 아주머니가 전화로 확인했습니다."

그는 고개를 끄덕이며 감사를 표했다. 사무실에서 김 씨는 전화 자물
쇠를 열고 다이얼을 돌렸다. 나는 의자에 몸을 맡기고 앉았는데, 몸이
녹아내릴 것만 같았다. 그가 수화기를 건넸다. 일요일 저녁인데 평화봉
사단 사무실에 직원들이 있을까 생각했지만 누군가가 전화를 받았다.
내 이름을 확인하더니 책임자 전화번호를 주면서 지금 당장 전화하라
고 말했다. 나는 지시대로 했다.

"여보세요. 폴 코트라이트입니다."

"폴! 목소리 들어서 정말 반갑습니다. 지금 어딥니까? 지금 상태는
어때요? 팀, 데이브, 줄리, 주디는 괜찮나요?"

짐이라고 자기를 소개한 사람의 목소리가 너무 커서 잠시 수화기를
귀에서 멀리 해야 했다. 그의 말은 빠르고 격렬했다. 이걸 다 어떻게 답
변해야 할까? 일단 숨을 크게 들이마셨다.

"우리 모두는 괜찮습니다. 모두 아직 광주에 있고 저는 오늘 겨우 빠
져나왔어요."

"지금 안전합니까?"

"네, 저는 안전해요. 마을에 와 있습니다. 광주로 오가는 길은 다 막
혔기 때문에 산을 넘어 왔어요."

"이동할 수 있겠어요? 내일까지 서울로 와야 합니다. 어떤 교통수단
을 이용하든 반드시 오세요. 비용은 우리가 다 지불할게요."

"노력해 볼게요. 지금 광주는 군인들이 도로를 전부 차단해서 아무
도 들어가거나 나갈 수 없습니다. 전남의 다른 지역 사정은 어떤지 모

르겠어요."

나는 잠시 숨을 고르고 생각한 후 덧붙였다.

"일단 내일 아침에 나주 보건소로 가서 도움을 요청해 보겠습니다."

"서울에 도착하면 전화주세요."

"지금 여기서 무슨 일이 벌어지고 있는지 아세요?"

내가 다그치듯 물었다. 대답을 기다리지 않고 계속했다.

"군인들이 시민들 수백 명을 죽였어요. 천 명이 넘는다는 얘기도 있어요. 남자뿐만 아니라 여자와 어린아이도 죽었어요. 한마디로 대학살입니다. 한국 TV에서 나오는 뉴스는 사실이 아닙니다. 광주 사람들이 아니라 전두환 때문에 이 일이 벌어진 겁니다!"

내 목소리는 점점 커졌고, 나는 마치 무기를 쥐듯 수화기를 움켜쥐었다. 계속 이어가려고 했으나 짐이 내 말을 끊었다.

"빨리 서울로 와서 대사관으로 가세요. 나도 갈 테니, 거기서 만납시다. 대사관에서 당신이 본 것을 다 말하세요."

나는 숨을 죽이고 그의 말을 들었다. 그가 말하는 한마디 한마디를 놓치고 싶지 않았다. 조금 안심이 되었다. 그가 선입견이 없이 나를 믿고 있다는 생각이 들었다. 우리의 이야기를 듣고, 우리가 내린 결정을 이해해 주기를 바랐다. 평화봉사단이 한국 군사 정부의 선전을 진실로 믿을까, 과연 우리의 이야기에 귀 기울여 줄까 걱정했었다. 짐의 목소리를 들으니 그런 걱정이 사라지는 것 같았다. 그러나 미국 정부가 우리가 본 것을 그대로 믿어 줄지는 확신이 서지 않았다.

나는 조심스럽게 수화기를 내려놓았다. 이제 완전히 탈진해 버렸다.

김 씨는 전혀 서두르지 않았다. 잠시 기다리다가 전화기를 나무 상자에 넣고 열쇠를 채웠다. 그를 쳐다봤다. 그도 걱정스러운 눈빛으로 나를 바라봤다.

그는 나의 통화 내용을 알아듣지는 못했으나, 광주, 전두환, 서울 등의 단어는 그의 관심을 끌었다. 그는 내 계획을 알고 싶어 했다.

"내일 아침에 나주 보건소로 갈 생각입니다. 거기서 서울로 갈 수 있게 도움을 받아야 할 것 같아요."

내가 여전히 떨리는 목소리로 말했다.

"버스는 아직 운행하지 않아요. 그런데 아마 차를 가진 사람이 도와줄 겁니다."

"그랬으면 좋겠습니다."

내가 한숨을 쉬며 말했다. 그에게 작별 인사를 했다. 그가 내 손을 잡았다. 그가 내 손을 잡는 건 처음 있는 일이었다. 우리의 눈이 마주쳤다.

"조심해서 가세요. 그리고 여기서 일어난 일을 알려 주세요."

"감사합니다. 잘 알겠습니다."

내가 할 수 있는 말은 이것뿐이었다. 목이 메었다. 방문을 다시 열고 신발을 벗었다. 방에 들어가기 전에 바지를 벗어 자전거 손잡이에 걸었다. 누가 나를 보는지 신경 쓸 겨를이 없었다. 팬티 차림으로 방 앞에 서서 방 안을 살펴보았다. 작고 보잘것없지만 그 어느 곳보다 아늑하고 안전한 내 공간이었다.

제임스 테일러 테이프를 플레이어에 넣는데 식은땀이 났다. 끔찍하게 배가 고팠다. 버너를 켜고 라면을 끓였다. 가장 빠르고 간단한 요리였다. 끓고 있는 라면에 달걀 두 개를 넣고 저었다. 내가 먹어 본 어떤 음식보다도 맛있었다.

마음이 여전히 혼란스러운 상태로 가방에서 옷가지를 꺼냈다. 이 더러운 셔츠와 바지를 마지막으로 입었던 때가 언제였나? 머릿속에서는 여러 장면들이 교차되어 떠올랐고, 이런저런 생각들이 밀려왔다. 광주에 있는 친구들이 걱정되고 내 자신이 걱정되었다. 광주에서 무슨 일이 벌어지고 있는지 사람들이 알고 있을까? 내가 잘 할 수 있을까? 마치 길을 잃고 헤매고 있는 것 같은 느낌이 들었다.

부모님에게 편지를 쓰기 시작했다. 보고 겪은 일을 써 내려가다가 그만두었다. 이 편지는 부칠 수 없었다. 그동안의 일을 친구도 아니고 부모님께 알린다면 얼마나 걱정하겠는가? 편지를 찢어 버렸다.

나는 물을 데워서 수건을 적셔 몸을 닦았다. 바지에는 여전히 진흙이 묻어 있고, 더러운 자전거는 내가 서울에서 돌아올 때까지 저 상태로 내버려 둬야 한다. 문밖에 있는 물건들에 신경 쓸 때가 아니었다. 일단 몸부터 깨끗해지고 싶었다.

아침 출발에 대비해 짐을 꾸렸다. 언제 돌아오게 될까? 다시 돌아올 수는 있을까? 그런 다음 앉아서 쓰기 시작했다. 쓰고 쓰고 또 썼다. 글을 쓰니까 지난 일주일의 고통과 앞으로 닥칠 일에 대한 불안이 조금씩 사라지기 시작했다. 오직 나를 위한 글이었다. 제임스 테일러의 '지붕 위에서Up on the Roof'가 흘러나왔다. 노래의 가사와 곡조가 나를 멀리 데려가는 것 같이 느껴졌다. 어딘가의 지붕 위에 있고 싶다는 생각이 몰려왔다. 모든 게 명확해지기를 바랐다.

열셋째 날

5월 26일 월요일: 서울로 가다

—

짐을 확인하고 방을 둘러봤다. 얼마나 비우게 될까? 내가 찍은 사진의 필름을 무사히 서울로 가져갈 수 있을까? 혹시 나도 검문을 받게 되는 것은 아닐까? 전남을 벗어나도 군인들이 사람들을 검문하고 있는지 전혀 모르는 상태였기 때문에 걱정이 밀물처럼 밀려왔다. 내가 목표가 될 수도 있을까?

밖으로 나오다 여전히 진흙 범벅인 자전거에 부딪힐 뻔했다. 오른쪽 손잡이에는 바지가 매달려 있었다. 내가 돌아올 때까지 이 자리를 지키고 있어야 할 물건들이었다. 그래도 일단 신발은 필요하니 신발 밑창에 달라붙은 진흙을 열심히 긁어 냈다. 평소와는 달리 수천 마리의 닭이 풍기는 냄새와 소리가 오히려 나를 편안하게 해 주었다. 호혜원은 오늘도 다른 날과 마찬가지로 평범한 일상이 시작될 것이다. 평소라면 나도 하루를 시작하고 환자를 돌보고 있었을 것이다. 눈꺼풀 수술을 받기 위해서 순천에 함께 갔던 두 사람이 잘 돌아왔을까? 아직 그 사실조차도 확인하지 못했다니. 오늘은 평범한 날이 아니었다.

서둘러 마을 사무실로 향했다. 김 씨와 간단히 안부를 주고받고 작별 인사를 나누었다. 그는 달걀 판매 사업 건으로 바쁜 눈치였다. 스스로 차편을 해결해서 나주까지 가야만 했다. 다행스럽게도 마을을 나오자마자 작은 픽업트럭을 만나 남평까지 왔고 또 다른 차를 얻어 타고 나주로 나올 수 있었다. 대중교통이 다 끊기긴 했으나, 대신 운전기사들의 인심이 후해진 것 같았다.

나주 경찰서 앞에 내렸다. 경찰서는 심하게 타격을 받은 상태였다. 경찰서 건물은 검게 그을려 있었으나, 주변은 깨끗하게 정리되어 있었다. 전반적으로 나주는 정상을 찾아가고 있는 듯 보였다. 나는 보건소 건물 위층의 큰 사무실로 올라갔다. 내가 들어서자 여섯 명의 직원이 몰려들었다. 불과 며칠 전에 다녀간 곳인데 몇 달은 지나간 것 같은 느낌이었다. 동료인 나환자 담당 직원, 산부인과 및 소아과 담당, 결핵 담당, 그리고 잘 알지 못하는 부서의 직원들을 포함한 모든 사람들이 내 곁에 둘러섰다. 미스 김은 보이지 않는데 아직도 광주에 갇혀 있는 것 같았다. 사람들은 내게 앉으라고 권하더니 질문을 쏟아 냈다. 최근 보건소장으로 부임한 젊은 의사도 사무실에서 나와 합류했다. 말이 너무 빠르고, 질문이 많아서 제대로 대답을 할 수가 없었다.

"잠시만요! 내가 본 건 전부 자세히 말할게요. 숨 좀 돌리고 천천히 합시다.”

　내가 질문을 끊자 주위가 잠시 조용해졌다. 숨을 들이쉬고 잠시 천장을 올려다봤다. 모두가 나를 주목하고 있었다. 나는 천천히 이야기를 시작했다. 자전거를 타고 광주로 간 일, 도로에 설치된 바리케이드와 군인, 총알구멍 난 버스를 본 이야기, 미스 김과 만나고 헤어진 사건 등. 사람들은 미스 김 이야기를 듣더니 걱정스러운 듯 한숨을 내쉬고 머리를 가로저었다. 그런 다음 나는 외신 기자들을 위해 통역하던 일을 설명했다. 임시 안치소에 모셔져 있던 시신에 대해서 이야기를 하는데 실제로 내가 본 장면을 그대로 옮기는 것이 말처럼 쉽지는 않았다. 관 옆에서 오열하고 있는 할머니를 떠올리다가 말문이 막혀서 나오질 않았다. 갑자기 심장이 두근거려서 평정심을 유지하기 힘들었다. 눈물 때문인지 시야가 흐릿해져서 주위의 사람들을 제대로 쳐다볼 수 없었다.

　결핵 담당 직원인 진 씨가 웃기 시작했다. 나는 어이가 없었다. 내 안에서 견딜 수 없는 분노가 치밀어 올라왔다. 지난 일주일 간 억누르던 공포, 고통, 분노가 한꺼번에 터져 나와 이성을 잃었다.

　“웃음이 나오세요?”

　나는 진 씨를 향해 고함을 질렀다.

　“나는 당신 나라 국민인 할머니와 어린아이가 죽은 것을 봤어요. 살해된 것을요. 군인들이 수백 명의 사람들을 죽였다고요!”

　뜨거운 눈물이 흘러나왔고 진 씨를 노려보았다. 내가 화내는 모습에 사람들은 일제히 숨을 죽였다. 진 씨는 통나무처럼 미동도 없이 서 있었고 얼굴은 잿빛이 되었다. 나는 한국에 있는 동안 감정을 폭발시킨 적이 없었다. 그러나 이번에는 도저히 그렇게 할 수 없었다. 순식간에 터져 나온 감정 때문에 한참 동안 정신을 차리기 힘들었다. 사람들의 당혹감은 좀처럼 수그러들지 않았다. 나는 신경 쓰지 않았다. 어떻게 웃을 수 있단 말인가.

보건소장이 일어났다.

"고 선생, 제 사무실로 갑시다."

그의 목소리가 희미하게 들렸다. 나는 일어서서 고개를 푹 숙이고 그를 따라나섰다. 내가 그의 사무실로 들어가는 동안 방 안은 여전히 조용했다. 그가 문을 닫고 우리는 앉았다. 흥분을 가라앉히지 못한 탓에 내 어깨는 여전히 들썩거렸고, 손은 떨리고 있었다. 완전 탈진 상태였다. 그는 자기를 똑바로 바라보라는 표정으로 나를 응시했다.

"진 씨에 대해서 언짢게 생각하지 마세요. 그는 당신을 보고 웃은 게 아니고 그렇다고 광주에서 벌어지고 있는 일 때문에 웃은 것도 아닙니다. 그는 너무 어처구니가 없고 당황해서 웃은 거예요. 우리는 외국인들이 한국의 좋은 면만 보기를 원하거든요. 그런데 선생은 보여 주고 싶지 않은 나쁜 것만 봤잖아요?"

"죄송합니다."

나는 마음을 가다듬기 위해 숨을 깊게 들이마셨다. 분노를 가라앉힐 수 있는 방법을 찾고 싶었다. 몸을 바로 세우고 그를 쳐다봤다.

"죄송할 필요 없어요. 미안해 할 사람은 오히려 우리입니다. 광주에서 일어난 일은 정말 너무 끔찍합니다. 이제 다시 예전으로 돌아갈 수는 없어요."

그의 목소리는 조용했고 절제되어 있었다.

"고 선생이 모든 것을 목격한 증인이라는 게 중요합니다. 여기 있는 우리 모두는 광주에 친구와 가족들이 있어요. 우리는 분노하고 있지만, 또 너무 두렵기도 해요."

그는 내 분노와 당혹감을 잘 이해하고 있었고 안정시키려고 했다. 그간 익힌 한국 문화에 대한 지식을 염두에 두면 그의 말은 충분히 이해가 되었으나, 진 씨에 대한 감정은 쉽게 사그라들지 않았다. 나는 미스 김을 생각했다. 그녀는 안전할까? 나는 똑바로 앉아서 소매로 눈물을 닦았다.

"군인들이 광주로 다시 쳐들어갔습니까?"

목소리에 다시 힘을 주었다.

"아직 아니지만 조만간 그렇게 할 것 같아요. 군용 차량이 광주 쪽으로 계속 이동하고 있는 걸 봤어요. 광주로 들어가는 주요 도로를 점령하고 있는 것 같습니다. 아무도 광주로 들어가거나 나오지 못하게 하고 있고요. TV는 온통 광주에 대해서 나쁜 쪽으로만 보도하고 있어요."

그가 나를 쳐다보며 턱을 쓰다듬었다.

"하지만 당신은 잘 해냈어요."

그가 힘없이 미소를 지었다. 처음으로 내가 단순한 외국인이 아니라고 느꼈다. 나도 이 사람들 중의 하나였다.

"이 사실은 굉장히 중요합니다. 전남 이외의 사람들은 무슨 일이 일어났는지 전혀 모르고 있어요."

나는 큰 유리창을 통해 불에 탄 경찰서를 바라보다가 그에게로 돌아섰다.

"서울로 가야 합니다. 어제 저녁에 평화봉사단 국장과 통화를 했어요. 미국 대사관에서 만나기로 했어요. 거기서 내가 본 걸 다 말할 수 있을 거예요."

그의 말을 듣고 자신감이 다소 회복되어 말했다.

"좋은 생각입니다."

그는 자기 자리에 앉더니 펜으로 자기 턱을 툭툭 치며 나를 계속 응시했다.

"하지만 전남 밖으로 나가는 일은 쉽지 않을 겁니다. 군인들이 도로를 다 막고 있어요. 아무도 떠날 수 없습니다. 여기저기 작은 도로들이 있다고 해도 바리케이드가 설치되어 있습니다. 빠져나가려고 하는 젊은이들은 전부 잡혀서 구금되는 상태입니다. 그런데 당신은 미국인이기 때문에 비교적 쉬울 것 같기도 해요."

"어떻게 하면 좋겠습니까?"

"잠깐만 기다려 보세요. 내가 도울 수 있을 것 같아요. 아는 택시 기사가 있는데 아마 전주까지는 태워다 줄 수 있을 거예요. 전주에서 버스를 타고 서울로 가면 됩니다. 그 사람은 원래 광주 사람인데, 전주까지 얼마나 줘야 하는지 알아볼게요. 전주에서 서울까지 갈 여비는 있어요?"

"네, 있습니다. 감사합니다."

그가 전화 다이얼을 돌렸다. 빠른 속도로 잠시 통화하더니 전화를 끊고 나를 돌아봤다.

"됐습니다. 전주까지 태워다 준답니다."

"감사합니다."

나는 엉거주춤한 자세로 자리에서 일어났다.

"화를 내서 미안하다고 모두에게 전해 주세요."

내가 문을 가리키며 부탁했다. 나를 이해해 준 그가 있어서 다행이었으나 겸연쩍기도 했다. 보건소 직원들과의 어색한 관계를 어떻게 개선해야 할까?

"사과할 필요 없어요."

나를 정면으로 쳐다보며 그가 대답했다. 그의 방을 나왔다. 직원들과 이야기 나누던 사무실은 조용했다. 모두가 다시 일을 시작했다. 직원들과 포옹을 하고 싶었으나, 포옹은 한국식 풍습이 아니었다. 택시를 기다리는 동안에 보건소에서 일 년동안 사용하던 내 책상 서랍을 정리하며 처리할 일은 없는지 찾아봤다.

보건소 직원들이 일을 하다가 하나둘씩 나를 쳐다보며 미소 지었다. 힘이 났다. 내가 갑자기 화를 내서 다들 상처 받았을 것이라 생각했는데 그런 것 같지는 않았다. 내가 보건소장과 대화를 나눌 때부터 나는 더 이상 나환자촌에 사는 미친 평화봉사단원이 아니었다. 나는 이제 바로 '그들의' 미친 평화봉사단원이었다.

자동차 경적 소리가 들리자 보건소장이 자기 사무실에서 나왔다. 보건소 직원들은 손을 흔들며 작별 인사를 했고 나는 보건소장과 아래층으로 내려갔다. 작은 녹색 택시에 시동이 걸려 있었고 기사가 문을 열고 밖에서 대기하고 있었다. 보건소장이 기사와 무슨 얘기를 나누었는데 잘 들리지는 않았다. 잠시 후 이야기가 끝났고 나는 택시 뒷문을 열고 올라탔다. 보건소장이 열린 차창을 통해서 비스킷과 주스 등 간식을 넣어 주었다. 우리는 짧은 인사를 나누고 보건소 건물을 빠져나와 도로로 들어섰다.

나주를 떠난 지 몇 분 후, 기사가 차를 멈추더니 나를 돌아보고 말했다.

"앞자리에 앉으세요."

나는 그가 시키는 대로 했다.

"가는 도중에 바리케이드를 만나면 많은 차들이 대기하고 있을 겁니다. 거기서 대기하고 있다가는 서울로 갈 수 없어요. 다른 사람들이 다 볼 수 있도록 앞자리에 앉아야 길을 터 줄 겁니다."

다시 도로로 들어서면서 그가 말했다.

"알겠습니다."

나는 다소 불안한 자세로 몸을 돌리며 대답했다. 그의 명료한 설명으로 짐작할 때 그는 지금 사태를 잘 파악하고 있는 것처럼 보였다. 아마도 그는 지난 이 주일 동안 집에만 있었던 것은 아닌 것 같았다. 나는 기사가 자신의 신분을 밝히기 꺼리지 않을까 걱정됐지만 통성명은 하는 게 예의일 것 같았다.

"제 이름은 고성철입니다."

"문성남입니다."

앞을 계속 주시하면서 그가 대답했다. 문 씨는 마흔 살 정도로 보였고, 기름때가 묻은 손을 보니 차를 직접 정비하고 운전하는 것 같았다. 그는 자영업자였다. 대부분의 한국 남자들은 결혼반지를 끼지 않기 때문에 결혼했는지 여부는 알 수 없었다. 택시 안에는 그의 종교적 성향이나 가족 등을 유추할 수 있는 흔적이 없었다. 그는 부드러운 인상에 특별히 모난 데는 없었으나 그렇다고 만만하게 접근할 인물처럼 보이지는 않았다.

앞자리에 앉으면서 나는 현재 내가 처한 상황에 대해서 생각했다. 생면부지의 문 씨에게 나의 처지를 맡긴 상태였다. 이상하게도 이 상황이 오히려 나를 편안하게 해 주었다. 그의 무뚝뚝하면서도 사려 깊은 태도는 나를 안심시켰고 그가 무슨 말을 하든 따를 준비가 되어 있었다.

나주에서 북서쪽으로 이십 킬로미터 정도 떨어진 협소한 이면 도로에서 길게 늘어서 있는 차량들과 마주쳤다. 앞쪽에는 군인들이 몇 명 보였다. 고개를 돌려 문 씨를 쳐다봤다.

"머리를 창밖으로 내밀고 '미국인'이라고 외치세요. 나는 이 차들을 제치고 앞으로 나갈 겁니다."

그가 단호하게 말했다. 군소리 말고 자기 말에 따르라는 말투였고, 나는 당연히 그렇게 했다. 그가 다른 차를 추월해 갓길로 나가는 동안 나는 몸 절반 이상을 창밖으로 내밀고 계속 소리를 질렀다. 바보가 된 느낌이었다. 군인 세 사람이 우리 쪽으로 돌아서더니 우리를 향해서 총구를 겨누었다. 군인 한 사람이 화난 표정을 지으며 차선 안으로 들어가라고 손짓했다.

나는 계속 목소리를 높였고 문 씨는 속도를 줄이면서 계속 앞으로 나아갔다. 바리케이드 근처까지 갔을 때에는 더 많은 군인들이 우리 주위를 포위했고 문 씨를 향해서 고함을 질렀다. 나는 택시에서 내렸다. 이마에 맺힌 땀이 주르륵 흘러내려 목으로 떨어졌다.

"나는 미국인입니다. 미국 대사관에서 일하고 있습니다. 서울로 가야 해요."

큰 소리로 말하면서 군인 중 한 사람에게 천천히 다가갔다. 군인들은 모두 그 빌어먹을 선글라스를 끼고 있었다. 선글라스를 확 낚아채서 밟아 버리고 싶었다. 주먹이 부르르 떨렸다.

앞으로 나가자 도로 왼쪽에 대여섯 명의 청년들이 잡혀 있는 것이 보였다. 그들은 도로에 쪼그리고 앉아 있었다. 머리를 푹 숙이고 있었고 손목에 수갑이 채워진 채 격리되어 있었다. 전부 탈진한 상태 같았다. 나는 애써 그들을 보지 않으려고 노력했다. 대신 총구를 내게 겨누고 있는 군인에게 내 모든 주의를 기울였다.

"죄송합니다. 나는 미국인입니다. 대사관에서 일하고 있어요. 서울로 가야 합니다."

나는 같은 말을 반복했다. 제자리에 서서 군인을 똑바로 쳐다보면서 당당한 자세를 유지하려고 노력했다.

그 군인은 잠시 망설였다. 마침내 그 군인이 소총으로 우리가 가려고 하는 방향을 가리키며 말했다.

"가세요."

문 씨는 기어를 넣고 앞으로 전진했다. 나는 재빨리 차에 올라탔고 안도감 때문에 땅으로 꺼져 버릴 지경이었다. 내가 군인들과 대기 중인

다른 차량들의 시선을 애써서 무시하는 사이에 우리는 바리케이드를 무사히 빠져나갔다.

"잘 했습니다. 이런 경우가 앞으로 몇 번 더 있을 겁니다."

문 씨가 고개를 끄덕이고 기어를 상단으로 올리면서 말했다.

"붙잡힌 젊은이들 보셨어요?"

지나온 쪽으로 머리를 돌리며 내가 물었다. 문 씨는 별말 없이 '끙' 하는 소리를 내더니 불편한 듯 몸을 약간 비틀었다. 그가 무슨 생각을 하고 있는지 궁금했다. 그는 대학생 자녀를 둘 정도의 나이는 아니었다. 군인들 앞에서도 별로 두려워하지 않는 그의 태도와 자신감은 나를 안심시켰다. 나는 외국인으로서 내가 가지고 있는 보호막이 고마웠다. 하지만 외국인임을 내세워 특별 대우를 받고 있다는 게 마냥 달갑지만은 않았다. 바리케이드를 통과한 뒷맛이 매우 씁쓸했다. 다른 사람들은 길게 줄을 서야 했고, 수많은 질문에 답해야 했고, 수색을 당해야 했다. 그리고 더 많은 젊은이들이 끌려가게 될 것이었다.

문 씨가 갑자기 브레이크를 밟는 바람에 나는 정신이 번쩍 들었다. 타이어는 쭉 미끄러졌고, 안전벨트가 어깨를 꽉 조였다. 대여섯 명의 군인들이 우리 오른쪽의 경사지를 넘어서 우르르 몰려와 차 앞을 가로막고 우리를 향해 소총을 겨누고 있었다. 나는 지체 없이 안전벨트를 풀고 차 밖으로 튀어 나갔다. 그 짧은 순간 내가 금발머리였으면 하고 바랐다. 나는 저항할 의사가 없다는 표시로 손을 앞으로 내밀었다.

"나는 미국인입니다. 서울의 미국 대사관에서 일하고 있어요."

최대한 당당한 목소리로 내가 말했다. 등에 땀이 흘러 셔츠를 축축하게 적셨다. 군인들은 순식간에 나를 중심으로 원을 그리면서 나를 향해 총구를 겨누었다.

"신분증 좀 봅시다."

지휘관이 큰 소리로 말했다. 문 씨도 차 밖으로 나왔고 우리 둘은 신분증을 건넸다. 그는 우리 신분증을 한참 동안 살펴봤다.

"이건 대사관이 아니라 평화봉사단 신분증이잖아요."

그 재수 없는 선글라스를 쓴 지휘관이 나를 쳐다보며 말했다. 내 손이 약간 떨렸다. 떨리는 손을 감추기 위해서 팔짱을 꼈다.

"평화봉사단은 미국 정부 산하 기관입니다. 평화봉사단은 미국 대사관에 속해 있어요."

더 당당하게 보이기 위해서 허리를 쭉 펴며 대답했다. 군인들의 심문을 받을 줄은 몰랐다. 그는 우리의 얼굴과 신분증을 번갈아 살펴봤다. 다른 군인은 차 문을 열고 택시 안을 수색했다.

"트렁크 여십시오."

세 번째 군인이 거친 목소리로 말했고 문 씨는 천천히 트렁크를 열었다. 다른 군인들은 여전히 우리를 둘러싸고 있었고, 우리를 향한 총구는 불과 수 미터 앞에 있었다. 그 자리에서 얼어붙어 버릴 것 같았다.

한참 망설이던 그 군인은 마침내 우리 신분증을 돌려주더니 아무 말 없이 가라는 손짓을 보냈다. 나는 안도하며 재빨리 차에 올라타 안전벨트를 맸다. 문 씨는 한숨을 내뱉더니 기어를 변속하고 천천히 군인 사이를 빠져나왔다. 사이드 미러를 봤더니 군인들은 여전히 총구를 우리쪽으로 겨누고 있었다. 문 씨와 나는 서로 마주 봤다. 우리 둘 다 떨고 있었지만 유대감으로 하나가 되었다.

전라북도로 접어들기 전에 우리는 두 개의 바리케이드를 더 마주쳤으나 이전보다 수월하게 통과했다. 차의 창문은 항상 열어 놓았고 손은 안전벨트에 올린 상태로 언제든지 차 밖으로 나갈 준비를 갖췄다. 검문소 통과와 샛길 이용 때문에 다섯 시간이 지나서야 전주에 도착했다. 오후의 햇살이 나와 풍경을 따뜻하게 비춰 주었다. 광주가 '밤'이라면 전주는 '낮' 같았다. 광주와 약 팔십 킬로미터 정도 떨어져 있는 전주는 아무 일도 없었던 것처럼 평온하고 여유로웠다. 버스 정류장을 발견하고 표를 사기 위해 안으로 들어갔다. 서울로 가는 다음 버스는 삼십 분 후에 있었다. 터미널의 운행 시간표를 살펴보니 광주로 가는 모든 노선은 취소된 상태였다.

버스표를 사고 문 씨의 택시로 돌아왔다. 문 씨는 천천히 몸을 풀더니 친척이 가까운 곳에 살고 있다고 말했다. 그는 친척 집에서 자고 내일 나주로 돌아갈 계획이었다.

"조심하세요."

그가 강렬한 눈빛으로 나를 쳐다보며 말했다.

"감사합니다. 선생님은 최고의 기사입니다."

지난 몇 시간 동안 이 사람은 정말 내 인생에서 최고의 동반자였다.

"나주까지 안전하게 돌아가시길 바랍니다. 보건소장께도 제가 무사히 도착했다고 감사하다고 전해 주시고요."

내가 덧붙였다. 나는 문 씨에게 처음 약속했던 요금을 주었다. 한국에는 팁 문화가 없었다. 나는 기꺼이 두 배를 지불하고 싶었지만, 설령 준다고 해도 거절할 게 뻔했다. 문 씨는 고개를 끄덕였다.

"그렇게 하겠습니다. 보건소장이 여기에 도착하면 전화를 해 달라고 부탁하더군요."

그가 말했다. 나를 쳐다보는 그의 눈이 나에게 뭔가를 전하려는 것 같이 빛나 인상적이었다.

"그래요?"

내가 할 수 있는 말은 이게 전부였다.

"네. 그리고 당신이 광주에서 본 것을 반드시 미국 대사관에 말해 달라고 했습니다."

문 씨가 광주라는 단어를 처음으로 언급한 순간이었다. 나는 문 씨가 더 궁금해졌다. 그에게는 내게 말하지 않은 훨씬 많은 이야기가 있는 것이 분명했다. 나는 캐묻지 않았다.

"서울에 도착하자마자 바로 미국 대사관으로 갈 겁니다. 여기까지 데려다줘서 정말 고맙습니다."

그에게 작별 인사를 하고 가방을 멨다. 곧 출발할 예정인 서울행 버스에 올라타 창문 옆 내 좌석에 앉았다.

이런저런 생각 때문에 눈을 붙일 수 없었다. 대부분의 시간을 창밖으로 스치는 풍경만 바라봤다. 불과 열흘 전에 나는 바로 이 도로 위에 있었다. 광주를 경유해 집으로 돌아가는 길이었다. 그것이 마치 이번 생이 아닌 듯 느껴졌다.

그때 서울에서 오면서 보았던 나무, 농가, 절, 사람들의 모습을 예전과 같은 마음으로 바라볼 수 없었다. 광주가 나를 바꿔 놓았다. 승객들이 작은 소리로 대화를 하고 있었으나, '광주'라는 단어는 들리지 않았다. 버스가 전주를 벗어나고 삼십 분쯤 지나서 갑자기 정차했는데 나는 놀라지 않았다. 고속도로에 바리케이드가 설치되어 있었다. 군인들이 올라와서 승객들의 신분증을 모두 검사했다. 버스에 타고 있던 청년 두 명이 밖으로 끌려 나갔다. 군인들이 그들을 땅바닥에 꿇어앉히는 모습이 창밖으로 보였다. 이미 대여섯 명의 청년들이 잡혀 있었는데, 일부는 수갑을 차고 있었다. 청년들은 전부 고개를 숙이고 있었다.

내 신분증을 검사하는 군인을 노려봤으나 그는 별로 신경 쓰지 않았다. 그에게 나는 하찮은 사람이었다. 나는 무력했다. 차 창문을 열고 소리치고 싶었다.

"여러분, 당당히 고개를 드세요. 광주 사람들은 여러분들을 자랑스럽게 생각하고 있습니다! 저도 여러분들이 정말 자랑스러워요!"

서울에 도착했을 때는 이미 어두웠다. 공중전화를 찾아 십 원짜리 동전을 넣고 짐에게 전화했다. 여덟 시 반쯤 대사관에서 만나자고 약속했다. 시내버스를 타고 가면서 대사관에 이야기할 내용을 정리했다. 매일매일의 사건은 이미 내 머릿속에 각인되어 있었다. 내가 보지 못한 5월 18일 사건은 팀에게 들은 내용을 말할 계획이었다. 팀, 주디, 데이브와 나는 추측과 소문은 제외하고 우리가 본 것만을 말하기로 약속했었다. 이 원칙을 반드시 지키기로 했다. 몇 명이 죽었고, 왜 군인들이 시민들을 공격했으며, 왜 외곽으로 퇴각했는가 등의 중요한 문제는 설령 묻는

다 해도 내가 추측해서 대답할 것이 아니었다. 오직 시간만이 해결해 줄 문제였다.

미국 대사관은 별 특징 없는 사 층 건물에 자리 잡고 있다. 별로 볼 것 없는 건물이지만 위치는 특별했다. 맞은편에는 웅장한 규모의 세종문화회관이 있고, 길을 따라 올라가면 고색창연한 경복궁과 만나는 서울의 가장 중심부에 있는 것이다. 대사관 자리는 말 그대로 서울의 심장이었다. 대사관 앞에서 내려 대사관으로 이어지는 짧은 길을 걸었다. 정문 앞에서 짐을 기다렸다.

짐은 택시를 타고 도착했고 나를 반기면서 안아 주었다. 그의 포옹을 기대하지 않았는데 고마웠다. 우리는 건물 안으로 안내를 받아 대사 대리 사무실로 향했다. 짐이 이미 약속을 해 놓은 터였다. 앞으로 내가 할 이야기는 대단히 중요하다고 확신했다. 대사관에서는 나 같은 목격자의 증언을 듣기 원할 것이라 생각했다. 저녁인데도 대사관은 매우 분주했다. 우리는 대사대리의 사무실 밖에서 두 시간을 기다렸다. 아무도 나오지 않았다. 우리는 일어나 그 자리를 떠났다. 나는 큰 충격을 받았다. 대사관은 광주에서 일어난 일을 어떻게 이해하려고 했을까?

나는 마침내 이 책을 통해 할머니가 들려주기 원했던 이야기를 하고 있다.

에필로그

—

군대는 5월 27일 새벽 광주로 다시 쳐들어왔고, '광주항쟁'은 끝이 났다. 이튿날 나는 광주에 남은 친구들을 서울로 데려오기 위해 평화봉사단 사무소 직원과 함께 광주를 찾았다. 모두 무사했다.

나는 서울에 있는 동안 다른 평화봉사단 동료들을 만날 때마다 광주 이야기를 해 주었다. 대부분 제대로 된 정보를 접할 기회가 없었고 정부의 발표를 그대로 믿고 있다는 사실이 놀랍고 참담했다. 우리 다섯은 각자의 견해를 담은 보고서를 작성해 평화봉사단에 제출했고, 이후의 삶을 이어가려고 애썼다. 그것은 쉽지 않았다. 그 뒤 머릿속을 떠나지 않는 사건들 때문에 제대로 잠을 잘 수가 없었다. 나는 대만으로 여행을 떠났다. 섬 남쪽 외진 곳의 작은 게스트 하우스에 머물면서 내가 겪은 모든 것을 날짜별로 다시 정리했다. 작업을 끝내자 잠을 자는 것이 훨씬 쉬워졌다.

나는 호혜원으로 돌아왔다. 마을 지도자인 김 씨는 나를 만나자마자 군사 정부가 보낸 편지 한 통을 내게 보여 줬다. 그 편지에는 내가 '보호' 대상이며, 군인 한 명이 배치되어 나의 움직임을 감시할 것이라고 쓰여 있었다. 또한 내가 언제 어디서 무엇을 할지 김 씨에게 소상하게 밝혀야 한다고 적혀 있었다. 그리고 김 씨는 내 행적을 군사 당국에 보고해야만 했다. 나는 김씨에게 폐를 끼치고 싶지 않았기 때문에 그들이 원하는 대로 했다. 나는 이미 한국 정부에게 '불순분자'로 취급되고 있었다.

　한 달쯤 후, 한국의 군사 정부가 광주에 머물면서 외신 기자들의 통역을 맡았던 우리를 추방하도록 요구했다는 것을 알게 되었다. 평화봉사단 책임자가 사실 증명을 요구하며 완강하게 버틴 탓에 그렇게 되지는 않았다. 다행히 나는 한국에 남을 수 있었다.

아버지는 1980년 말에 돌아가셨다. 1981년 중순, 평화봉사단 한국 사무소는 영원히 문을 닫았다. 평화봉사단 임무는 다 끝났으나 아직은 한국을 떠날 준비가 되지 않았기 때문에 서울국제학교에서 교사 자리를 얻었다. 나는 왜 더 머물렀을까? 1982년 9월, 나는 한국을 떠났다. 한국의 어떤 역사는 고통스러웠지만 한국과 한국 사람들 그리고 그 역사를 깊이 사랑하게 되었다.

전두환의 군사 정부는 광주의 진실을 외면하고 계속 왜곡했다. 많은 이야기가 공개되지 않은 채 남아 있었다.

나는 미국으로 돌아가 대학원에 진학하여 역학과 공중보건학 박사 과정을 끝냈다. 1980년대 후반과 1990년대 초반에 걸쳐서 나는 아내와 함께 수차례 한국을 방문했다. 한국의 동료들과 함께 한센병 환자의 눈 건강과 관련된 연구와 교육을 실시했다. 즐거운 작업이었지만, 아직 광주에 대해서 이야기할 때는 아니었다.

내가 노트와 편지, 다른 자료들을 꺼내 이 책을 쓰기까지 거의 사십 년이 걸린 이유가 무엇일까? 많은 변명거리가 있지만 무엇보다 광주를 기억하는 것 자체가 내게 큰 고통이었고, 내 삶을 계속해 나가고 싶었다. 그 후 나는 성공적인 경력을 쌓았고, 지난 이십 년 동안 아내와 함께 아프리카의 여러 나라에서 일했다. 두 아들도 그곳에서 자랐다.

한참이 지나서야 학살이 시작된 날인 5.18로 통칭되고 있는 당시의 항쟁이 한국 민주주의 운동의 분수령이 되었다는 사실을 알게 되었다. 나보다 학식이 훨씬 뛰어난 많은 사람들이 이 사건을 기록했다.

내가 이 회고록을 집필하게 된 동기는 두 가지다.

첫째, 이 회고록을 통해서 서구인, 특히 미국인들이 이 사건에 관심을 갖기를 원했다. 미국인들 중에서 이 사건을 알고 있는 사람들은 거의 없다. 광주항쟁 기간 중 워싱턴주의 헬레네 화산이 폭발해 광주 소식이 미국 언론에 거의 소개되지 않았던 것도 그 이유 중의 하나이다. 둘째, 내게는 아직까지 제대로 해소되지 못한 심리적 문제가 있었다. 이 문제는 회고록 집필 작업을 통해 대처하는 수밖에 없다는 사실을 깨달았다. 2020년이 5. 18의 40주년이라는 것이 나에게 또 다른 자극이 되었다.

이 책에서 이야기한 내용이 정확한지 확인하기 위해 2019년 5월에 5. 18 당시의 주요 지역을 방문했다. 광주, 남평, 호혜원에서 두 주를 보내고 서울로 돌아왔다. 서울에서 나는 1980년과 광주항쟁에 대한 전두환의 발언이 시민들 사이에서 여전히 영향력을 발휘하고 있다는 사실에 깜짝 놀랐다. 5. 18과 관련된 수많은 연구가 있음에도 사건의 총체적인 진상은 여전히 제대로 알려지지 않고 있다. 한국 방문 중 TV와 신문 등 여러 매체와 인터뷰를 하면서 나는 많은 사람들로부터 한국인들이 5. 18 당시 광주에 머물렀던 외국인의 이야기를 들을 필요가 있다는 말을 여러 차례 들었다. 외국인으로서 우리들의 이야기가 더 '객관적'이라고 여겨지기 때문이었다.

　나는 사건이 일어났던 기간 동안, 또 그 후 사건을 다시 쓰는 과정에서 객관성을 유지하려고 노력했다. 하지만 잔학 행위가 저질러졌다는 사실 하나만으로도 군인들과 그 지도자들에게 분노하지 않을 수 없었다. 또한 나는 자신들이 온전한 인격체로 존중받는 나라에서 살고 싶어하는 한국인들의 열망을 충분히 이해하고 존경하게 되었다. 가해자의 사과가 중요하고 꼭 필요함에도 불구하고 오랜 세월 동안 진정한 사죄는 없었다. 하지만 지금 조금씩 바뀌어 가고 있는 것을 보니 기쁘다.

1980년의 미국은 한국과 한국인을 실망시켰다. 나는 이 책을 쓴 미국인으로서 미국인과 한국인이 우리 공동의 역사, 공동의 열망, 나아가 공동의 고통을 서로 더 잘 이해하기를 바란다. 우리는 서로 배워야 할 것이 많다. 나는 지금도 배우고 있다.

감사의 말

—

이 회고록은 내 아내 수잔 르왈렌 박사의 지원과 집필 방향에 대한 조언이 없었다면 나오지 못했을 것이다. 나의 두 아들 제임스와 톰이 주는 의견과 자극에 감사한다. 수잔 크라우더 한, 잔 르왈렌, 맷 밴볼켄버그, 박소연, 한윤석, 이정현의 도움에도 감사한다. 편집자 리사 월프의 도움과 조언에도 깊은 감사를 전한다. 이 책에 담긴 이야기에 어떤 잘못이라도 있다면, 전적으로 그 상황을 기억하고 표현하려 했던 내 몫이다.

이 책에서 저자로서 얻는 수익은 실명 방지에 중요한 역할을 하고 있는 킬리만자로 안과 센터(www.kcco.net)에 전액 기증될 것이다.

부록

1. 5.18광주민주화운동 전후 연표

1979년

8월 9일 YH무역 여성 노동자 회사정상화 요구하며 신민당사 농성(YH사건)

10월 16일 부마민주항쟁 발발

10월 26일 박정희 대통령 피살 사망, 제주도를 제외한 전국에 비상계엄령 선포

12월 6일 최규하 제10대 대통령 선출

12월 12일 12.12 군사반란으로 전두환, 노태우 등 신군부세력 군권 장악

1980년

3월 29일 서울지역 14개 대학교수 학원사태 관련 성명 발표

4월 21일 사북사태 발발

5월 7일 민주주의와 민족통일을 위한 국민연합 〈민주화 촉진 국민선언문〉 발표

5월 10일 전국 총학생회장단 결의문 포고

5월 13일 대학생을 중심으로 거리시위 시작

5월 14일 전국 27개 대학 총학생회장단 가두시위 결의
광주시내 대학생 전남도청 진출

5월 15일 유신헌법폐지, 신군부 퇴진, 비상계엄 폐지 등을 요구하며 학생과 시민들 서울역 앞에서 대규모 시위 전개(5.15서울역시위)

5월 16일 광주 9개 대학 3만여 명 전남도청 앞에서 시국성토대회 후 횃불시위 감행

5월 17일 (자정) 5.17비상계엄 전국 확대 조치
광주 시내 대학 배치된 계엄군 학생들 연행

5월 18일 계엄포고 제10호 발령하여 집회 시위 금지 및 언론 검열, 대학 휴교 조치
공수부대 전남 도내 16개 대학 및 중요 시설 배치
전남대 정문 대학생 집결, 금남로 가톨릭센터 대학생 연좌시위
공수부대 금남로 투입 및 무력 진압

5월 19일 청각장애인 김경철 구타 후 사망(최초 시민 사망자)

5월 20일 중고등학교 휴교 조치
택시, 버스, 화물차 등으로 구성된 차량시위대 출현
광주 MBC건물 화재 발생

5월 21일 시외전화 두절
대형헬기 도청광장 도착 및 장갑차 진출
도청 앞 집단 발포 및 조준 사격 지속
시위대 최초 총기 획득 후 도청 앞 시가전 전개
공수부대 도청에서 조선대 및 광주교도소로 철수
광주 외곽 봉쇄 완료
시민군 전남도청 장악

5월 22일 도청광장과 금남로에 시민들 집결 시민대회 개최
계엄사령관 군용헬기 통해 경고 전단('폭도들에게 알린다') 살포
박충훈 신임국무총리 "광주는 치안 부재상태, 불순분자가 군인에 발포" 방송

5월 23일 시민 5만여 명 도청광장 집회

학생수습위 총기 회수 작업 시작

공수부대 주남마을 앞에서 소형버스 총격 승객 18명 중 17명 사망 1명 생존

제1차 민주수호 범시민 궐기대회 개최

5월 24일 공수부대 원제마을 저수지에서 수영하던 소년들 무차별 사격 2명 사망

공수부대와 전투교육사령부 부대 간의 오인 총격전 발생 군인 3명 사망

오인전투에 대한 보복으로 송암동 주민 학살 4명 사망 5명 중상

제2차 민주수호 범시민 궐기대회 개최

5월 25일 김수환 추기경 메시지와 구호대책비 1천만 원 전달

제3차 민주수호 범시민 궐기대회 개최

항쟁지도부 민주투쟁위원회 결성

5월 26일 계엄군 탱크 진입 농촌진흥원까지 진출

시민수습대책위원 17명 계엄군 시내진입 저지 위해 '죽음의 행진' 감행

제4~5차 민주수호 범시민 궐기대회 개최

학생수습위원회 대변인 윤상원 외신기자들에게 광주 상황 브리핑

시민군 지도부 "계엄군 오늘밤 침공" 공식 발표 후 학생과 여성 귀가 조치 .

광주 거주 외국인 207명 광주공항 집결 후 서울행 비행기 탑승

시내전화 일제히 단절

5월 27일 새벽 3시 탱크 앞세운 계엄군 시내 진입

새벽 4시 계엄군 도청 완전 포위, 금남로에서 시가전 전개

새벽 4시 10분 계엄군 특공대가 도청 침투 및 무차별 사격

새벽 5시 도청을 비롯한 시내 전역 장악하고 진압작전 종료

새벽 6시 계엄군 "시민들은 거리로 나오지 말라" 경고 방송

새벽 7시 공수부대 20사단 병력에 도청 인계 후 철수

7월 4일 신군부세력 김대중 내란음모 사건 조작

8월 27일 전두환 제11대 대통령 선출

10월 27일 제8차 개헌(5공 개헌) 공포

1981년

2월 25일 전두환 제12대 대통령 당선

5월 18일 피해자 집단, 학생, 재야운동 세력이 망월 묘역에서 추모 행사 거행

1982년

10월 12일 5·18 당시 전남대학생회장 박관현 광주교도소 투옥 중 사망

1987년

1월 14일 박종철 고문치사

4월 13일 전두환 정권 4.13 호헌조치 발표

6월 10일 6.10민주항쟁 〈박종철고문살인규탄 및 호헌철폐국민대회〉 전국에서 동시다발적으로 개최

6월 29일 민주정의당 대통령 후보 노태우 6.29 민주화선언 발표

12월 16일 노태우 제13대 대통령 당선

1988년

6월 27일 국회 본의 〈5.18 광주민주화운동 진상조사특별위원회〉 구성 의결

1990년

8월 6일 「광주민주화운동관련자 보상 등에 관한 법률」 제정

1993년

2월 25일 김영삼 제14대 대통령 당선

1994년

5월 13일 〈5·18진상규명과 광주항쟁정신계승 국민위원회〉 전두환, 노태우 등 35명을 서울지방검찰청에 고소 및 고발

1995년

7월 18일 전두환, 노태우 전 대통령 공소권 없음 결정으로 불기소 처리

10월 26일 〈5·18학살자처벌 특별법제정 범국민비상대책위원회〉 결성

11월 27일 헌법재판소 '검찰의 5.18 공소권 없음 결정은 부당하다'며 불기소처분 취소 결정

12월 3일 군형법상 반란수괴죄 적용 전두환, 노태우 전 대통령 포함 핵심인사 11명 구속 기소

12월 19일 「5.18 민주화운동 등에 관한 특별법」과 「헌정질서파괴범죄의 공소시효 등에 관한 특별법」 제정

1996년

3월 11일 전두환, 노태우 전 대통령 12.12군사쿠데타 및 5.18 내란 사건 첫 공판

8월 5일 12.12 및 5.18 특수부 피고 전두환, 노태우에 각각 사형과 무기징역 구형

1997년

4월 17일 대법원 상고심에서 전두환 무기징역, 노태우 징역 17년 확정

4월 29일 5.18 국가기념일 제정

5월 16일 5.18묘지(현 국립5.18민주묘지) 준공

5월 18일 정부 주관 5.18 첫 기념행사

12월 22일 김영삼 대통령 국민대회합 명분으로 전두환, 노태우 전 대통령 등 관련자 모두 특별사면

2001년

12월 21일 「광주민주유공자 예우에 관한 법률」 제정

2002년

7월 27일 국립5.18민주묘지 승격

2004년

1월 20일 「5.18 민주유공자 예우에 관한 법률」 제정

2011년

5월 25일 5.18민주화운동 기록물 유네스코 세계기록유산 등재

2019년

12월 27일 〈5.18민주화운동진상규명조사위원회〉 발족

2. 또 다른 증인,
어느 선교사의 5.18 일지

—

1980년 당시 미국 정부와 주한 미국 대사관은 광주항쟁과 관련된 종합적인 평가를 담은 공식적인 정책 및 정보 보고서를 작성하거나 혹은 공개한 적은 없다. 당시로서는 외교적, 군사적으로 매우 민감한 사안인데다가 사태 직후 종합적인 견해를 피력할 만한 신빙성 높은 현지 정보를 체계적으로 수집하지 못했기 때문일 것으로 추측된다.

그러던 중 미국 대사관은 1980년 6월 10일, 광주에 거주하는 미국인 선교사가 작성한 「5.18사태의 요약된 회고Abbreviated Retrospect of the May Eighteenth Incident at Kwangju, Korea」라는 제목의 일지 형식의 문서를 입수하여 국무부에 기밀 전문 형식으로 보냈다. 「광주폭동에 대한 거주자의 견해 Insider's Account of Kwangju Riot」라는 제목의 이 전문은 총 열 개의 섹션으로 작성되어 있는데, 광주항쟁과 관련하여 기밀 해제된 수천 건의 문서 중 내용이 가장 긴 단일전문이다.

이 문서는 광주에 거주하는 미국 선교사의 광주항쟁 목격 내용을 담고 있으며 미국의 정책당국자들과 워싱턴 정가에 최초로 전달된 공식 영어 문건이다. 미국 대사 마크 리퍼트가 5.18재단에 기증한 5.18 관련 문서목록에 일부 첨부되어 있으나 원문 전체는 광주광역시가 1997년에 편찬한 『5.18광주민주화운동 자료총서』 「제9권」에 실려 있다. 원문 제공자인 미국 정부가 밝히기 곤란한 부분, 실명이나 기관, 보안상 공개가 미뤄진 단락은 삭제되었고 […]로 표시했다. 본 도서에는 번역자 최용주의 번역본과 원문을 차례로 실었다.

이 문서는 당시 광주에 거주하던 선교사 중 존 토마스 언더우드John Thomas Underwood(한국 이름 원요한) 목사가 작성한 것으로 추정된다. 언더우드 목사는 해밀턴대학과 프린스턴 신학교를 졸업하고 한국전쟁 중 구호 활동을 하기도 했다. 십이 년간 청주에서 근무 후, 1967년 광주에 부임했다. 광주민주항쟁 기간 동안 외국인 대피 계획이 있었으나 평화봉사단을 포함해 언더우드 목사와 일부 외국인들은 광주에 남는 것을 선택했다.

언더우드 목사의 부인 진 마리 웰치 언더우드Jean Marie Welch Underwood(한국 이름 원진희)는 장로회 선교사로 한국에 부임해 1993년까지 호남신학대학에서 교수로 근무했다. 이 문서에 나오는 평화봉사단에 대한 내용은 『Contentious Kwangju』(신기욱·황경문 엮음, 2003)의 언더우드 여사의 챕터에도 인용되었다.

5월 18일 이전

1980년 봄, 광주의 대학 캠퍼스들은 여러 이유들 때문에 극도로 불안했다. 심리적인 영향인지, 직접적인 인과관계가 있는지는 불분명하지만 대학 내의 이런 분위기는 반정부 활동과 관련이 있었다.

5월 15일 목요일

학생들은 대규모의 반정부 시위를 벌였다. 행진을 하며, 노래를 부르고, 구호를 외치고, 저녁에는 횃불을 밝혔다. 유신 헌법과 장기간 지속된 계엄령 폐지를 요구하는 시위였다. 매달 15일 정기적으로 실시되는 민방공 훈련은 취소되었다. 전경들은 광주 시내 곳곳에 배치되었지만 적극적으로 시위를 진압하지 않고 각자의 위치에서 소극적으로 통제하는 수준이었다.

5월 16일 금요일

광주 시내의 일부가 시위 진압 경찰들에 의해 통제되었다. 저녁에는 또 계엄령과 전두환을 비판하는 구호, 노래와 함께 횃불 시위가 열렸다. (한국어를 하는 어느 목격자에 의하면 시위대는 〈내게 강 같은 평화〉와 같은 복음성가의 가사를 바꾸어 시위용으로 부르곤 했다고 한다.) 이때도 경찰은 별 다른 조치를 취하지 않았다. 시위는 자정 즈음에 끝났다.

당시의 광주사태와 관련이 있을지는 모르겠으나, 광주에서 대전으로 가려고 했던 선교사들은 버스표를 구할 수 없었다. 선교사들은 모든 버스가 군인들을 대전으로 이동시키는 데 사용되기 때문에 그렇다는 답변을 들었다고 한다. 토요일에 기차로 이동하던 선교사들은 많은 군인들이 함께 타고 있는 것을 목격했다. 이 군인들은 열차 안에서 점차 거칠게 행동하기 시작했으며, 심지어 몇몇 민간인 탑승객들은 물리적인 위협을 받았고, 군인들 사이에서는 피를 흘리기도 했다.

5월 17일 토요일

광주는 매우 고요했다. 그러나 그날, 계엄령의 연장과 많은 대학들이 휴교한다는 발표가 있었다. 이는 5월 18일 일요일 자정에 효력이 발생하기로 되어 있었다.

5월 18일 일요일

광주 선교사들은 이날 어떤 사건들이 언제 어떻게 발생했는지 정확히 알지는 못한다. 그날 아침 광주는 어느 때와 같이 조용했다. 하지만 정오 즈음에 교회에 출입하던 몇몇 선교사들은 물리적 충돌의 흔적들을 발견했다. 어느 부인, [⋯], 아이들, 미국인 손님들은 직접 보지는 못했지만 분명히 어떤 일이 있었음을 많은 양의 최루 가스 냄새로 알 수 있었다. 당시 최루탄은 대형 사건 외에는 자주 사용되지 않았다. 그녀의 남편은 다른 곳에서 많은 도로들이 통제되고 최루탄이 사용된 흔적들을 보았다.

일요일에 공수부대가 시내에서 목격되기 시작했는데 언제 처음 시작되었는지는 불분명하다. 몇몇 목격자들은 오전 아홉 시라고 주장하지만 정오에 처음 봤다고 하는 사람들도 있다.

일요일 오후, 공수부대원들이 무차별적으로 젊은 남성들을 때리기 시작했다. 이는 […]가 직접 목격했다. 무슨 이유 때문인지는 모르겠으나, 직접 본 사람들에 의하면 군인들이 행사한 폭력의 강도는 매우 심각했다고 한다.

[한 단락 삭제]

선교사들은 5.18사태 기간 중 시위 진압 경찰들이 민간인들을 향해 폭력을 행사하는 것은 목격하지 못했다. 시위 진압 경찰들은 자신들의 위치를 고수할 뿐이었고, 민간인들에게 폭력을 행사했던 것은 공수부대원들이었다. 나중에 경찰 한 명이 군인의 폭행을 막으려다가 목숨을 잃었다는 소문이 있었지만 증거는 없다. […]가 사거리에서 교통경찰과 공수부대원 간에 시비가 붙은 것을 보았다. 군인은 택시를 타고 있던 젊은 여성을 내리게 하려고 했고 교통경찰은 그녀를 그냥 보내 주려고 했다. (이를 목격한 선교사는 일정 때문에 자리를 떠야 해서 이 사건의 결말은 보지 못했다. 군인은 단순히 민간인들에게 겁을 주려고 이렇게 행동한 것일 수도 있었다. 이 당시에 아직 여학생들을 대상으로 성폭력 소식은 없었고, 단지 이 선교사가 목격한 사건뿐이었다.)

월요일에 들려온 소식들에 의하면 폭력사태는 일요일 저녁부터 도시 전역으로 퍼졌다고 한다. 일요일 늦은 오후, […]는 곤봉을 사용해 구타하고, 쓰러진 남성들을 발로 차는 '통상적인 폭력'을 목격했다. (광주관광호텔의 창문에서 사태를 봤다.) 여섯 시 반 즈음에 여덟 시 통금이 선언되었지만 곧 아홉 시로 변경되었다.

이 모든 것이 진행되는 동안, 본인은 아침에 시골로 갔다가 이른 오후 다시 돌아왔고 저녁에 시내의 교회로 갔다. (통금 때문에 평소보다 조금 더 일찍 갔다.) 평소와 다른 점은 아무것도 보지 못했으나, 때와 장소의 문제일 뿐이다.

5월 19일 월요일

물론 일요일에도 많은 일들이 있었지만, 이 사태의 심각한 폭력적인 사건들은 대부분 월요일에 발생했다. 본인의 가족은 다행스럽게도 이 혼란스러운 사태에는 휩쓸리지는 않았다. [문장 삭제] (본인이 작성한 전문에는 여기에 옮기지 않은 세부 내용과 참조 자료들이 있다.)

월요일 아침에 심각한 수준의 폭력에 대한 소식들이 들어오기 시작했다. 우연의 일치인지는 몰라도, 폭동 수준의 사건들도 월요일 오후에 접수되기 시작했다. 미국 문화원 USIS 소속의 데이비드 밀러David Miller 가 정부 건물에 대한 방화 시도가 한 번 혹은 어쩌면 여러 차례 있었다고 알려 줬다.

소규모 저항 운동들이 목격되기 시작했다. […]가 군인들의 폭력을 처음으로 직접 목격한 것은 일요일 오후였다. 이날 그는 한 민간인이 세 명의 군인들에게 구타를 당하고, 이를 보고 있던 다른 사람들이 군인들에게 돌을 던지는 장면을 목격했다. 군인 두 명은 돌을 던지던 사람들을 추격하기 시작했고(그들을 붙잡지는 못했다.) 나머지 군인 한 명은 계속해서 민간인을 구타했다. 월요일에도 군인들에게 돌을 던지는 사람들이 있었다.

월요일부터 공수부대원들이 일반 가정집을 돌아다니며 젊은 남성들을 수색했다. 군인들은 시내버스들을 멈춰 세웠으며, 젊은 남성들을 끌어 내리고 구타했다. 여러 공공장소와 식당 등에서도 같은 일들이 일어났다. 군인들이 가정집에 실제로 침입했는지는 확실치 않다. (광주 시민들은 그렇다고 증언했지만 우리가 확실한 사례를 듣지는 못했다.)

한국인 목사 한 명은(필요하다면 이름을 공개할 수도 있다.) 공수부대원이 경상도 사투리를 쓰는 것을 정확하게 들었다고 했다. 또한, 그들이 '쓸모없는 전라도 녀석들을 죽이겠다.'고 말했다고 증언했다. 또 다른 사람은 공수부대원들이 대전행 기차에서 선교사들이 본 것과 유사하게, 완전히 자기 통제력을 잃고 행동하는 것을 봤다고 했다. 조선대학교를 지키고 있던 군인들은 옷차림이 매우 헝클어져 있었다. 술에 취해 있는 게 분명했고, 지나가는 사람들에게 먹을 것을 달라고 소리쳤다. (군인들을 일부러 굶겼다는 소문과 술 또는 마약을 지급해서 군인들이 더 야만적으로 행동하도록 유도했다는 말도 있다.) 옷이 거의 벗겨지거나 속옷만 입고 있는 여성들을 봤다는 증언들은 신뢰성이 떨어졌으며, […]에 의해서도 정확히 확인된 적이 없다. YWCA와 가톨릭센터 모두 군인들이 매우 폭력적으로 수색했다. 군인들의 강압적인 수색은 단지 숨어 있는 사람들을 찾는 데 목적이 있는 것 같지 않았다.

월요일 오후, […]은 젊은 남성들이 잡혀가는 것을 목격했고, 체포된 남성들이 계속 구타 당하는 것을 봤다. 일요일에 이어서 월요일에도 군인들에게 돌을 던지는 사람들이 있었고, […]는 월요일 아침에 민간인을 구타하는 군인들에게 어떤 사람들이 매달리며 말리는 장면을 목격했다. (구타를 당하고 있는 남성의 어머니, 여동생이거나 다른 가족인 것 같았다.)

평화봉사단은 이 당시에 '비폭력적 개입'을 통해 미국인들의 위상을 높이는 데에 많은 기여를 했다. 구타 당하는 민간인을 목격하면 평화봉사단 단원들이 달려가서 그들을 껴안아서 보호하곤 했다. 이런 경우 군인들은 곧바로 다른 대상을 찾아내서 계속 폭력을 행사했다. 평화봉사단 단원들은 또다시 표적이 된 민간인에게 달려가서 같은 방식으로 보호했다.

평화봉사단 단원들의 이러한 행동들은 광주 시민들의 지지를 이끌어 냈고 광주 시민들이 미국에 호의적 태도를 갖는 데 큰 도움을 주었다는 것이 선교사들의 공통된 의견이다. 그들은 자신들에게 심각한 위험이 닥쳐올지도 모르는 상황 속에서 광주 시민들을 위해 봉사했고, 그들을 지켜본 사람들에게 미국인들이 광주 시민들을 진심으로 위하고 있다는 것을 깨닫게 해 주었다.

평화봉사단원들은 군인들을 향한 반감보다는 모두가 함께 처한 곤경을 이해하려고 애쓰면서 광주 시민들의 상황에 공감을 보냈다. 선교사들은 신도들에 대한 애정과 일종의 책임감 때문에 광주를 떠날 수 없었지만, 평화봉사단원들은 광주를 떠나라는 상부의 지시를 어기고 자신들의 임무와는 무관하게 광주에 남아서 시민들을 위해 봉사했다. 개인적인 생각이지만, 평화봉사단 본부가 광주에서 일어나고 있던 상황들을 목격을 했다면 단원들의 이러한 행동들을 적극 지지했을 것이다. 미국인으로서, 우리는 평화봉사단을 매우 자랑스럽게 생각하고 있다.

우리는 공수부대원들이 학생들을 공격하기 전에는 폭력이나 폭동과 같은 시위를 전혀 목격하지 못했다. 또한, 군인과 경찰이 도시에서 철수한 후 시민들에 의한 폭동도 전혀 보지 못했다. 우리의 추측에 의하면, 여기저기서 국지적 민간인에 의한 폭력 사태는 있었겠지만, 이에 대한 확실한 근거는 없다. 확실한 것은, 군인들이 시위대를 진압하던 때를 제외한다면, 미국의 도시 폭동(예를 들어 마이애미 폭동*과 같은)과 같은 무분별한 파괴나 약탈 행위는 없었다는 점이다.

폭력 사태는 월요일에 시작되었으며, 군인들(경찰을 포함하여)이 도시에서 철수할 때까지 계속됐다.

월요일에 많은 차량들과 버스들이 불에 탔다. 일반 시민들이 정확히 언제 학생들과 합세했는지는 불확실하다. 아마도 월요일 밤부터 그랬던 것 같은데, 화요일 이전인 것은 확실하다.

소식의 진원지를 알 수는 없으나, 우리가 접한 소식에 의하면 공수부대원들은 월요일 이후부터는 광주 시내에 머무르지는 않았다. 월요일 자정 즈음에 철수해 다른 부대 소속 군인들(전라북도 부대 소속으로 생각된다.)로 대체된 것으로 알고 있다.

5월 20일 화요일

화요일 아침 광주 시내에는 공수부대 소속 군인들은 보이지 않았고, 대신 전라북도 소속 군인들로 대체되었다. (며칠 후, […]는 시내에서 군복을 입지 않은 공수부대원들 두 명과 마주쳤다. 그들은 매우 헝클어진 상태였고 아마도 길을 잃고 겁에 질려 있었던 것 같았다. 그는 군인들과 잠시 몸싸움을 벌이다가 빠

• 1980년 5월 18일에 미국 플로리다주의 마이애미에서는 대규모 인종 폭동이 일어났다. 일부 미국 언론에서는 광주 사건을 마이애미 인종 폭동과 비교하기도 했다. (역자)

져나왔다. 아마도 부대가 철수할 때에 본부대와 합류하지 못하고 도시에 남은 군인들이었던 것 같았다.)

화요일 아침은 매우 고요했다. […]은 돈을 출금하러 은행에 갔는데 보통이라면 군인들의 표적이었을 젊은 남성들이 걱정 없이 거리를 활보하는 것을 봤다. 월요일 저녁부터 시작된 가택 수색은 화요일 저녁에 실시될 대규모 가택 수색 및 납치와 구속 계획의 전조였다는 소문이 이날 퍼지기 시작했다. 우리는 근거 없는 소문이었을 것이라고 추측하지만 당시에는 많은 사람들이 이를 믿었다. 또한 공수부대원들이 여성들의 가슴을 도려내서 총칼에 꽂고 돌아다닌다는 소문도 퍼졌다. 하지만 우리는 여성들에 대한 가혹 행위가 행해졌다는 근거 있는 소식을 듣지 못했고 대다수의 소문들은 여성들보다는 남성들에 대한 가혹 행위에 대한 것이었다. 어떤 게 진실이었는지 우리 선교사들은 잘 알지 못한다.

화요일 저녁, 당시 통금이었던 아홉 시 이후까지 대규모 시위가 있었다. 이때 우리는 많은 총소리를 들었다. 그리고 수요일 아침, 광주 시내에서 군인들과 경찰들은 볼 수 없었다. 계엄군 홍보물(5월 21일 수요일에 발행)에 의하면 화요일 저녁, 군경은 총 열 명의 사상자가 있었고(사망 혹은 부상) 공공시설들, 경찰서, 세 개 방송국이 불에 타거나 파괴되었다. 군인들이 화요일에 도시에서 전부 철수한 것은 아니었고, 군경과 시민들 사이의 마찰은 수요일에도 계속되었다.

한국인 영어교사가 외국인 특파원에게 쓴 편지에 의하면 MBC 방송국 건물에 실수로 불이 붙었고, 학생들은 불을 끄려고 했으나 실패했다. 이 주장에 대한 근거는 아직 찾지 못했다. 'VOC'라고 불리는 지역 신문 건물이 군인들에 의해 파괴되었다는 소문이 돌았지만 이 또한 아직 근거가 없다.

5월 21 수요일

우리가 직접 목격하지는 않았지만 총성과 함께 여기저기 연기가 피어오르는 것으로 미루어, 수요일까지 군인과 시민의 대치는 계속되었다. […]은 몇몇 사람들을 시골까지 데려다주고 왔다. 오가는 동안 그는 불타는 많은 차량들을 목격했고 무장한 시민들과 접촉이 여러 번 있었지만 군인과 경찰이 주둔하고 있는 지역(적어도 그가 차량으로 통행할 수 있었던 지역과 나중에 사진을 찍으러 간 곳에 한해서)에는 무장한 시민들은 없었다.

수요일 아침 우리들은 매우 놀랐다. 군인들과 경찰들이 사라졌고, 그보다 더 놀랍게도 모든 시민들이 학생들에게 환호를 보냈기 때문이다. 몇몇 조용하거나 소심한 시민들을 제외하고는 모두가 학생 시위대에게 절대적인 지지를 보냈다.

이때부터 5월 18일 사건은 학생들에게 국한된 게 아니라 광주 시민 모두의 일이 된 것이 분명하다. 본인은 이 사실을 뒤늦게 깨닫게 된 사람 중의 하나이다. 그러나 이 사실은 논쟁의 여지가 없다.

사설* 부분 – 넘어가도 무관함

• 아마도 광주 사건에 관련된 당시의 미국 신문 사설 또는 칼럼을 인용한 것으로 판단되는데, 어떤 신문인지는 확인되지 않는다. (역자)

광주에서 일어난 이 사태는 자유 시민들이 지나친 압박을 받을 경우 무슨 일이 일어날 수 있는지에 대한 표본이었다. 평소에는 법을 준수하는 시민들이 극한 상황에서는 그 어떤 법 혹은 정책에도 의존하지 않는 폭력적인 반항을 할 수 있다는 것이다. 이 사건은 보스턴 차 사건에 비유할 만하다고 생각한다. 시민들이 억압받는 것을 더 이상 참지 못할 때에 나타나는 초법적, 격정적, 파괴적, 비계산적 행동인 것이다. 이러한 주장은 도시가 이성을 찾아가는 일련의 과정을 볼 때에 더 설득력 있게 다가온다.

수요일 아침, 젊은 남성들과 여성들은 온갖 구호로 칠해진 트럭, 버스, 군경 차량들에 탑승한 채 거리를 활보했다. 그들이 지나가자 남녀노소 시민들 모두 환호를 보냈다. 나는 두 번이나 학생들에게 막대기 혹은 곤봉을 모아서 쥐여 주는 여성들을 목격했다. 나중에는 학생들에게 빵과 탄산음료를 주는 사람들도 나타났다. (술을 주거나 술에 취한 학생들은 보지 못했다.) 학생들과 시민들은 매우 흥분된 상태였으며, 일상적인 규칙에서 벗어나 있었다. 몇 자루의 총기도 있었지만 전투 전날의 분위기라기보다는 지역 스포츠 팀의 중요 경기 전날 같은 분위기였다.

곳곳에서 싸움은 계속되었다. 정오 즈음에 […]은 연기를 봤고, 이를 더 자세히 관찰하기 위해 잘 보이는 곳으로 장소를 옮겼다. […]은 이 연기가 화재가 난 세무서에서 나오는 것이라고 확신했다. 만약에 이 건물이 군경과의 대치 과정에서 파괴된 것이 아니라 무차별적인 파괴 행위에 의해 불에 탄 것이라면 이 최근 시점에서 목격된 유일한 무차별적 폭동의 근거가 될 것이다. 아무튼 이 건물은 철저하게 파괴되었으며 근처에 있던 다른 관련 건물들, 그리고 […]가 소유한 주택과 식당 또한 같은 운명을 맞이했다. 그의 건물은 세무서와 인접해 있었기 때문에 불이 번지는 것을 피하지 못했다.

이 사건 조금 이전에 […]은 가톨릭센터 앞에 '수많은 시신이 있다.'는 말을 들었으며, 이를 촬영해 달라는 부탁을 받았다. 그러나 그는 차량을 이용해 그곳까지 갈 수가 없었고, 차량을 내버려 둔 채 갈 의향은 없었다. 이런 소극적인 태도 때문에 사람들은 그를 매우 언짢게 생각했다. (그럼에도 불구하고 […]은 실제로 많은 수의 시체를 목격했다.)

수요일 정오부터 사상자가 속출하기 시작했다. 그 전에 다치거나 죽은 사람들은 도시가 복귀되고 사망자들이 땅에 묻힌 후에도 대부분 제대로 기록되지 못했다. 많은 사상자들이 나온 것은 일어나지 않아도 될 비극이었다. 우리는 이와 관련된 몇 가지의 이야기들을 알고 있으나 공수부대가 철수한 이후 무차별적인 폭력 행위에 대한 근거는 없다. 이는 주둔 군인들이 대체되었기 때문이거나, 또는 사태가 폭동에서 대치 상태로 전환되었기 때문일 수도 있다. (광주기독병원에서 보고된 첫 사상자는 등에 총검에 찔린 한 남성이었는데, 그는 자녀의 행방을 찾다가 봉변을 당했다. 하지만 상황을 고려했을 때에 가해자 군인이 무고한 시민인 것을 안 채 칼을 휘둘렀는지의 여부는 불분명하다. 만약 이 남성이 알려 준 것처럼 정오쯤 관광호텔 근처에서 상처를 입은 것이라면, 그곳에 주둔한 군인들은 매우 공격적이고 위험한 시위대와 충돌했을 가능성이 높다.) 헬리콥터가 비행하면서 시위대에게 발포를 하겠다는 위협을 하며 해산 명령을 내렸다. 그러나 실제로 실탄이 발포되었을 때에 시민들은 엄청난 분노를 표출했다.

　수요일 오후 세 시에서 네 시 사이에 사상자들이 속출했다. 네 시까지 광주기독병원에 열 명의 사망자와 오십 명의 부상자들이 호송되었다. (그러나 목요일 정오 즈음까지 병원에 호송된 사망자들은 열세 명 혹은 열다섯 명 정도였다. 부상자들은 물론 더 많이 나왔다.)

　수요일 저녁에는 가택 수색 및 체포, 그리고 다른 물리적 위협에 대한 소문을 듣고 안전을 위해 많은 사람들이 예배당으로 몰려왔다. 대부분은 젊은 청년들이었다. 본인의 집에 피신한 사람은 없었다.

　[내용 삭제]

　수요일 일몰 후 총성이 더 빈번하게 들리기 시작했는데, 대부분 매우 근접한 곳에서 들려왔다. 수요일 밤 도시에 다시 군인들이 진주할 것이라는 소문이 있었으나, 밤이 깊어도 시내는 고요했다.

5월 22일 목요일

　[내용 삭제]

　성조기를 달고 '외국인 소유 차량'이라는 표시를 한 차량 두 대로 그들은 시민들의 엄호를 받으며 우회로를 이용해서 송정리로 이동했다. 송정리는 당시 '시민들의 점령'하에 있었고 기차 운행은 중단된 상태였다. 고속도로를 타고 군인들의 저지를 받을 때까지 북쪽으로 이동했다. 군인들은 조금만 더 가면 있는 기차역에서는 기차가 운행한다고 말해주었는데, 사실이었다. 그곳에서 일행을 떠나 보낸 후 차량 두 대는 광주로 복귀했다. 가는 도중에 신설된 검문소에서 저지당했으며, 도시가 공격을 받고 있다는 말을 들었다. 하지만 이후 검문소의 허락으로 도시에 도착했을 때에 이 말은 사실이 아님을 알게 되었다. 도시 외곽에서 무장한 시민들을 만나서 그들의 엄호하에 도시를 떠났을 때와는 다른 길로 집으로 복귀했는데, 돌아오는 도중에 별다른 사건은 없었다. (광주로 돌아오는 길에서 우리는 주민들이 무장한 시민들이 탑승한 차량에 식량과 음료를 보급해 주는 장면을 봤다. 버스에 타고 있던 무장한 시민 한 사람이 […]에게 빵을 하나 던져 줬지만 놓치고 말았다.)

이 와중에 본인은 두 가지 소문을 들었다. 하나는 모든 선교사들이 도시를 떠났다는 것이고, 다른 하나는 미국 대사관 간부들이 광주에 왔다는 것이었다. 이런 헛소문을 듣고 역시 소문은 믿을 게 못 된다고 생각했다.

목요일 밤에 또다시 도시가 군인들에 의해 점령될 것이라는 소문이 들려왔다. 저녁 열한 시에서 열두 시 반까지 본인의 가족과 […]은 소총을 비롯한 중화기가 발사되는 소리를 계속 들었다. 서쪽 송정리 방향에 위치한 군부대에서 들리는 것이 분명했으며 남쪽으로 포위를 하듯이 전진하는 소리처럼 들렸고, 나중에 늦은 밤에는 도청 근처에서 총소리가 들려왔다. 그런데 아침에(적어도 우리가 관찰한 바에 따르면) 이러한 총성의 흔적들은 찾기 힘들었다.

5월 23일 금요일에서 5월 26일 월요일까지

금, 토, 일, 월요일 나흘 동안은 광주를 정상적인 상태로 되돌리기 위한 시민과 군인 간 협상 및 상호 자제의 시기였다. 이러한 국면 전환은 기독교 성직자들에 의해 시작된 것으로 보인다. 우연의 일치인지는 모르겠으나, 우리와 가까운 관계를 맺고 있는 두 교파의 목사들이 많은 역할을 한 것은 분명하다. [⋯]에 의하면 군인들은 수습대책위원회의 요청을 받아들여서 네 번이나 군사 활동을 중지시켰다고 한다. 밤마다 총성이 들렸다. 군인들은 시내 깊숙이 진격했다가 철수하곤 했다. 목사 대표가 직접 군인들과 접촉하여 아직 군부대의 도시 진입이 합의되지 않았기 때문에 철수할 것을 요구해서 군인들이 철수한 적이 적어도 한 번은 있었다. 금요일 아침 [⋯]의 가족은 군복을 입은 군인 두 명이 시내를 활보하는 것을 목격했으나 서로 대화를 나누지는 않았다.

이 당시에 시민들은 질서를 잘 지켰으며 군부대가 다시 투입되었을 때 충돌을 피하기 위해 무기와 폭발물들을 수거하기 시작했다. (무기 수거는 군부대 진압에 대항하기 위해 비축하는 것이라고 생각하는 사람들도 있을 수 있으나, 그건 사적인 견해에 불과했다.) [⋯]가 선두에 서서 [⋯]의 창설에 힘썼다.

대다수의 급진적인 학생들도 수습대책위원회의 결정 사항들을 거부하지는 않았다. 그러나 몇몇은 새로 합류한 시민 위원회Concerned Citizens' Committee* 소속 사회운동 단체들과 의견을 수렴하여 좀 더 강한 요구 사항으로 합의하자고 주장했다. 이 단체의 주장은 나중에 큰 문제가 되었다. 시민들 사이에서 합의점이 결렬되자 더 이상 시민 대표가 계엄군과

• 아마도 25일에 결성된 '민주투쟁위원회'를 가리키는 것으로 추측된다. (역자)

대화를 나눌 수가 없었다.

일요일 저녁에 우리는 군 활동이 일요일 밤 혹은 월요일에 재개될 것이라는 전갈을 받았다. 사전에 우리에게 통보된 바가 없었기 때문에 우리는 군인들이 약속을 어긴 것이라고 생각하고 […]은 수습대책위원회 대표들을 찾아가기로 했다. 군사 행동 연기를 요구하여 약속을 받아 내기로 결정하였다.

월요일 아침에 군부대가 이동하는 것을 직접 목격했고 이 소식이 사실이었음이 확인되었다. 우리는 수습대책위원회를 만나기 위해서 길을 나섰다. 길가에는 수습대책위원회가 사용하던 것과 아주 유사한 선전지들이 붙여져 있었다. 본인이 만났던 위원회 위원은 이제 상황이 자신의 능력 밖임을 직감하는 듯했다. 그리고 그는 시민들 사이에서 합의가 결렬된 것 때문에 이러한 상황이 초래되었다고 주장했다. 즉, 군과 시민의 합의는 이미 효력이 사라졌다는 것이었다. 시내 길거리에 부착되어 있던 선전지들은 누가 봐도 제삼자가 만든 것이 분명했고, 이성적인 사람이라면 이를 무시했을 것이었다. 당시에 […]와 연락이 잠시 두절되었지만 다른 사람들을 만날 수 있었다. 그들은 우리를 시민투쟁위원회의 회의로 안내해 줬고 발언을 하지 않는 조건하에 회의 내용을 들을 수 있었다.

사실은 정부군에 의해서 최종 기한이 통보되었고, 계엄군은 그 기한 이전에는 시내로 진격하지 않았다. 그러므로 우리가 정보를 잘못 해석했거나 누군가가 다른 행동을 취한 것이 분명했다.

월요일 밤, 혹은 더 엄밀하게는 5월 27일 화요일 이른 새벽에 도시는 다시 점령되었다. 군인들은 재빠르고 효율적으로 작전을 실시했다. 이 날 우리가 들은 총성은 목요일보다 적었다. 이렇게 큰 사상자 없이 다시 도시가 점령된 것은 시민들이 저항에 합세하지 않았기 때문이라고 우리는 생각한다. 아마도 실질적으로 도시 점령에 저항한 집단은 앞서 기술한 급진 집단과 이에 합세한 몇몇의 고등학생들이었을 것이다.

금요일에서 월요일 사이의 기간은 미국인들에게 광주에서 떠나라는 통보가 있었던 때였다. 잡지 『타임Time』은 공군기지에 '몇몇의 선교사'들이 피난을 왔다고 전했는데, 이는 사실이다. 말일성도교회 소속의 젊은 선교사들은 광주를 떠났다. 이 외에 광주를 떠난 다른 선교사들에 대해서는 아는 바가 없다.

[…] 지역 사람들은 우리들의 존재를 크게 반겼었다. 우리는 이들을 두고 떠날 수가 없었다. 그때 만약 모른 체하고 우리가 광주를 떠났었다면 우리가 나중에 여기로 다시 돌아올 수 있는 발판을 잃어버렸을 것이다.

5월 27일 화요일에서 6월 4일 수요일까지

5월 27일 해가 뜰 때 즈음에 도시는 다시 점령됐다. 라디오에서 시민들에게 거리로 나오지 말라는 경고 방송이 나왔다. 모두가 이 말에 따른 것은 아니었지만 아무도 다치거나 위협을 받지는 않았다. 점령 작전은 시민들에 대한 반격보다는 무장해제를 거부하거나 경찰과 군인들을 향해 직접적으로 저항하는 사람들을 제압하며 진행되었다. 여섯 명이 우리 교회에서 연행되었으며, 곧바로 구속되었다. 군인들에게 총살을 당할 수도 있는 상황인데 연행된 것은 천만다행이다.

　나중에 알았지만, 당시에 우리는 YWCA에서 많은 사상자가 발생한 사건 때문에 큰 충격을 받았다. 당시 YWCA에서는 통금 시간을 넘어 늦게까지 기도회가 열렸고, 기도회에 참가한 여학생들은 몰래 집으로 돌아갔으나 남학생들은 계속 남아 있기로 결정했다. 그리고 남학생들은 무기를 반납하지 않아 총을 소지하고 있었다. 이때 사망자는 두 명이었다. 한 명은 YWCA 직원, 그리고 한 명은 남아 있던 남학생들 중 한 명이었다.

　5.18사태는 공산주의 세력의 침투에 의한 것도 아니고 공산주의 사상에 의해 오염되거나 영향을 받지 않았다. 이는 분명한 사실이다. 우리는 당시 광주에 진입한 군인들은 공산주의 세력과 싸우고 있다고 믿고 있다고 들었는데, 이것은 사실 그리 놀랍지 않다. 군인들의 이러한 오해는 정말 비극적인 사태이다. 여기서 놀라운 점은 군인들이 공산주의 세력과 전투를 벌이고 있다고 생각을 했음에도 불구하고, 도청 진압 당시 사상자의 수는 의외로 적었다는 점이다.

　광주시는 교외 지역에 있는 공동묘지에 시신들을 수습할 장소를 제공했고 유족들 역시 딱히 다른 선택지는 없었다. 트럭이 관을 운반했고 유족들은 무료로 운행하는 버스로 이동했다. 시 소속 공동묘지 관리들은 묘역들을 준비했고 사망자들의 매장이 완료된 후 뒤처리까지 도왔다. 우리는 신학대 학생 한 명*의 장례식에 참가했었다. 그는 주변에서

---

* 5월 27일 호남신학대학교 학생이자 상무대교회 전도사였던 문용동 씨가 도청을 지키다 군의 공격으로 사망했는데, 아마 이분을 뜻하는 것으로 추정된다. (역자)

인정할 정도로 모범생이었고 폭발물을 안전하게 지키다가 비극적인 죽음을 맞이했다. 많은 장례식들이 동시에 진행되었기 때문에 육체적, 정신적으로 자리를 지키기가 매우 힘들었다.

5.18사태 이후 시간이 흐르면서 시민들 사이에 복수심이 높아지고 있음을 느끼고 있다. 시민들에게 호의적인 소식통에 의하면 시 당국이 합의를 깼으며, 약속은 애초부터 공허했음을 주장하고 있다. 약속이 정말 공허한 것인지는 모르겠으나, 시 당국이 약속을 제대로 이행하고 있는 것 같지는 않다. 사정이 이런데도, 시민들이 이렇게 신사적으로 대응하고 있는 것이 놀라울 따름이다.

축약된 증언이 이 정도로 길면 얼마나 많은 것들이 생략되었는지 생각할 수 있을 것이다.

마지막으로 한 가지만 덧붙이겠다. 지금까지 살아오면서 5.18사태만큼 한국 친구들을 자랑스럽게 느낀 적이 없었다. 내가 한국인에 대해서 가지고 있던 생각들은 이 기간 동안 완전히 바뀌었다. 그들은 의로운 일을 이룰 수 있다면 그 어떤 값도 치르겠다는 의지를 보여 줬다. 특히 초기의 비극적인 사태 이후에 군인들이 보여 준 자제력과 당시에 떠돌던 엄청난 소문들을 듣고도 평정심을 유지한 시민들 모두에게 감동을 받았다.

한국인 친구들에게 돌아가야 할 마땅한 칭찬에 앞서, 나는 하나님께 감사를 드리고 싶다. 하나님은 당신을 믿는 수백 명, 그리고 믿지 아니하는 수천 명의 마음속에 매일 기적을 행하시며 이 어려운 시기에 우리의 기도에 답을 해 주셨다. 이제 반드시 기억해야 할 중요한 점들 몇 가지를 기술하려고 한다.

1. 광주는 폭동에 찌든 도시가 절대 아니었다. 폭동 행위는 이십 사 시간 미만 동안 매우 제한된 공간에서 시민들의 분노가 표출 되면서 진행된 것이었다. 그러나 이 동안에도 도시는 혼란스럽 지 않았고 광주 시민들은 '폭도'들에 의해 위협을 받지 않았다. 이 짧은 기간 이외에는 도시는 평정을 유지했고, 시민들은 거 리 안팎에서 매우 안전하게 생활했다.

2. 광주는 학생 또는 반체제 인사들이 점령한 위험한 도시가 아니 었다. 광주는 위기 아래에 시민들이 하나로 뭉친 도시였다. 이 위기는 도시 밖에서 온 것이고, 집단이 위기에 처하면 결집력 이 강화되듯이 광주도 그런 과정을 밟았을 뿐이다. 시민들은 경찰과 진압기동대에게도 온정을 베풀었고, 그들이 광주 시민 들을 적대적으로 대한다고 생각하지도 않았다. 광주 시민의 적 대심은 야만적으로 행동한 공수부대와 중앙정부를 향했었다.

3. 광주 시민의 분노의 중심에 있었던 것은 시민권, 인권, 민주주 의의 발전과 같은 가치가 아니었다. 이러한 가치를 추구하는 학생운동이 사태를 촉발시킨 직접적인 원인이었고, 또한 많은 시민들은 이러한 문제들에 의해 깊게 고민하곤 했다. 그러나 광주사태는 이러한 가치들을 지키기 위해, 혹은 이러한 문제들 때문에 발생한 것이 아니다. 광주사태는 광주 시민들을 향한 야만적 행위 때문에 발생했으며, 이러한 야만적 행위를 눈감고

그냥 두어서는 안 된다는 의지의 표출이었다.

4. 이 기간 동안에 발생했던 악행들 중 성적인 행위나 여성들을 표적으로 한 가학적인 폭력은 거의 없었다. 이러한 행위들에 대한 끔찍한 소문들은 많았지만, 여성들에 대한 성폭력에 관련된 피해자의 증언은 설득력이 없다.

5. 광주사태가 안겨 준 가장 놀라운 점은 이 기간 동안 쌍방 모두 기적적이고 비범한 수준의 자제력을 보여 줬다는 것이었다. 정부와 계엄군에 대한 부정적인 평가 여부와 관계없이, 분명한 사실은 공수부대가 광주에서 철수한 이후 광주에서 군인과 한국 정부는 그들의 과거 행위들과는 상반된 자제력을 보여 주었다. 마찬가지로, 광주 시민들이 보여 준 자제력과 평정심 또한 놀라울 따름이다.

선교사들은 큰 위험에 빠진 적은 없으나 우리들의 모국뿐 아니라 광주사태의 양 당사자들에게도 큰 걱정의 대상이었다. 이러한 상황 속에서 우리는 하나님을 섬기는 사람들에게 영웅심은 요구되지 않는다는 교훈을 얻었고, 하나님은 우리들이 무엇을 해야 하고 무엇을 하면 안 되는지 명확한 지침을 주셨다. 주님의 보살핌하에서 우리는 두려움을 느끼지는 않았으며, 그래서 특별한 영웅심이 필요하지 않았다. 일이 조금이라도 잘못되었다면 우리들 중에서도 사망자가 있었을지도 모른다. 그러나 우리는 하나님이 우리에게 영웅이 되라고 요구하지는 않았음을 느끼고 있었다. 우리가 심각한 상황에 놓이기는 했으나 주님께서 우리를 보살펴 주셨기 때문에 우리는 크게 우려하지 않았다는 뜻이다.

이 글은 1980년 6월 5일에서 6일 사이에 작성되었다.

끝.

CONFIDENTIAL, OADR

EXCISE

TEXT OF TELEGRAM 80SEOUL 007402

ADP246
CONFIDENTIAL

PAGE 01   SEOUL 07402 01 OF 10 101321Z
ACTION EA-12

INFO OCT-01 ADS-00 CIAE-00 DODE-00 NSAE-00 NSCE-00
      SSO-00 ICAE-00 INRE-00 PM-05 H-01 INR-10 L-03
      PA-01 SP-02 SS-15 HA-05 IO-14 PC-01 OCS-06 SY=05
      SYE-00 DCT-02 /083 W
      ------------------------015901 101334Z /4

O 1009432 JUN 80
FM AMEMBASSY SEOUL
TO SECSTATE WASHDC IMMEDIATE 6939
INFO AMEMBASSY TOKYO
COMUSKOREA SEOUL KS//BJ-IS
CHJUSMAG SEOUL KS
SA CINCUNC KS

C O N F I D E N T I A L SECTION 01 OF 10 SEOUL 07402

E.O. 12065: RDS-4 6/10/90 (MONJO, JOHN C.) OR-M
TAGS: SHUM, PINS, KS
SUBJECT: INSIDER'S ACCOUNT OF KWANGJU RIOT

1. (C) ENTIRE TEXT.

2. THERE FOLLOWS AN ACCOUNT OF THE KWANGJU RIOTS COM-
PILED BY [   ] OF LONG ACQUAINTANCE
WITH THE AREA. HE WAS IN KWANGJU THROUGHOUT THE PERIOD
OF TROUBLE AND, [

                    ] THIS IS THE MOST BALANCED
RECORD AND ANALYSIS OF INCIDENT WE HAVE SEEN SO FAR.
WE HAVE SUBSTITUTED [

                                          ] STILL.

END-USERS SHOULD HANDLE REPORT WITH CARE [

                    ]

BEGIN QUOTE:

ABBREVIATED RETROSPECT OF THE "MAY EIGHTEENTH INCIDENT" AT
KWANGJU, KOREA.

CONFIDENTIAL OADR

BEFORE MAY 18TH:

IN THE SPRING OF 1980 IN KWANGJU THERE WAS A GREAT DEAL OF
                                              PAGE NO.   1

TEXT OF TELEGRAM 80SEOUL 007402

CAMPUS UNREST WHICH WAS FOCUSED ON ISSUES WITHIN THE
VARIOUS INDIVIDUAL CAMPUSES. WHETHER OR NOT THERE WAS A
PSYCHOLOGICAL LINK OR ANY RELATIONSHIP, THIS ANTAGONIST
STANCE WITHIN THE INSTITUTIONS WAS FOLLOWED BY A REVIVAL
OF ANTI-GOVERNMENT ACTIVITY.

ON THURSDAY, MAY 15TH, STUDENTS HELD A LARGE ANTI-GOVERN-
MENT RALLY WITH SONGS, SLOGANS, MARCHING, AND IN THE EVEN-
ING A TORCHLIGHT PARADE, ALL DIRECTED AGAINST THE YUSIN
CONSTITUTION AND THE CONTINUED IMPOSITION OF MARTIAL LAW
IN KOREA. THE ROUTINE AIR-RAID DRILL HELD ON THE 15TH OF
EACH MONTH WAS CANCELLED THIS DAY. RIOT POLICE WERE OUT
IN FORCE IN KWANGJU BUT TOOK NO ACTION OF ANY SORT, SIMPLY
WATCHING PASSIVELY FROM THEIR POSITIONS.

ON FRIDAY, MAY 16TH, CERTAIN STREETS IN KWANGJU WERE
CORDONED OFF, AND RIOT POLICE WERE IN EVIDENCE. IN THE
EVENING THERE WAS A TORCHLIGHT PARADE AND SHOUTS AND SONGS
AGAINST MARTIAL LAW AND AGAINST CHUN TU HWAN BY NAME.
(ONE BILINGUAL HEARER IS CONVINCED THAT THE WORDS HE HEARD
TO THE CHRISTIAN PEP-SONG "I'VE GOT PEACE LIKE A RIVER",
ETC., WERE OTHER WORDS CHOSEN FOR THE PROTEST.) NO POLICE
ACTION APPEARS TO HAVE BEEN TAKEN. THE RALLY WAS OVER BY
ABOUT 9:00 O'CLOCK.

RELATED OR NOT, MISSIONARIES WISHING TO GO TO TAEJON FOUND
BUS TICKETS COMPLETELY UNAVAILABLE AND WERE TOLD THAT IT
WAS ON ACCOUNT OF SOLDIERS GOING TO TAEJON. GOING BY TRAIN
ON SATURDAY, THEY FOUND LARGE NUMBERS OF ENLISTED MEN ON
THE TRAIN, WHOSE BEHAVIOR GREW PROGRESSIVELY UNRULY TO THE
PHYSICAL DANGER OF CIVILIAN PASSENGERS AND THE SHEDDING OF
BLOOD AMONG THE TROOPS. NO OFFICERS WERE IN EVIDENCE.

SATURDAY IN KWANGJU WAS QUIET. ON SATURDAY, HOWEVER, THE
EXTENSION OF MARTIAL LAW AND THE CLOSING OF COLLEGES OF
MANY CATEGORIES WAS ANNOUNCED, TAKING EFFECT AT MIDNIGHT.
ON SUNDAY, MAY 18TH:

THE KWANGJU MISSIONARIES DO NOT KNOW HOW OR WHEN THINGS BE-
CAME VIOLENT ON SUNDAY, MAY 18. IN THE MORNING THINGS
APPEARED QUIET, BUT BEGINNING AT ABOUT NOON--RETURNING
FROM ONE CHURCH OR ANOTHER--SOME OF THE MISSIONARIES RAN
INTO INDICATIONS OF PREVIOUS TROUBLE. ONE MOTHER
                    AND CHILDREN, WITH GUEST AMERICANS,
SAW NO SIGN OF TROUBLE BUT WERE IN THE WAY OF A HEAVY DIS-
CHARGE OF TEAR GAS, WHICH WOULD HARDLY HAVE BEEN USED FOR
A WHIM. HER HUSBAND, IN ANOTHER LOCATION, FOUND STREETS
CLOSED WHICH HAD BEEN OPEN EARLIER, AND ALSO DETECTED SIGNS
OF TEAR GAS USED EARLIER. OTHER MISSIONARIES SAW NOTHING.

B1A9

TEXT OF TELEGRAM BOSEOUL 007402

AT SOME TIME ON SUNDAY TROOPS OF AN AIRBORNE UNIT APPEARED
IN THE CITY.   SOME SAY AT 9:00 A.M., OTHERS AT NOON.

ON SUNDAY AFTERNOON THERE BEGAN TO BE UNPROVOKED ASSAULTS
BY AIRBORNE UNIT PERSONNEL UPON YOUNG MEN.   INCIDENTS WERE
PERSONALLY WITNESSED BY

WHATEVER PRIOR PROVOCATION THERE MAY HAVE BEEN, THESE
PEOPLE WITNESSED ATTACKS OF GREATER OR LESSER SEVERITY ON

NNN

TEXT OF TELEGRAM BOSEOUL 007402

ADP053
CONFIDENTIAL

PAGE 01   SEOUL 07402 02 OF 10   101046Z
ACTION EA-12

INFO OCT-01 ADS-00 CIAE-00 DODE-00 NSAE-00 NSCE-00
      SSO-00 ICAE-00 INRE-00 PM-05   H-01   INR-10 L-03
      PA-01   SP-02   SS-15   HA-05 IO-14   PC-01 OCS-06 /076 W
      ------------------014982   101141Z /13

O 100943Z JUN 80
FM AMEMBASSY SEOUL
TO SECSTATE WASHDC IMMEDIATE 6940
INFO AMEMBASSY TOKYO
COMUSKOREA SEOUL KS//BJ-IS
CHJUSMAG SEOUL KS
SA CINCUNC KS

CONFIDENTIAL SECTION 02 OF 10 SEOUL 07402

A NUMBER OF YOUNG MEN SIMPLY WALKING DOWN THE STREETS.
(DETAILS CAN BE PROVIDED IF REQUIRED.)

AT NO TIME DURING THE ENTIRE MAY 18TH INCIDENT, EITHER ON
THAT DAY OR THE DAYS FOLLOWING, DID ANY MISSIONARY SEE OR
HEAR EVEN AT SECOND OR THIRD HAND ANY INDICATION OF BRU-
TALITY BY THE CIVILIAN RIOT POLICE. THE RIOT POLICE WERE
SEEN TO STAND AT THEIR POSTS WITHOUT INTERFERING WHILE
AIRBORNE UNIT TROOPS ATTACKED PEOPLE. THERE WAS LATER A
RUMOR THAT ONE KOREAN POLICEMAN HAD BEEN KILLED WHILE TRY-
ING TO INTERFERE WITH AN AIRBORNE UNIT TROOPER'S ATTACK
UPON A PERSON, BUT NO PROOF. [   ] SAW A   B/ 19
CONFLICT BETWEEN A TRAFFIC OFFICER AND AN AIRBORNE UNIT
SOLDIER AT AN INTERSECTION, WHERE THE SOLDIER WANTED A
YOUNG WOMAN (APPARENTLY) OUT OF A TAXICAB, AND THE OFFICER
WANTED HIM TO LET THE CAB GO ON. (THE MISSIONARY NEVER
SAW THE OUTCOME, AS HE HAD TO KEEP GOING HIMSELF. IT
COULD HAVE BEEN SCARE TACTICS AND NOT AN ASSAULT. AT THIS
TIME THERE WERE NO REPORTS OF ANY MOLESTATION OF WOMEN
STUDENTS; ONLY THIS INCIDENT SEEN BY [· B/ A9

CONFIDENTIAL, UAUH

PAGE 02   SEOUL 07402 02 OF 10   101046Z

REPORTS ON MONDAY TOLD OF INCREASINGLY WIDESPREAD BRUTALITY
ON SUNDAY EVENING. IN THE LATE AFTERNOON OF SUNDAY THE
[   ] SAW "NORMAL BRUTALITY" WITH NIGHTSTICKS   B/ A9
AND KICKING OF FALLEN MEN (LOOKING FROM THE WINDOWS OF THE
KWANGJU TOURIST HOTEL).

A CURFEW WAS ANNOUNCED FOR 8:00 AT AFTER 6:30, BUT THEN
CHANGED TO 9:00.

PAGE NO.   4

TEXT OF TELEGRAM 80SEOUL 007402

IN ALL OF THIS, THE WRITER WENT TO THE COUNTRY IN THE MORN-
ING, BACK IN THE EARLY AFTERNOON, AND TO CHURCH IN THE CITY
IN THE EVENING--EARLY BECAUSE OF THE ANNOUNCED CURFEW--AND
NEITHER SAW NOR HEARD ANYTHING AMISS. IT IS A MATTER OF
ROUTES AND LOCATIONS.

ON MONDAY, MAY 19TH:

MOST OF THE ACCOUNTS OF BRUTALITY COME FROM MONDAY, AL-
THOUGH THERE IS NO DOUBT THAT SUNDAY HAD ITS SHARE.

THE WRITER S FAMILY SEEMS SINGULARLY EXEMPT FROM TROUBLE-
SOME MATTERS, EVEN AT SECOND HAND.

B/A9

☐ (FULLER NOTES, NOT HERE COPIED, GIVE
DETAILS AND SOURCES.)

REPORTS OF SEVERE VIOLENCE BEGAN COMING IN ON MONDAY MORN-
ING. PERHAPS BY COINCIDENCE, THE FIRST REPORTED RIOT-TYPE
ACTIVITY WAS REPORTED ON MONDAY AFTERNOON, WHEN MR. DAVID
MILLER OF THE USIS TELEPHONED AND SAID THERE HAVE BEEN AN
ATTEMPT (ATTEMPTS?) TO SET FIRE TO GOVERNMENT BUILDINGS.

SMALL-SCALE RESISTANCE, IF IT CAN BE CALLED THAT, WAS SEEN

FROM THE FIRST. ☐   PERSONAL
VIEWING OF AN ATTACK WAS ON SUNDAY AFTERNOON WHEN THREE
SOLDIERS JOINED IN BEATING A PASSERBY, AND PEOPLE THREW
STONES AT THEM, WITH THE RESULT THAT TWO RAN AFTER THE
STONE-THROWERS (WITHOUT SUCCESS) AND THE THIRD CONTINUED
BEATING THE YOUNG MAN. THERE WAS ALSO STONE-THROWING ON
MONDAY.

B/A9

MONDAY WAS THE FIRST DAY WHEN WE HEARD REPORTS OF AIRBORNE
UNIT SOLDIERS ENTERING HOUSES IN SEARCH OF YOUNG MEN. CITY
BUSES WERE STOPPED AND YOUNG MEN TAKEN OFF AND BEATEN;
PUBLIC BUILDINGS AND EATING PLACES WERE GIVEN THE SAME
TREATMENT. IT IS NOT CERTAIN WHETHER PRIVATE HOMES WERE
ENTERED OR NOT. (KWANGJU CITIZENS SAY THEY WERE, BUT WE
HAVE NOT HEARD OF SPECIFIC CASES.)

A KOREAN PASTOR, WHO CAN BE NAMED IF NECESSARY, HEARD THE
AIRBORNE UNIT PERSONNEL SPEAKING WITH A DISTINCTIVELY
KYONGSANG ACCENT, AND REPORTS HEARING THEM SAY THEY WERE
GOING TO SLAY THE NO-GOOD CHOLLA-DO RASCALS. ANOTHER WIT-
NESS SAW OTHER AIRBORNE UNIT TROOPS BEHAVING WITH A BREAK-
DOWN OF DISCIPLINE SIMILAR TO WHAT TOOK PLACE WITH OTHER
TROOPS ON THE TRAIN TO TAEJON ON SATURDAY, AND NOTICED
THAT THE MEN PRESUMABLY GUARDING THE CHOSUN UNIVERSITY
LOOKED DISHEVELED, WERE OBVIOUSLY DRUNK, AND WERE SHOUTING
FOR FOOD. (THERE IS A RUMOR CURRENT THAT THE MEN WERE IN-

TEXT OF TELEGRAM 80SEOUL 007402

TENTIONALLY UNDERFED--AND SOME ADD. GIVEN DRINK; AND OTHERS
ADD, GIVEN DRUGS--TO MAKE THEM WILD.)

REPORTS OR RUMORS OF GIRLS STRIPPED TO THEIR UNDERCLOTHES
HAVE TURNED OUT TO BE NOT FROM THE SOURCES TO WHICH THEY
WERE ATTRIBUTED, AND SO FAR HAVE NOT BEEN VERIFIED BY ANY-

NNN

TEXT OF TELEGRAM BOSEOUL 007402

INFO   OCT-01   ADS-00   CIAE-00   DODE-00   NSAE-00   NSCE-00
       SSO-00   ICAE-00   INRE-00   PM-05   H-01   INR-10   L-03
       PA-01   SP-02   SS-15   HA-05   IO-14   PC-01   OCS-06   /076 W
       ------------------015005   101141Z /13

O 100943Z JUN 80
FM AMEMBASSY SEOUL
TO SECSTATE WASHDC IMMEDIATE 6941
INFO AMEMBASSY TOKYO
COMUSKOREA SEOUL KS//BJ-IS
CHJUSMAG SEOUL KS
SA CINCUNC KS

A L SZETION 03 OF 10 SEOUL 07402

BODY WHOM WE HAVE FOUND.

BOTH THE YWCA AND THE CATHOLIC CENTER WERE ENTERED AND
SEARCHED WITH A DEGREE OF VIOLENCE BETTER CALCULATED TO
COW THAN TO FLUSH OUT PEOPLE IN HIDING.

ON MONDAY AFTERNOON AN
SAW YOUNG MEN ROUNDED UP AND TAKEN OFF, AND WITNESSED RE-
PEATED ASSAULTS ON SOME OF THE YOUNG MEN ALREADY APPRE-
HENDED.

B1 A9

MORE STONE-THROWING OCCURRED ON MONDAY; AND ON MONDAY MORN-
ING A   SAW ACTUAL CIVILIAN INTERVENTION
ON BEHALF OF A PERSON UNDER ATTACK. (THIS WAS WHAT LOOKED
LIKE A MOTHER, YOUNGER SISTER AND SMALLER CHILD WHEN--ONE
GUESSES--THE YOUNG MAN IN THEIR FAMILY WAS BEING HURT.)

B1 A9

PEACE CORPS VOLUNTEERS WON A GOOD NAMEGEOR AMERICANS AT
THIS TIME BY A SORT OF NON-VIOLENT INTERVENTION. A PCV
SEEING A PERSON BEING BEATEN WOULD GO AND PUT THEIR ARMS
AROUND THE PERSON, THUS BEING IN THE WAY OF FURTHER BEAT-

ING.   ON SUCH AN OCCASION THE ATTACKER WOULD LEAVE HIS
VICTIM BUT CHOOSE ANOTHER, WHO IN HIS TURN WOULD BE PRO-
TECTED BY A PCV WHO PUT HIS ARMS AROUND HIM.

IT IS THE SPONTANEOUS AND UNANIMOUS OPINION OF THE
MISSIONARY COMMUNITY LIVING TOGETHER HERE THAT THE PEACE
CORPS VOLUNTEERS HAVE WON THE LASTING GRATITUDE OF GREAT
NUMBERS OF THE CITIZENS OF KWANGJU FOR THE UNITED STATES.
SHARING THE LIFE OF THE PEOPLE WHOM THEY CAME TO SERVE,

TEXT OF TELEGRAM 80SEOUL 007402

EVEN WHEN IT MEANT SHARING SERIOUS, PERHAPS MORTAL, DANGER,
THEY MADE EVERYBODY WHO SAW THEM REALIZE THAT AMERICANS
(AND AMERICA) REALLY CARE.   THEY IDENTIFIED THEMSELVES WITH
THE PEOPLE NOTSOY SHARED ANIMOSITIES BUT BY SHARED TROUBLE.
MISSIONARIES STAY AS A MATTER OF COURSE, IN OBEDIENCE TO A
MASTER AND IN A BOND OF LOVE WHICH LEAVES NO CHOICE; BUT
THE PEACE CORPS VOLUNTEERS WERE, IC ANYTHING, DISOBEDIENT
TO THEIR OWN MASTER IN NOT LEAVING THE CITY.   IT IS MY
PERSONAL OPINION THAT IF THEIR HEADQUARTERS HAD BEEN ABLE
TO SEE THE SITUATION FROM THE GROUND AS WE SAW IT, HEAD-
QUARTERS WOULD HAVE HOPED THAT THEY WOULD STAY AND DO AL-
MOST EXACTLY WHAT THEY DID.   AS AMERICANS, WE ARE VERY
PROUD OF OUR PEACE CORPS FRIENDS.

WE HEARD OF NO VIOLENT OR RIOT-TYPE DEMONSTRATIONS BEFORE
REPORTS OF AIRBORNE UNIT TROOPS' ATTACKS UPON STUDENTS.
WE HEARD OF NO NON-VIOLENT DEMONSTRATIONS AFTER THE REPORTS
BEGAN TO CIRCULTE.   AGAIN, WE HEARD OF NO VIOLENT OR RIOT-
TYPE ACTIVITIES AFTER THE WITHDRAWAL OF THE FORCES OF LAW
AND ORDER FROM THE CITY.   WE ASSUME THAT THERE WILL HAVE
BEEN THIEVERY AND PERSONAL VIOLENCE, BUT WE HAVE NO DATA
TO SUPPORT OUR ASSUMPTION.   THERE WAS DEFINITELY ABSOLUTELY
NO LOOTING, AND NO WANTON DAMAGE SUCH AS IS ASSOCIATED WITH
(FOR INSTANCE) MIAMI OR AMERICAN URBAN RIOTS, EXCEPT DURING

PAGE 03   SEOUL 07402 03 OF 10   101054Z

THE TIME WHEN TROOPS WERE TRYING TO PUT DOWN THE DEMONSTRA-
TIONS.   THIS VIOLENCE BEGAN ON MONDAY AND CONTINUED UNTIL
THE TROOPS (AND WITH THEM THE POLICE) WERE WITHDRAWN FROM
THE CITY.

ON MONDAY CARS AND BUSES WERE BURNED.

WE RE NOT SURE WHEN THE CITIZENRY JOINED THE STUDENTS.
IT MAY HAVE BEEN ON MONDAY NIGHT.   IT WAS CERTAINLY NO
LATER THAN TUESDAY.

WE DO NOT KNOW WHO TOLD WHAT TO WHOM, BUT THE AIRBORNE UNIT
TROOPS DID NOT REMAIN IN KWANGJU CITY AFTER MONDAY, SO FAR
AS WE CAN TELL.   THE APPEARANCE IS THAT THEY WERE PULLED
OUT BY OR AT ABOUT MIDNIGHT ON MONDAY, AND REPLACED (BY
TROOPS FROM NORTH CHOLLA?).

ON TUESDAY, MAY 20TH:

ON TUESDAY MORNING THERE WERE APPARENTLY NO TROOPS IN
KWANGJU OF THE AIRBORNE UNIT, THEIR PLACE HAVING BEEN
TAKEN BY "NORTH CHOLLA" TROOPS.   (SOME DAYS LATER[
     ] WE KNOW, IN THE CITY--NOT IN UNIFORM OF COURSE--
STUMBLED ON TWO AIRBORNE UNIT MEN VERY UNKEMPT AND APPAR-
ENTLY LOST AND FRIGHTENED.   HE HAD A SCUFFLE WITH THEM AND
CAME OUT AHEAD.   THIS SEEMS TO BE SIMPLY TWO MEN WHO GOT

B/A9

B/A9

SEPARATED FROM THEIR OUTFIT AND LEFT BEHIND IN A HOSTILE
CITY.)

TUESDAY MORNING WAS QUIET. A   WENT
TO THE BANK AND GOT SOME MONEY. SAW YOUNG PEOPLE OF THE
"VICTIM" AGE GROUP WALKING UNCONCERNED.

NNN

TEXT OF TELEGRAM 80SEOUL 007402

ADP636

INFO OCT-01 ADS-00 CIAE-00 DODE-00 NSAE-00 NSCE-00
      SSO-00 ICAE-00 INRE-00 PM-05   H-01   INR-10 L-03
      NSC-05 PA-01   SP-02   SS-15   ICA-11 HA-05   IO-14 PC-01
      OES-09 SY-05   SYE-00 DCT-02 /102 W
                  ------------------022480 110738Z /13/43
O 100943Z JUN 80
FM AMEMBASSY SEOUL
TO SECSTATE WASHDC IMMEDIATE 6942
INFO AMEMBASSY TOKYO
COMUSKOREA SEOUL KS//BJ-IS
CHJUSMAG SEOUL KS
SA CINCUNC KS

L SECTION 04 OF 10 SEOUL 07402

C O R R E C T E D C O P Y (TEXT)

RUMORS SPREAD ON TUESDAY THAT THE HOUSE-SEARCHES OF MONDAY
NIGHT WERE A PRELUDE TO PLANNEDEXTENSIVE HOUSE-TO-HOUSE
SEARCH-AND ABDUCTION PLANS FOR TUESDAY NIGHT. WE ASSUME
THESE RUMORS TO BE BASELESS, BUT THEY WERE BELIEVED. ALSO
BELIEVED WERE STORIES OF AIRBORNE UNIT MEN WAVING SEVERED
BREASTS ON THEIR BAYONETS. WE HAVE BEEN HARD PUT TO FIND
SUBSTANTIATED STORIES OF WORSE TREATMENT OF WOMEN THAN OF
MEN, AND MOST OF THE SPECIFIC STORIES WE HAVE HEARDCON-
CERNED NOT WOMEN BUT MEN. HOW TRUETHE RUMORS ARE LIKELY
TO BE IS A MATTER ON WHICH OUR MISSIONARY GROUP IS NOT IN
FULL AGREEMENT.

A LARGE RALLY ON TUESDAY NIGHT RAN LATE IN DEFIANCE OF THE
9:00 CURFEW ON TUESDAY NIGHT WE HEARD A MODERATELY LARGE
AMOUNT OF GUNFIRE, AND ON WEDNESDAY MORNING WE DISCOVERED
THE TROOPS AND POLICE APPARENTLY GONE FROM KWANGJU.

A MARTIAL LAW COMMAND LEAFLET (OF WEDNESDAY, MAY 21) SAYS

THAT ON TUESDAY NIGHT THE TROOPS AND POLICE SUFFERED TEN
CASUALTIES (KILLEDOR WOUNDED), AND THAT PUBLIC BUILDINGS,
POLICE STATION AND THREE BROADCAST STATIONSHAD BEEN DES-
TROYED OR BURNED.

NOT ALL TROOPS HAD LEFT THE CITY ON TUESDAY, NONETHELESS
AND THERE WAS MORE FIGHTING ON WEDNESDAY.

A PAPER WRITTEN BY A KOREAN ENGLISH TEACHER AND ADDRESSED

TEXT OF TELEGRAM BOSEOUL 007402

TO A FOREIGN CORRESPONDENT SAYS THAT THE "MBC" TELEVISION
STATION CAUGHT FIRE BY ACCIDENT AND THAT STUDENTS TRIED IN
VAIN TO SAVE IT. WE HAVE NO CONFIRMATION.

RUMOR HAS IT THAT THE SOCALLED "V.O.C.", THE STATIONOF A
LOCAL NEWSPAPER, WAS DESTROYED BY TROOPS. WE HAVENO CON-
FORMATION.

ON WEDNESDAY, MAY 21ST:

THERE WAS FIGHTING ON WEDNESDAY, BUT NONE OF US SAW IT. AL-
THOUGH WE DID HEAR GUNFIRE AND SEE SMOKE. [
　　　　　　]DROVE SOME PEOPLE TO THE COUNTRY AND RETURNED,
BUT WHILE HE SAW BURNING VEHICLES AND HAD SOME ENCOUNTERS
WITH THE MILITANT CITIZENRY, HE SAW NO SECTION OF THE CITY
(WHERE HIS ROAD TOOK HIM; OR LATER WHERE HE WENT FOR PHOTO-
GRAPHS) WHICH HAD EITHER TROOPS OR POLICE IN EVIDENCE.

B / A9

WEDNESDAY MORNING WAS SURPRISING, NOT SIMPLY BECAUSE THE
POLICE AND TROOPS WERE QANESROM OUR SIGHT. BUT BECAUSE WE
SAW UNMISTAKABLY THAT ALL VISIBLE CITIZENRY APPLAUDED THE
STUDENTS. AND THAT--BARRING ANY UNKNOWN AND DISCREETLY
SILENT CITIZENS--THE ENTIRE CITY HAD EMBRACED AND ADOPTED
THE STUDENT PROTEST.

PAGE 03　　　　　SEOUL 07402　　04 OF 10　　110732Z

FROM THIS POINT ON, THE MAY EIGHTEENTH INCIDENT WAS CLEARLY
A MATTER OF THE CITIZENRY OF KWANGJU, AND SHOULD NOT BE
SPOKEN OF IN TERMS OF STUDENTS. I WAS MYSELF ONE OF THE
SLOWEST TO RECOGNIZE THIS FACT. BUT I WAS FORCED TO IT AND
I CONSIDER IT BEYOND DEBATE.

-　　EDITORIAL PARAGRAPH; MAY BE SKIPPED:

-　　IN MY OWN OPINION, WHAT WE SAW IN KWANGJU WAS A DEMON-
-　　STRATION OF FREE PEOPLE PUSHED TOO FAR, AND REACTING
-.　　WITH VIOLENT INDIGNATION WHICH IS DIVORCED FROM POLICY
-　　OR PLAN AND WHICH INSPIRES A TEMPORARY LAWLESSNESS IN
-　　LAW-ABIDING PEOPLE. I LIKEN IT TO THE BOSTON TEA
-　　PARTY; LAWLESS, EMOTIONAL, DUYTRUCTIVE AND ILL-CALCU-
-　　LATED FOR THE ACHIEVEMENT OF BENEFIT; SPONTANEOUS COM-
-　　BUSTION WHEN FREEBORN CITIZENS SUDDENLY REFUSED TO BE
-　　TROMPED UPON ANY LONGER. THIS OPINION IS REINFORCED
-　　BY THE MANNER IN WHICH THE CITY HANDLES ITS RETURN TO
-　　SANITY, WHICH COMES VERY SOON NOW.

ON WEDNESDAY MORNING YOUNG MEN AND WOMEN CAREENED THROUGH
THE STREETS ON COMANDEERED PICK-UPS, BUSES, AND MILITARY-
TYPE ARMY OR POLICE VEHICLES, WITH SLOGANS PAINTED ON THEM.
AS THEY WENT BY, YOUNG AND OLDER SOBER CITIZENS STOOD BY
THE STREETS APPLAUDING AND CHEERING. TWICE I SAW WOMEN

TEXT OF TELEGRAM 80SEOUL 007402

RUN OUT WITH BUNDLES OF STICKS OR CUDGELS FOR THE STUDENTS.
LATER THE OFFERINGS WERE SOFT DRINKS AND BUNS (NEVER DID I
SEE LIQUOR GIVEN, OR STUDENTS DRUNK).
THE MOOD OF STUDENTS AND CITIZENRY WAS HEADY AND EXHILA-
RATED, AND ORDINARY RULES WERE CLEARLY IN ABEYANCE. A VERY
FEW RIFLES WERE IN EVIDENCE, BUT THE MOOD WAS LESS LIKE THE
EVE OF BATTLE THAN LIKE THE NIGHT BEFORE THE HOMETOWN
TEAM'S GAME OF THE SEASON.

NNN

TEXT OF TELEGRAM BOSEOUL 007402

ADP050

INFO OCT-01 ADS-00 CIAE-00 DODE-00 NSAE-00 NSCE-00
      SSO-00 ICAE-00 INRE-00 PM-05 H-01 INR-10 L-03
      PA-01 SP-02 SS-15 HA-05 IO-14 PC-01 OCS-06 /076 W
      ------------------015095 101140Z /13
O 100913Z PIN 80
FM AMEMBASSY SEOUL
TO SECSTATE WASHDC IMMEDIATE 6943
INFO AMEMBASSY TOKYO
COMUSKOREA SEOUL KS//BJ-IS
CHJUSMAG SEOUL KS
SA CINCUNC KS

C██████████████ L SECTION 05 OF 10 SEOUL 07402

SOMEWHERE. HOWEVER. THERE WAS FIGHTING. AT ABOUT NOON THE
[   ] SAW SMOKE AND WENT TO A POINT   B1 A9
FROM WHICH THEY COULD PLACE IT. THEY ARE SURE THAT THIS
WAS THE BURNING OF THE TAX OFFICE, ALTHOUGH ITS LOCATION
DID NOT SEEM TO HAVE BEEN HELD EARLIER IN THE DAY BY TROOPS
OR POLICE. IF IT WAS WANTONLY BURNED, AS CONTRASTED TO
BEING BURNED IN CONFLICT, IT IS OUR ONLY DEFINITE INSTANCE
OF RIOT-ACTIVITY THIS LATE. IN ANY CASE, THE BUILDING WAS
GUTTED, TOGETHER WITH AN ASSOCIATED BUILDING IN THE SAME
GROUNDS--AND WITH THE HOME AND RESTAURANT OF [
                              ] WHO LIVED TOO CLOSE TO ES-   B1 A9
CAPE THE FIRE.

A LITTLE BEFORE THIS [   ] ON THE LAST   B1 A9
JAUNT HE RISKED BY CAR, WAS TOLD OF "MANY BODIES" IN FRONT
OF THE CATHOLIC CENTER AND ASKED TO GO PHOTOGRAPH THEM,
BUT WAS UNABLE TO GET THERE BY CAR AND UNWILLING TO LEAVE
HIS CAR UNTENDED. HE FOUND PEOPLE NOT UNFRIENDLY TO HIM,
BUT IN A VERY ANGRY MOOD AT THIS POINT. [
          ] HOWEVER, DID SEE THESE DEAD.)   B1 A9

CASUALTIES BEGAN COMING IN AT NOON ON WEDNESDAY. ANY
EARLIER CASUALTIES ARE FOR THE MOST PART UNACCOUNTED FOR
EVEN AFTER THE CITY HAS BEEN REOCCUPIED AND THE DEAD
BURIED.

MANY CASUALTIES WERE NEEDLESS TRAGEDIES. WE HAVE A NUMBER
OF STORIES OF THESE. WE HAVE NO (OR ALMOST NO) INDICATION,
HOWEVER, OF WANTON CRUELTY AFTER THE WITHDRAWAL OF THE AIR-
BORNE UNIT TROOPS. THIS COULD BE BECAUSE OF THE CHANGE OF

TEXT OF TELEGRAM BOSEOUL 007402

TROOPS OR IT COULD BE BECAUSE A RIOT-CONTROL TYPE SITUA-
TION WAS SUCCEEDED BY AN ARMED-CONFLICT TYPE SITUATION.
(THE FIRST CASUALTY IN THE KWANGJU CHRISTIAN HOSPITAL WAS
A MAN BAYONETTED IN THE BACK WHILE TRYING TO FIND OUT
ABOUT ONE OR MORE OF HIS CHILDREN, BUT THE CIRCUMSTANCES
MAKE IT UNCLEAR WHETHER THE SOLDIER KNEW HIM TO BE INNO-
CENT. IF HE WAS WOUNDED AT NOON IN THE NEIGHBORHOOD OF
THE TOURIST HOTEL, AS REPORTED, ANY SOLDIERS THERE AT THAT
TIME WILL HAVE BEEN FACING AN EXTREMELY HOSTILE AND
DANGEROUS CROWD.)
CROWDS WERE WARNED TO DISPERSE OR BE FIRED ON BY HELICOP-
TERS, BUT THERE WAS GREAT INDIGNATION WHEN FIRING ACTUALLY
TOOK PLACE.

FROM 3:00 TO 4:00 ON WEDNESDAY AFTERNOON THERE WAS A SPATE
OF CASUALTIES, BOTH DEAD AND WOUNDED--TEN DEAD AND FIFTY
WOUNDED BY ABOUT 4:00 IN THE KWANGJU CHRISTIAN HOSPITAL
(BUT BY THURSDAY NOON THE DEAD BROUGHT THERE TOTALED ONLY
13 OR 15, ALTHOUGH THERE WERE MORE WOUNDED).

ON WEDNESDAY NIGHT MANY PEOPLE CAME TO THE COMPOUND IN THE
HOPE OF SAFETY FROM SUPPOSED HOUSE-TO-HOUSE SEARCH-AND-
SEIZURE OR OTHER DANGERS. MOSTLY THEY WERE PEOPLE'S SONS,
BUT THERE WERE OTHERS ALSO. NONE STAYED AT MY HOUSE.

B/ A9

WEDNESDAY DARKNESS BROUGHT A LARGE INCREASE IN GUNFIRE,
MUCH OF IT SEEMING TO BE IN THE IMMEDIATE VICINITY.

THE LATTER PART OF THE NIGHT WAS MUCH MORE QUIET, DESPITE
A SUPPOSEDLY SURE WORD THAT THE CITY WAS TO BE REOCCUPIED
DURING WEDNESDAY NIGHT.

ON THURSDAY, MAY 22ND:

B/ A9

PAGE NO. 14

TEXT OF TELEGRAM BOSEOUL 007402

B/ 19

NNN

ADP051
CONFIDENTIAL

PAGE 01   SEOUL 07402   06 OF 10   101124Z
ACTION EA-12

INFO OCT-01 ADS-00 CIAE-00 DODE-00 NSAE-00 NSCE-00
      SSO-00 ICAE-00 INRE-00 PM-05   H-01   INR-10 L-03
      PA-01 SP-02 SS-15 HA-05 IO-14 PC-01 OCS-06 /076 W
      ------------------015175 101140Z /11
O 100943Z JUN 80
FM AMEMBASSY SEOUL
TO SECSTATE WASHDC IMMEDIATE 6944
INFO AMEMBASSY TOKYO
COMUSKOREA SEOUL KS//BJ-IS
CHJUSMAG SEOUL KS
SA CINCUNC KS

CONFIDENTIAL SECTION 06 OF 10 SEOUL 07402

B/ A9

IN TWO CARS WITH AMERICAN FLAGS AND "FOREIGNER'S CAR"
SIGNS, THEY MADE A CIRCUITOUS TRIP TO SONGJONGNI, CONVOYED
PART WAY BY CITIZENRY. SONGJONGNI ALSO BEING IN CITIZENS'
HANDS, AND NO TRAINS RUNNING, THEY RETURNED AND TOOK THE
EXPRESS HIGHWAY NORTH UNTIL TURNED BACK BY A MILITARY
GUARD ON THE HIGHWAY. THE SOLDIERS SAID, HOWEVER, THAT
TRAINS WERE SERVING A STATION WITHIN REACH A LITTLE BACK
ON THE ROAD. THIS PROVED TRUE, AND AFTER SEEING THE PARTY
OFF, THE TWO CARS RETURNED TO KWANGJU. ENROUTE THEY WERE
STOPPED AT A NEWLY ERECTED BARRICADE AND TOLD THAT THE CITY
WAS UNDER ATTACK. THIS WAS NOT STRICTLY ACCURATE, AS THEY
FOUND OUT WHEN FINALLY ALLOWED TO GO ON. MET BY CITIZENRY
AT THE EDGE OF THE CITY, THEY WERE CONVOYED MOST OF THE
WAY HOME BY DIFFERENT STREETS THAN BEFORE, AND ARRIVED
WITHOUT INCIDENT.

PAGE 02   SEOUL 07402   06 OF 10   101124Z

(CITIZENRY FAITHFULLY SUPPLIED THOSE IN VEHICLES WITH FOOD
AND DRINK. ON THIS TRIP BACK TO KWANGJU,   WAS TOSSED A BUN FROM CITIZENRY IN A COMMAN-
DEERED BUS, BUT WITH TOO POOR AN AIM, AND PROCEEDED
BUNLESS.)

B/ A9

TWO RUMORS ROSE FROM THIS EXCURSION: ONE, THAT THE MISSION-
ARIES HAD ALL LEFT THE CITY, AND ONE THAT AMERICAN EMBASSY
STAFF HAD ENTERED KWANGJU WITH FLAGS FLYING. SO WE DO NOT

TEXT OF TELEGRAM BOSEOUL 007402

FEEL WE WOULD BE JUSTIFIED IN RELYING HEAVILY ON OTHER
RUMORS WHICH WE HEAR.

RUMORS AGAIN CONFIDENTLY FORETOLD THE OCCUPATION OF THE
CITY ON THURSDAY NIGHT. FROM 11:00 P.M. UNTIL 12:30 THE
WRITER'S FAMILY [
              ]HEARD SUSTAINED AND HEAVY FIRING INCLUDING
WEAPONRY LARGER THAN SMALL ARMS. THERE WAS A DISCERNIBLE
PROGRESSION FROM THE VICINITY OF THE MILITARY UNIT HALF-
WAY TO SONGJONGNI IN THE WEST, IN A SOUTHWARD ARC AND
AROUND TO A POINT SOUNDING IN THE NIGHT LIKE THE NEIGHBOR-
HOOD OF THE PROVINCIAL CAPITOL.
IN THE MORNING THERE WAS NO SIGN OF ANY SUCH ACTION HAVING
TAKEN PLACE, SO FAR AS OBSERVATIONS POSSIBLE TO US REVEALED.

FRIDAY THROUGH MONDAY, MAY 23RD THROUGH 26TH:

THE NEXT FOUR DAYS, FRIDAY, SATURDAY, SUNDAY AND MONDAY,
WERE A TIME OF NEGOTIATION AND MUTUAL FOREBEARANCE BY MILI-
TARY AND CITIZENRY IN THE EFFORT TO RESTORE REGULAR GOVERN-
MENT TO KWANGJU.

IN THIS THE INITIATIVE SEEMS TO HAVE BEEN TAKEN BY THE
CHRISTIAN CLERGY. WE RECOGNIZE THAT THE COINCIDENCE IS SO

PERFECT AS TO MAKE OUR ACCOUNT SUSPECT, BUT THE FACT RE-
MAINS THAT THE MAJOR ROLE SEEMS TO HAVE BEEN PLAYED BY
PASTORS OF THE TWO KOREAN DENOMINATIONS WITH WHICH WE ARE
MOST CLOSELY ASSOCIATED]

FOUR TIMES, ACCORDING TO [   ] THE
MILITARY CONSENTED TO POSTPONE MILITARY ACTION AT THE PLEA
OF THE RECONCILIATION COMMITTEE (RECONCILIATION; RESOLU-
TION; SETTLEMENT.   SETTLEMENT PROCEDURE COMMITTEE? --
SOO-SUP TAE-CHAEK COMMITTEE).

MEANWHILE THERE WAS NO NIGHT WHEN FIRING DID NOT OCCUR.
TROOPS ADVANCED WELL INTO THE CITY AND WITHDREW. ON AT
LEAST ONE OCCASION THEY WITHDREW WHEN A DELEGATION OF
PASTORS WENT AND ASKED THEM TO ON THE GROUNDS THAT THEY
HAD AGREED NOT TO COME YET INTO THE CITY.

ON FRIDAY MORNING THE [
          ]FAMILY SAW TWO UNIFORMED SOLDIERS WALKING THROUGH
OUR OWN HILL, BUT DID NOT SPEAK TO THEM OR THEY TO HIM.

MEANWHILE THE CITIZENRY MAINTAINED GOOD ORDER IN THE CITY.

TEXT OF TELEGRAM BOSEOUL 007402

AND BEGAN COLLECTING WEAPONS AND EXPLOSIVES TO AVOID
TROUBLE WHEN THE CITY WAS REOCCUPIED. (SOME PERHAPS AL-
READY FELT THAT THE COLLECTION WOULD ON THE CONTRARY PRO-
VIDE A DEPOT OF ARMS TO USE IN RESISTING REOCCUPATION, BUT
IF SO IT WAS A PRIVATE OPINION.)
                    TOOK A LEAD IN SEEKING THE FORMATION OF AN

NNN

TEXT OF TELEGRAM BOSEOUL 007402

ADP260
CONFIDENTIAL

INFO OCT-01 ADS-00 CIAE-00 DODE-00 NSAE-00 NSCE-00
      SSO-00 ICAE-00 INRE-00 PM-05 H-01 INR-10 L-03
      PA-01 SP-02 SS-15 HA-05 IO-14 PC-01 OCS-06 SY-05
      SYE-00 DCT-02 /083 W
      ------------------015219 101340Z /43
O 100943Z JUN 80
FM AMEMBASSY SEOUL
TO SECSTATE WASHDC IMMEDIATE 6946 .
INFO AMEMBASSY TOKYO
COMUSKOREA SEOUL KS//BJ-IS
CHJUSMAG SEOUL KS
SA CINCUNC KS

C O N F I D E N T I A L SECTION 08 OF 10 SEOUL 07402

BY AND LARGE THE HARD-LINE STUDENTS DID NOT REFUSE TO
ACCEPT THE SETTLEMENT ACHIEVED, BUT SOME OF THEM FELT WITH
THE SOCIAL-ACTIVIST NEWCOMERS ON THE CONCERNED CITIZENS'
COMMITTEE THAT A LITTLE TOUGHER BARGAINING WOULD BE BETTER.
THE SUICIDE GROUP OF COURSE WAS THE MAJOR PROBLEM.

WITH THE BREAKING OF THE CONSENSUS, THE DELEGATION COULD NO
LONGER SPEAK FOR THE CITY IN DEALING WITH THE MARTIAL LAW
COMMAND.

ON SUNDAY NIGHT WE RECEIVED A MESSAGE INDICATING THAT ONLY
MILITARY SECURITY FORBADE TELLING US OUTRIGHT THAT MILITARY
ACTION WOULD BEGIN ON SUNDAY NIGHT OR MONDAY. SINCE THERE
HAD BEEN NO NOTICE GIVEN THE CITY, WE THOUGHT THIS A BREAK-
ING OF A PROMISE, AND THE
        AGREED TO SEEK MEMBERS OF THE RECONCILIATION DELEGA-
TION AND SUGGESTED THAT THEY ASK ENOUGH DELAY TO KEEP THE
PROMISE MADE BEFORE.

B/A9

ON MONDAY MORNING THIS WAS CONFIRMED BY TROOP MOVEMENTS.

AND WE SET OUT ON THIS ERRAND; AND SAW POSTED ON THE
STREET NEW POSTERS OF AN INFLAMATORY NATURE, OVER A NAME
ALMOST BUT NOT EXACTLY LIKE THAT USED BY THE RECONCILIATION
PROCEDURES COMMITTEE. THE COMMITTEE MEMBER, WHOM THE
WRITER APPROACHED, SEEMED TO THE WRITER TO HAVE FELT THAT
HE HAD DONE ALL HE COULD DO, AND THAT THE BREAKING OF THE
CONSENSUS HAD RESULTED IN THE BREAKING OF THE CITY'S SIDE
OF THE ACHIEVED SETTLEMENT, SO THAT THE PROMISES WERE AL-
READY VOID. THE FABRICATED POSTERS WERE CLEARLY THE WORK

OF OTHERS, AND WOULD NOT BE BELIEVED BY INTELLIGENT PEOPLE.
CONTACT WAS OUT OF TOUCH AT THE
MOMENT, BUT WE MET SOME OTHERS, AND WERE TAKEN BY THEM TO
THE MEETING OF THE CONCERNED CITIZENS, NOT TO SPEAK BUT TO
LISTEN.

THERE HAD BEEN A DEADLINE ANNOUNCED, AND IN FACT THE MAR-
TIAL LAW TROOPS DID NOT COME UNTIL AFTER THAT DEADLINE
PASSED, SO EITHER OUR INTERPRETATION OF THE INFORMATION
WE RECEIVED WAS WRONG OR SOMEBODY TOOK ACTION AFTER ALL.

THE OCCUPATION OF THE CITY CAME ON MONDAY NIGHT, OR MORE
PROPERLY IN THE EARLY HOURS OF TUESDAY MORNING, MAY 27TH.

THE MILITARY OPERATION WAS SWIFT AND NEAT. THE GUNFIRE WE
HEARD WAS FAR LESS THAN WE HAD HEARD ON THE THURSDAY WHEN
IT HAD BEEN SO NOISY.

WE THINK IT CLEAR THAT THE OCCUPATION OF THE CITY WAS AS
RELATIVELY BLOODLESS AS IT TURNED OUT BECAUSE IN FACT THE
CITY DID NOT OPPOSE IT. THE ONLY ACTUAL OPPOSITION, WE
BELIEVE, WAS FRONT THE SUICIDE GROUP AND SOME TRAGIC HIGH
SCHOOL CHILDREN WHO JOINED THEM.

THE DAYS FROM FRIDAY THROUGH MONDAY WERE ALSO THE PERIOD
DURING WHICH AMERICANS WERE INSTRUCTED TO LEAVE KWANGJU.
TIME MAGAZINE'S ACCOUNT THAT "SOME MISSIONARIES" WERE RE-
CEIVED AT THE AIR FORCE BASE IS TRUE IN THAT THE YOUNG
PEOPLE WHO CAME AS MISSIONARIES OF THE LATTER DAY SAINTS
DID (WE HEAR) LEAVE KWANGJU. WE KNOW OF NO OTHER.

OUR PRESENCE WAS CONSPICUOUSLY (WORD CHO-
SEN BY DESIGN) SATISFYING TO ALL WE MET. TO HAVE LEFT
WOULD HAVE BEEN IMPOSSIBLE TO US EACH, AND HAD WE FORCED
OURSELVES TO LEAVE, THERE WOULD, WE THINK, HAVE BEEN NO
MORE PLACE FOR US TO SERVE IN THIS COMMUNITY.

FROM TUESDAY, MAY 27TH, THROUGH WEDNESDAY, JUNE 4TH:

THE CITY WAS REOCCUPIED IN THE DAYBREAK HOURS OF TUESDAY,
MAY 27. THE RADIO WARNED EVERYONE TO STAY OFF THE STREETS
THAT DAY. NOT ALL OF US OBEYED THE ORDER, BUT NONE OF US
SUFFERED HURT OR THREAT OF HURT.

FOLLOW-UP OPERATIONS SEEMED LARGELY TO BE NOT RETALIATORY
BUT SIMPLY FOR THE REMOVAL OF THOSE WHO STILL REFUSED TO
TURN IN ARMS OR ACCEPT THE RETURN OF POLICE AND TROOPS.
SIX WERE FLUSHED OUT OF OUR OWN HILL, AND WERE TAKEN INTO
CUSTODY IN A SITUATION WHERE THEY COULD MORE EASILY HAVE

TEXT OF TELEGRAM 8OSEOUL OO74O2

BEEN SHOT BY THE TROOPS INTO WHOSE ARMS THEY WERE SKILL-
FULLY HERDED.

WE WERE SHOCKED BY AN INCIDENT AT THE YWCA, IN WHICH BLOOD
WAS SHED AND LIVES WERE LOST. LATER WE LEARNED (FROM
SOURCES MORE LIKELY TO BE SYMPATHETIC THAN NOT TO THE
YWCA) THAT AT THE TIME OF THIS INCIDENT THERE WAS A PRAYER

NNN

TEXT OF TELEGRAM 80SEOUL 007402

PAGE 01   SEOUL 07402   09 OF 10   101953Z
ACTION EA-12

INFO   OCT-01   ADS-00   CIAE-00   DODE-00   NSAE-00   NSCE-00
       SSO-00   ICAE-00   INRE-00   PM-05   H-01   INR-10   L-03
       PA-01   SP-02   SS-15   HA-05   IO-14   PC-01   OCS-06   SY-05
       SYE-00   DCT-02   /083 W
                    ------------------018519   102000Z /61/43

O 100943Z JUN 80
FM AMEMBASSY SEOUL
TO SECSTATE WASHDC IMMEDIATE 6947
INFO AMEMBASSY TOKYO
COMUSKOREA SEOUL KS//BJ-IS
CHJUSMAG SEOUL KS
SA CINCUNC KS

 SECTION 09 OF 10 SEOUL 07402

C O R R E C T E D   C O P Y (TEXT PARA 3)

MEETING HELD IN THE YWCA LATE INTO THE NIGHT IN VIOLATION
OF THE CURFEW, AND THAT ALTHOUGH THE GIRLS AT THE PRAYER
MEETING SLIPPED SAFELY HOME, THE BOYS CHOSE TO REMAIN, AND
THAT IN SPITE OF ALL THE TURNING IN OF WEAPONS, THE BOYS
HAD GUNS WITH THEM. FINALLY, WE LEARNED THAT THERE WERE
ONLY TWO DEATHS, ONE OF AN EMPLOYEE ON DUTY AND ONE OF ONE
OF THE BOYS.

THE MAY 13 INCIDENT WAS NOT COMMUNIST INSPIRED OR INFIL-
TRATED OR INFECTED. THIS IS CLEAR FACT, BUT WE HEAR--NOT
SURPRISINGLY--THAT THE TROOPS WHICH REOCCUPIED THE CITY
WERE GIVEN TO UNDERSTAND THAT THEY WERE DEALING WITH A
COMMUNIST INSURRECTION. IF JUDGMENT IS TO BE PASSED, WE
THINK THIS MISINFORMATION OF THE TROOPS EXTREMELY UNFOR-
TUNATE. THE OTHER SIDE OF THE COIN IS THE RESTRAINT BY
WHICH SO FEW CASUALTIES OCCURRED, EVEN WHEN THE TROOPS
THOUGHT IT WAS COMMUNISTS THEY WERE FIGHTING.

PAGE 02   SEOUL 07402   09 OF 10   101953Z

FOR THE KNOWN DEAD, THE CITY PROVIDED BURIAL SPACE IN THE
SUBURBAN CITY CEMETERY, BUT FAMILIES DID NOT HAVE THE OP-
TION OF BURIALS ELSEWHERE. TRUCKS TOOK COFFINS, FREE BUSES
TOOK MOURNERS. CITY GRAVEDIGGERS PREPARED ROW ON ROW OF
OPEN GRAVES, AND AFTER INTERMENT HELPED FINISH AND SOD THE
MOUNDS. WE ATTENDED OR SHARED THE FUNERAL OF A SEMINARY
STUDENT WHOM WE UNDERSTAND TO HAVE BEEN EXEMPLARY IN BE-
HAVIOR AND KILLED ALMOST BY ACCIDENT WHILE GUARDING EXPLO-
SIVES FROM FALLING INTO WRONG HANDS. THE MULTIPLE SIMUL-

TEXT OF TELEGRAM BOSEOUL 007402

TANEOUS BURIALS WERE EXTREMELY TAXING TO OBSERVE.

AS THE MAY EIGHTEENTH INCIDENT FALLS FARTHER INTO THE BACK-
GROUND WE BEGIN TO FEEL WE SEE INCREASING DEGREES OF RETAL-
IATION. ONE SOURCE SYMPATHETIC TO THE CITIZENS SAYS THAT
THE CONTRACT WAS BROKEN BY THE CITY AND THE PROMISE ALREADY
VOID. IF THE PROMISE IS NOT VOID, THE APPEARANCE IS THAT
IT HAS BEEN SOMEWHAT BROKEN. IF THE PROMISE IS VOID IN-
DEED, THE WONDER IS THAT THERE REMAINS THIS MUCH GENTLE-
NESS.

IF AN ABBREVIATED ACCOUNT IS THIS LONG, CONSIDER HOW MUCH
REMAINS UNSAID, BUT ONE FINAL POINT I AM DETERMINED TO
MAKE. IT IS THIS.

IN MY LIFE I HAVE NEVER FELT SUCH WONDERING PRIDE IN MY
KOREAN FRIENDS AS I HAVE FELT IN THE DAYS OF THIS MAY
EIGHTEENTH INCIDENT. ALL I HAD SUPPOSED ABOUT THE CHARAC-
TERISTICS OF THE KOREAN PEOPLE WAS SURPASSED BY WHAT WAS TO
ME AN INCREDIBLE WILLINGNESS TO PAY ANY PRICE REQUIRED IF
BY PAYING IT THEY COULD ACHIEVE GOOD. I MEAN PARTICULARLY
THE RESTRAINT SHOWED BY THE MILITARY AFTER THE FIRST TRAGIC
DAYS WHICH SET EVERYTHING OFF, AND THE DISCIPLINE AND RE-
STRAINT SHOWED BY THE CITIZENRY AT A TIME WHEN THEY BE-

LIEVED THINGS FAR MORE OUTRAGEOUS THAN THE TRAGIC TRUTH.

IN NO WAY DIMINISHING THE CREDIT DUE TO OUR KOREAN
FRIENDS, FIRST PRAISE GOES TO GOD, WHO IN HIS GOOD WILL
SAW FIT THIS TIME TO ANSWER OUR PRAYERS WITH DAILY MIRA-
CLES WORKED IN THE HEARTS OF HUNDREDS WHO KNOW HIM AND
THOUSANDS WHO DO NOT. IF I HAVE ONE REGRET IT IS TO END
THIS REPORT WITH NO MORE PRAISE THAN THIS.
I WISH NOW TO EMPHASIZE SOME IMPORTANT POINTS TO BE REMEM-
BERED:

1) KWANGJU WAS NEVER A RIOT-TORN CITY. FOR UNDER 24 HOURS
RIOT-TYPE ACTIVITY TOOK PLACE IN SPECIFIC AND LIMITED LOCA-
TIONS ON ACCOUNT OF THE CITIZENS' OUTRAGE, BUT EVEN DURING
THOSE TIMES THE CITY WAS NOT IN TURMOIL AND THE PEOPLE OF
THE CITY NOT IN DANGER FROM THE SO-CALLED RIOTERS. OUTSIDE
THE HOURS OF THIS DESTRUCTIVE FURY, WHICH WAS SO NARROWLY
FOCUSED AND SO SPECIFICALLY LOCALIZED, THE CITY WAS QUIET,
AND PEOPLE WERE COMPLETELY SAFE EITHER ON OR OFF THE
STREETS.

2) KWANGJU WAS NOT A CITY HELD DANGEROUSLY BY STUDENTS OR
DISSIDENTS. IT WAS A CITY UNITED IN CRISIS. THE CRISIS
CAME FROM OUTSIDERS, UNITING THE CITIZENRY AS ONLY HAPPENS
IN CRISIS AND DISASTER. EVEN THE POLICE, EVEN THE RIOT-
POLICE, WERE FELT BY THE CITIZENS TO BE INNOCENT OF OFFENSE

TEXT OF TELEGRAM 80SEOUL 007402

AGAINST THE CITY. THE ANIMOSITY OF KWANGJU IS AGAINST THE
AIRBORNE UNIT WHICH BEHAVED SO BADLY, AND AGAINST THE CEN-
TRAL GOVERNMENT, WHICH THE CITY BELIEVES TO HAVE BEEN UN-
FAIR THROUGHOUT.

3) CIVIL RIGHTS, HUMAN RIGHTS, AND GREATER DEMOCRACY WERE
NOT AT THE HEART OF KWANGJU'S ANGER. STUDENT ACTIVITY TO-
WARD THESE GOALS WAS THE IMMEDIATE CAUSE OF THE EVENTS
WHICH ROUSED THE CITY, AND MANY OF THE CITIZENS FEEL DEEPLY

NNN

TEXT OF TELEGRAM BOSEOUL 007402

INFO   OCT-01   ADS-00   CIAE-00   DODE-00   NSAE-00   NSCE-00
       SSO-00   ICAE-00   INRE-00   PM-05   H-01   INR-10   L-03
       PA-01   SP-02   SS-15   HA-05   IO-14   PC-01   OCS-06   SY-05
       SYE-00   DCT-02   /083 W
                    ----------------015593   101344Z /43
O 100942Z JUN 80
FM AMEMBASSY SEOUL
TO SECSTATE WASHDC IMMEDIATE 6948
INFO AMEMBASSY TOKYO
COMUSKORFA SEOUL KS//BJ-IS
CHJUSMAG SEOUL KS
SA CINCUNC KS

C O N F I D E N T I A L SECTION 10 OF 10 SEOUL 07402

ABOUT THESE CAUSES, BUT THE KWANGJU INCIDENT WAS NOT FOR OR
BECAUSE OF THESE THINGS.   IT WAS BECAUSE OF OUTRAGEOUS ACTS
AGAINST ITS PEOPLE, AND ITS OBJECTIVE WAS TO MAKE KNOWN
THAT SUCH ACTS COULD NOT BE INFLICTED HERE WITH IMPUNITY.

4)   THE OUTRAGES WHICH OCCURRED WERE NOT FOR THEIR PART
DISCERNIBLY INFECTED WITH SEXUAL LICENSE OR WITH SADISTIC
ACTS AGAINST WOMEN.   DESPITE RUMORS OF UNSPEAKABLE ACTS,
THE VICTIMS OF ABUSE PROVIDE INADEQUATE GROUNDS FOR BELIEF
IN SPECIFICALLY WOMAN-FOCUSED ATROCITIES.

5)   TO THOSE WHO HAVE LIVED LONG IN KOREA, THE SINGLE MOST
AMAZING FACTOR IN THE ENTIRE KWANGJU INCIDENT IS AN ATYPI-
CAL AND PROBABLY MIRACULOUS RESTRAINT EXERCISED BY ALL.
WHATEVER CHARGES MAY BE BROUGHT AGAINST THE GOVERNMENT OR
THE MARTIAL LAW COMMAND, THE CONSPICUOUS FACT IS THAT,
WITHIN THE CONFINES OF THE KWANGJU AREA AND THE TIME OF
THE KWANGJU INCIDENT AFTER THE WITHDRAWAL OF THE AIRBORNE
UNITS, THE KOREAN MILITARY EXERCISED, AND THE KOREAN
GOVERNMENT ALLOWED, A RESTRAINT WHICH RAN COUNTER TO THEIR

RECORD AND MUST HAVE BEEN GALLING TO MAINTAIN.   BY THE SAME
TOKEN, THE SELF-DISCIPLINE AND RESTRAINT SHOWN BY THE CITI-
ZENRY IS BEYOND ALL PRECEDENT.

FINALLY, THE MISSIONARIES WERE NOT IN ANY GREAT DANGER, BUT
WERE THE OBJECT OF CONCERN ON THE PART NOT ONLY OF OUR OWN
COUNTRY BUT ALSO ON THE PART OF KOREANS ON BOTH SIDES OF
THE KWANGJU CONFLICT.   NONETHELESS WE LEARNED THAT HEROISM
IS APPARENTLY NOT REQUIRED OF GOD'S SERVANTS IN SITUATIONS

TEXT OF TELEGRAM BOSEOUL OO74O2

LIKE OURS; BUT THAT HE GIVESINSTEAD A CLEAR CONSCIOUSNESS
OF WHAT WE SHOULDOR SHOULD NOT DO, TOGETHER WITH SO UN-
MISTAKABLE AN ASSURANCE OF HIS CARE THAT THERE IS NO ROOM
FOR THE KIND OF FEAR WHICH HEROISM CONQUERS. HAD THINGS
GONE DIFFERENTLY, OR SOME ACCIDENT OCCURRED, ONE OR MORE
OF US MIGHT HAVE DIED, BUT UNLESS IT IS HEROIC TO RELAX
IN THE LOVE OF GOD, WE NEVER FELT THAT HE WAS ASKING US TO
BE HIS HEROES.

THIS IS NOT TO SAY WE WERE IN SO CRITICAL A SITUATION, BUT
ONLY TO SAY WE WERE GIVEN STRONG AND SIMPLE GIFTS WHICH
MADE THESE THINGS IRRELEVANT.

/S/ JUNE 5-6, 1980.   *B1A9*

END QUOTE. CLEYSTEEN

NNN

3. 1980년 광주를 목격한
외국인 최초의 회고록

—

2020년은 대한민국 민주화의 여명을 밝힌 5.18민주화운동이 40주년이 되는 해입니다. 5.18은 나눔과 자치, 연대의 공동체 정신으로 이루어진 한국 민주화운동의 햇불입니다.

40년 동안 5.18에 대한 연구는 전 분야를 망라하여 진행되어 왔으며, 기초적인 자료수집의 일환인 '증언'을 채록하고 수집하는 데도 상당한 노력을 기울여 왔습니다. 그러나 몇몇 분야에서는 상대적으로 연구 등이 취약했습니다. 특히 당시 상황을 직접 목격하고, 도움을 주었던 외국인들을 조명하는 작업들은 미미했습니다. 현재까지 대중적으로 알려진 인물은 영화 〈택시운전사〉로 유명한 위르겐 힌츠페터 기자뿐이라 해도 과언이 아닐 것입니다.

1980년 고립된 도시 광주의 상황이 대한민국의 국경을 넘어 전 세계로 확산될 수 있었던 것은 여러 위협을 감내하고 진실을 알리고자 했던 외신 기자와 외국인들이 있었기에 가능했습니다. 그들은 단지 사실 전달에 머문 것이 아닌 진실을 알려 광주의 상황이 더 이상 악화되는 것을 막았던 것입니다. 이 책의 저자 폴 코트라이트 박사는 당시 평화봉사단의 일원으로 광주의 상황을 직접 목격했으며, 위르겐 힌츠페터를 비롯한 외신 기자들의 실질적인 통역 역할도 수행했습니다.

　　폴 코트라이트 박사에게는 1980년 당시의 참상을 다시 떠올리며 이 책을 집필하는 것 자체가 고통이었을 것입니다. 큰 용기를 내어 이 글을 집필한 그에게 존경과 감사의 마음을 전합니다. 5.18민주화운동 40주년을 맞아 세상에 나온 이 책은 1980년 광주의 현장을 직접 목격한 외국인 최초 회고록입니다. 영어와 한국어로 각각 출판되어 한국인뿐만 아니라 세계인들에게도 5.18민주화운동을 알릴 수 있는 계기가 될 것으로 기대합니다. 부디 폴 코트라이트 박사의 당시 경험과 활동이 많은 사람들에게 전해질 수 있길 바랍니다.

2020년 3월

5.18기념재단 이사장 이철우

번역자의 말

—

5. 18광주민주화운동 연구자인 나는 팀 원버그Tim Warnberg라는 이름의 미국인을 오랫동안 찾고 있었다. 팀 원버그는 광주항쟁 당시에 평화봉사단원으로 광주에 머물던 미국인이었는데, 자신의 체험을 바탕으로 하와이대학교에서 발행하는 한국학 전문 학술지 『Korean Studies』 (vol Ⅱ, 1987. pp.33~57)에 「광주항쟁: 내부의 시각The Kwangju Uprising: An Inside View」이라는 매우 훌륭한 논문을 발표하였다. 이 논문에서 원버그는 자신은 항쟁을 직접 목격했을 뿐 아니라, 외신 기자 통역을 맡았고, 전남대학교 병원 등지에서 부상자를 돌보기도 했다고 소개했다. 그래서 나는 그를 직접 만나서 증언을 듣고 싶어 연락처를 찾고 있었는데 안타깝게도 오래전에 지병으로 사망했다는 소식을 듣게 되었다. 그리고 이 과

정에서 나는 당시 광주에는 그와 같이 활동을 했던 동료 평화봉사단원들이 몇 명 더 있었다는 사실을 알게 되었다. 이 회고록의 저자인 폴 코트라이트도 그중 한 사람이었다.

그렇게 해서 광주항쟁 후 무려 사십 년 만에 연락이 닿게 된 폴 코트라이트 박사는 보건학과 안과학 분야에서 국제적 명성이 높은 학자로 성공적인 경력을 쌓은 육십 대 중반의 신사가 되어 있었다. 2019년 서울에서 만난 그는 광주항쟁 당시 자신의 체험담을 기록한 회고록을 마무리 지었다며 나에게 원고를 건네주었다. 당시 이십 대 중반의 미국인 청년이 이 전대미문의 사건을 겪으면서 어떤 생각을 했으며, 자신이 목격한 사건들을 어떤 시각에서 어떻게 묘사했을까? 나는 원고를 받자마자 밤을 꼬박 새워 가며 단숨에 다 읽어 버렸다. 그리고 숨이 멎을 정도로 전율했다. 벽안의 미국인 청년이 피 흘리며 쓰러져 가는 광주 시민에게 보내는 연민과 연대의 정신이 아름다웠고, 고립된 광주의 비극을 밖으로 알리기 위해서 백방으로 노력했던 그의 용기가 참으로 고마웠다.

이 회고록은 아마도 광주항쟁을 직접 목격한 외국인이 기록한 최초의 출판물이 될 것이다. 이 책은 광주 시민이 아닌 외부인의 관점에서 기록했다는 점에서 광주항쟁의 성격과 의의를 객관적으로 조명하는 소중한 자료이며, 광주항쟁을 둘러싼 수많은 왜곡과 폄훼가 얼마나 어처구니없는 짓인지를 반증하는 증언록의 가치를 갖는다. 저자의 긴박감 넘치고 유려한 문장력과 유머 감각은 이 회고록이 기록문학 작품으로서도 손색이 없음을 보여 준다. 사회과학자인 내가 그 솜씨를 제대로 옮기지 못한 것 같아서 안타까울 뿐이다.

1980년 5월 광주에서 무슨 일이 일어났는가를 알고 싶은 모든 분들에게 일독을 권한다.

2020년 3월

최용주